저 성 장
시 대 의
행복사회

저성장 시대의 행복사회
성장이 멈춘 시대, 행복할 가능성은 없는가

2017년 11월 20일 초판 1쇄 펴냄

펴낸곳 도서출판 삼인

지은이 신승철
펴낸이 신길순

등록 1996.9.16 제25100-2012-000046호
주소 03716 서울시 서대문구 연희로 5길 82(연희동 2층)

전화 (02) 322-1845
팩스 (02) 322-1846
전자우편 saminbooks@naver.com

디자인 디자인 지폴리
인쇄 수이북스
제책 은정제책

ISBN 978-89-6436-132-0 03330

값 14,500원

저 성 장
시 대 의
행복사회

신승철 지음

**성장이 멈춘 시대,
행복할 가능성은 없는가**

삼인

행복을
두려워하지 말자!

국지적인 사랑에 주목하다

"앞으로 올 혁명은 단언컨대 분자혁명밖에 없다."

펠릭스 가타리의 화두는 우리를 사랑과 욕망이 이끌 미지의 혁명으로 향하게 합니다. 성장, 개발, 토건, 성공, 승리 등의 거시적인 변화가 사회를 이끌던 시대가 지나갔기 때문입니다. 성장이라는 괴물이 만든 거대시스템과 거대구조물은 대부분 기능정지에 빠져들었습니다. 어디서나 '열정'을 강조하지만 아무리 열심히 일해도 살아남는 것조차 힘든 시대, 이익을 남기기보다 현재 상태를 유지하는 게 다행인 시대, 기회나 일자리를 만들기가 좀체 힘든 시대가 바로 우리가 살고 있는 저성장 시대의 풍경입니다. 다시 말해 거시적 변화, 외양적 변화, 구조변화가 우리의 행복을 약속하지 못하고, 안전하지 않고 위기에 취약한 시스템이 된 것입니다. 이제 우리의 분자혁명의 상상력이 빛을 발할 때입니다. 혁명운동이 없다 하더라도, 혁명가가 없다 하더라도 도처에서 일어나는 혁명이 바로 분자혁명이기 때문입니다. 우리의 미시적인 삶에서 생성되는 생명에너지의 흐름이 바로 분자혁명이기 때문입니다.

이 상황에서 "저성장 시대를 살아가는 사람들이 어떻게 행복해질 수 있을까요?"이런 질문이 저에게 던져졌습니다. 순간, '나는 행복한가' 하고 되묻게 됩니다. 물론 저는 작고 미세하고 어찌 보면 사소하게 보일 수도 있는 일상의 행복을 가지고 꼼지락거리며 살아가는 사람입니다. 아내와 저의 일상은 무척 단순하지만 수많은 작은 스토리와 섬세한 교감으로 향해 있기 때문입니다.

이 책은 문래예술창작촌에 위치한 〈철학공방 별난〉이라는 연구실과 저의 집에서 벌어지는 일을 다루고 있습니다. 매우 국지적인 영역이라 협소하거나 스토리가 빈곤할 것이라고 단정하고 일찌감치 책을 덮어버리는 사람이 있을지도 모릅니다. 그러나 의외로 저희 부부는 굉장히 풍부하고 다양하고 충만한 삶을 살고 있습니다. 이 책을 쓰면서 저는 아내에게 물었습니다.

"우리가 행복한 이유가 무엇일까?"

아내는 "글쎄……?" 하며 되물었지만, 그 얼굴은 분명 환하게 웃고 있었습니다. 딱히 돈이 많은 것도 아니고, 안정된 일자리를 갖고 있는 것도 아니며, 권력을 부리는 것도 아닙니다. 그런데도 '우리가 느끼는 행복의 비밀은 무엇일까' 하는 질문이 이 책을 쓰게 한 원동력입니다.

사람들 중에는 자신이 접촉하는 국지적인 관계를 서로 뻔하게 보는 관계로 전락시키고 저기 저편에서 행복을 찾는 경우도 간혹 있습니다. 우리가 흔히 가족, 이웃, 친구 등 '지금-여기-가까이의 사람들'을 뻔하게 바라보면서도, 휴가철마다 전 세계 오지로 여행을 떠나는 것으로 탈주로를 찾습니다.

들뢰즈와 가타리는 노마드nomade라는 개념을 말하는데, 이 단어는 유목민과 같이 매끄럽게 전 세계를 횡단하는 사람의 이미지를 상상하게 만듭니다. 그런데 그 두 사람은 반대로 노마드가 바로 '국지적 절대성'과 통하는 개념이라고 말합니다. 국지적 절대성이란 국지적인 관계 속에서 서로의 깊이와 잠재성을 응시하고 발견하며 서로를 뻔하게 바라보지 않고 교감과 공감으로 향하는 것입니다. 다시 말해, 노마드의 진실은 가까이에 있는 사람들에 대한 고정관념에서 벗어나기 위한 기나긴 여정인 셈이지요. 가까이에 있는 사람을 뻔하게 바라보지 않는 것이 왜 중요하냐 하면 그들에게 생명, 자연, 우주의 비밀이 숨어 있기 때문이지요. 심지어 작은 돌멩이 하나에도 우주의 비밀이 숨어 있다고 하지 않습니까?

아내는 저의 동료이자 가장 친한 친구입니다. 저희 둘은 서로의 글을 읽는 첫 번째 독자이자 아주 혹독한 비판자가 되기도 하고, 상대방의 사상에 열렬한 옹호자가 되어 주기도 합니다. 저희 부부는 아주 작은 영토인 〈철학공방 별난〉에서 출발하여 서로의 깊이와 잠재성을 발견하고자 먼 여정을 떠납니다. 아침마다 집에서부터 연구실에 이르는 40분가량의 출근길을 두 손 꼭 잡고 걸어 다니고, 다른 사람들과 함께 모인 세미나 시간에 간혹 아내가 던지는 예상치 못한 말에서 삶의 깊이와 잠재성을 느낍니다. 저는 아내가 해 주는 밥과 간식에 설레는 아이가 되기도 합니다. 이렇게 살아가는 삶이 저의 작은 행복을 규명한다는 생각도 듭니다. 저와 아내의 관계가 성숙하고 발효되어 향기와 색채와 몸짓으로 가득한 일상을 만들어 내는 것을 저는 이 책에서 가감 없이 드러내고자 했습니다.

아주 가까이에 있는 사람을 생산적이고 창조적인 사람으로 볼 때, 우리는 더불어 사는 삶이 멀리 있지 않다는 것을 발견하고 세계를 재창조하게 됩니다. 그리고 우리가 접촉하는 생명, 자연, 우주, 사물 등에 대한 진실의 문을 열게 되지요. 그런 점에서 이 책은 단순하고 소박하기 그지없습니다. 아주 가까이에서 지금-여기에서 행복을 찾자는 메시지를 담고 있으니까요.

밥 먹는 것만큼 중요한 글쓰기

〈철학공방 별난〉의 일상은 글 쓰고 밥 먹고 토론하는 등 지적 작업이 대부분입니다. 그러나 아내와 저는 밥 먹는 것과 글 쓰는 것을 비슷한 것으로 봅니다. 왜냐하면 둘 다 자기생산(autopoiesis)의 원천이기 때문입니다. 자기생산은 자신의 몸과 마음을 만들어 내는 데 대부분의 자원-에너지-부를 사용한다는 개념입니다. 이를테면 우리가 먹는 음식물은 대부분 자신의 몸의 세포를 재생하는 데 쓰입니다. 피부는 2주, 간은 한 달, 뼈는 몇 달 이런 식이지요. 이러한 자기생산의 입장에서 여러 가지 작업이나 글쓰기, 활동을 하다 보면, 저기 저편에 있는 목적이나 이상에 연연하지 않고 지금-여기의 현실에 더 주목하는 효과를 갖게 되지요. 지금-여기가 척박하고 불행한데, 꿈이나 환상이나 이상만 화려하게 만드는 것은 매우 무의미하고 고역에 불과한 삶입니다. 그래서 으리으리한 목표를 갖는 것보다 지금-여기에서 자기의 삶을 지속가능하게 만들고 자기생산할 활동을 찾는 것이 더 중요한 것입니다.

저 역시 저기 저편의 이상에 따라 활동한 경험이 있습니다. 해방, 자유, 평등, 공유 등이 자신의 삶에서 괴리된 채 말이나 이념으로 화려하게 포장되어 있었지만, 정작 자신의 삶은 척박하고 외롭고 지친 일상이었습니다. 그러나 무엇보다도 자신의 삶을 만들어 내는 것, 즉 자기생산이 더 중요하다는 점을 뒤늦게 깨닫고, 공동체에 대한 열망과 희망을 갖게 되었지요. 그리고 아주 가까이에 있는 아내와 함께 작은 공동체를 만들었고 삶을 재발견했습니다. 삶은 여백, 여유, 여가 속에서 만들어지지만, 그러한 잉여현실을 어떻게 생산적이고 창조적으로 만들 것인가에 대해 방황하는 사람들이 여전히 많은 상황입니다. 그러다 보니 여가조차 자본과 미디어와 게임, 가상현실, 스마트폰 등에 포섭된 채 살아가는 사람들이 많습니다. 그러나 원두를 갈거나, 고양이와 함께 놀거나, 주변 사람들과 정치·사회·경제를 토론하거나, 밥을 맛있게 먹고 설거지를 할 때마다 삶과 일상과 생활세계가 재건되는 것만 같습니다. 우리에게 공동체는 주어지지 않으며, 삶의 여가도 주어지지 않고, 선택의 자유도 주어지지 않는 상황입니다. 모두 계속해서 구성하고 만들고 자기생산해야 할 것들입니다.

우리는 연대할수록 달라져야 한다

가타리는 "연대할수록 달라져야 한다"고 말합니다. 저는 이 말을 살짝 표절해서 "우리는 사랑할수록 달라져야 한다"고 표현하고 싶습니다. 차이, 다양성, 특이성 등은 미리 주어진 것이 아니라 우리가 만들어 내야 할 것이기 때문입니다. 그리고 미세한 차이를 긍정하고 연결하면 우리는 더 풍부해지고 다양해질 수 있습니다. 들뢰즈는 차이와 다양성을 주름과 같이 묘사합니다. 쉰이 가까워 오는 저희 부부의 눈가 주름이 그리 싫지만은 않습니다. 또한 다양한 생태계와 같은 우리 사회에서 우리 아이들이 선택할 수 있는 경우의 수 하나하나를 만드는 것이 무척 중요하다고 생각합니다. 왜냐하면 그들이 선택할 자유조차도 주어지는 것이 아니라 만들어 내는 것이기 때문입니다. 그런 점에서 경우의 수 하나, 즉 특이점 하나를 만들어 내는 실천이 어느 때보다 중요합니다. 우리의 사랑, 욕망, 정동, 돌봄 등 내재된 우리의 능력이 그것의 해결 열쇠일지도 모릅니다. 이 책이 던지는 메시지는 저와 아내의 삶이 보여 준 특이점 하나하나를 가감 없이 거침없이 드러내는 작업입니다. 이 책에서 저성장 시대를 살아가는 지혜 혹은 행복의 요소를 발견하기 위한 단서나 아이디어를 찾았으면 합니다.

이 책이 나오기까지 사랑하는 아내 이윤경의 돌봄과 살림, 보이지 않는 노력에 감사드립니다. 저에게 글 쓰는 시간을 충분히 주기 위해 아내는 사람들이나 고양이들이 시끄럽게 움직이면 조용히 하게 하려고 하고, 아픈 고양이를 전담해서 치료하고, 저에게 여러 아이디어를 주었으며, 최초의 독자이자 교정자의 역할도 했습니다. 또한 삼인출판사 김도언 주간님께 감사드립니다. 작업이 빠르게 진행되는 과정에서도 꼼꼼히 코멘트를 해주시고, 집필 방향성을 잡아주셨습니다. 또한 지금은 고인이 되신 장시기 선생님께도 감사한다는 말을 드리고 싶습니다. 책이 나올 때마다 장시기 선생님께 들고 찾아가서 덕담을 들었는데, 이제는 꿈속에서나 들을 수 있을까요? 또한 전남대 윤수종 선생님, 충남대 양해림 교수님, 동국대 홍윤기 교수님께도 감사의 인사를 드립니다. 그리고 이 책에 등장하는 수많은 주체성에게 감사의 말씀을 드리고 싶습니다. 모두 이 사회의 뿌리가 되고 씨앗이 된 공동체를 재건하기 위해 노력하신 분들입니다. 공동체의 선배님들은 이 책이 지향할 결정적인 방향성을 알려주신 분들이며, 이 책이 일관되게 공동체와 생명, 자연의 가치를 일관되도록 갖게 만든 진정한 주인공입니다.

이 책은 어쩌면 더운 여름 한뎃잠을 자고 부스스 일어나 차가운 바람 한줄기에 계절의 변화를 예감하는 내용인지도 모릅니다. 문명이 전환되는 문턱에서 도래한 저성장 시대에 지혜롭게 살아갈 방법을 질문하고 있으니까요. 행복은 스스로 만들어야 할 삶의 향기이자 일상의 결과 무늬입니다. 그래서 이 책에서 저는 시종일관 멀리 보지 말고 가까이에 주목하고, 먼 미래를 보지 말고 지금-여기를 보라고 역설하는 것일지도 모릅니다.

이 책에서 색다른 세계를 만들어 갈 단서와 영감을 찾으신다면, 저로서는 더 이상 행복할 수 없을 것 같습니다. 그 단서는 도처에 이미 존재하지만 우리가 무심코 지나쳤던 것일 수 있습니다.

이 책은 세상을 달리 볼 수 있는 색다른 눈을 갖는 것으로 부터 세상을 재창조해 낼 열망과 욕망을 갖는 것까지의 여정을 담고 있습니다.

그 여정에 여러분을 초대합니다.

차례

1부

정동의 약속,
공동체라는 미지의 대륙

왜 같은 말도
엄마가 하면 간섭 같을까

엄마는 주파수가 다른 라디오

이 시대를 살아가는 청춘, 직장인, 자영업자 들은 모두 엄마의 아들딸입니다. 그것은 예외가 있을 수 없는 정언 명제입니다. 우리의 어릴 적 기억을 더듬어 올라가자면, 따뜻하게 보듬어 주고 쓰다듬어 주던 엄마의 손길, 엄마의 표정, 엄마의 눈빛이 있습니다. 아주 어릴 적에 엄마의 돌봄이라는 흐름이 없었다면 아마 우리는 여기에 있을 수도 없겠지요. 하지만 조금씩 나이가 들고 사생활이 생기면 엄마의 말이 왠지 잔소리처럼 느껴지고 간섭처럼 다가옵니다. "차 조심해라", "밥은 먹었니?", "늦지 않게 일찍 다녀라" 같은 이토록 따뜻하고 부드러운 말에 저도 모르게 퉁명스레 대답하게 되니까요.

분명 엄마는 주파수가 다른 라디오 같을 때가 많습니다. 다 커 버린 아들딸인데도 어릴 적 아이처럼 대할 때가 있으니까요. 했던 말을 또 하고 또 하고 마치 고장 난 녹음기가 같은 구간을 반복하는 것과 같습니다. 그게 싫고 귀찮아서 엄마의 돌봄을 간섭으로 여기게 되나 봅니다. 기억해 보면 엄마의 시간은 대부분 돌봄노동이 차지했습니다. 밥하고 쇼핑하고 빨래하고 청소하는 모습을 보면, 엄마는 보이지 않게 가정을 일으킨 위대한 존재라는 생각도 듭니다. 그러나 요즘에는 집에서 그토록 땀을 흘리고, 챙기고, 보듬고 그러는 억척스러운 엄마의 삶처럼 살지 않겠다는 아들딸들이 많습니다.

엄마의 주파수는 어디에 맞추어져 있을까요? 누군가를 돌본다는 것은, 그리고 누군가를 사랑한다는 것은 엄마처럼 반드시 자신의 모든 것을 주어야 하는 걸까요? 누군가는 사랑할수록 사랑이 증폭되는 것이 돌봄이라고 말했습니다. 또 누군가는 여성의 살림은 자본주의의 세포단위를 재생산하는 것이 아니라 가족공동체를 자기생산하는 것이라고도 했습니다. 그러나 한 사람을 온전히 사랑하고 돌보는 엄마는 지금 세대와는 많은 차이와 어긋남, 빗나감을 만들어 냅니다. 오늘 주파수가 다른 엄마의 라디오, 엄마의 시간을 다시 생각해 봅니다.

살림, 차이 나는 반복

어릴 때 저는 젓가락질을 잘 못했습니다. 그래서 친구들이 "너 젓가락질 못하는구나! 배우면 쉬워. 이렇게 해 봐" 하면 관심이 많아서 그러는구나 생각이 들어 그때마다 젓가락질을 배우는 척했습니다. 그러나 엄마가 젓가락질을 지적하면, 억지로 포크를 들고 식사를 하기도 했습니다. 엄마는 늘 그런 저의 뿔난 행동에 서운하지도 않은지 "편식하지 마라, 이것도 먹어라" 하고 반찬을 밀어 주었습니다. 그때는 엄마를 잘 몰랐습니다. 그저 가족 속에서 으레 그러는 사람이었습니다. 그리고 늘 챙겨 주지만 간섭하려는 사람이었습니다.

직장생활을 처음 시작하며 자취를 했을 때, 저는 깜짝 놀랐습니다. 살림이 이토록 챙겨야 할 것이 많은지 몰랐으니까요. 또한 살림을 하다 보면 계속 반복이 다가왔습니다. 아침을 먹으면 점심이 다가왔고, 그다음 저녁이 다가왔습니다. 와이셔츠를 빨고 자면 이튿날 다시 빨아야 하고, 공과금을 이 달에 내면 다음 달에도 내야 합니다. 그러한 반복은 어머니가 왜 똑같은 얘기를 반복했는지를 알 수 있는 단서가 되었습니다. 직장에 다닐 때 이따금 시골에 있는 엄마에게 전화를 걸었습니다. 그러면 "밥은 잘 먹고 다니냐?", "편식하면 안 된다"는 얘기가 전화기 너머로 들려옵니다. 여전히 주파수가 다른 엄마의 라디오가 반복되는 것을 느낍니다. 그때 엄마의 살림과 간섭의 반복은 어떤 성격의 반복일까 고민이

들었습니다. 나중에서야 그것이 해명되었죠.

제가 대학원을 다닐 때 반복에는 두 종류가 있다는 것을 발견했습니다. 하나는 프로이트와 라캉의 반복강박입니다. 다시 말해 동일한 것, 뻔한 것을 반복하는 비루한 일상이 여기에 해당합니다. 다른 하나는 들뢰즈와 가타리가 언급한 차이 나는 반복입니다. 아침-점심-저녁, 밀물과 썰물, 사계절과 같은 자연과 생명의 반복이 그것입니다. 똑같은 것이 행렬을 이루는 것이 아니라 비스듬한 차이가 생산되는 반복이 그것입니다. 또한 그것은 창조하고 생성하는 반복입니다. 저는 엄마의 살림이 이러한 차이 나는 반복이고 일정한 리듬과 화음으로 가득 찬 반복이라고 느꼈습니다. 왜냐하면 살림이 접속하고 있는 삶의 내재성은 늘 차이를 만들어 내면서 반복되는 생성과 사건의 순간이라고 생각했으니까요. 그러나 어머니가 살림이라는 차이 나는 반복의 화음 속에서 애기를 반복하면, 왠지 저는 반복강박적으로 동일하고 뻔한 것의 반복되는 간섭처럼 매번 오해한 것이지요.

차이 나는 반복은 생태계, 생명, 공동체의 약속입니다. 엄마의 살림이라는 차이 나는 반복과 접속해 본 사람들은 대부분 눈치 챕니다. 사랑과 돌봄, 살림이 우리가 태어나기 전부터 있던 거대한 자연, 우주, 미생물, 생명, 사물의 차이 나는 반복에서 유래한다는 사실을 말이지요. 엄마의 살림은 문명에 가려진 반복의 화음으로 가득 찬 공동체의 오래된 약속을 보여 주는 징표와도 같습니다. 왜 간섭처럼 느낄까요? 한 사람을 온전히 사랑하고 돌보고 싶다는 것을 반복해서 얘기하면, 왜 귀찮고 촌스럽고 쿨하지 않은 것처럼 느낄까요?

열린 공동체의 약속, 이상한 엄마 되기

저는 어느덧 40대 중반이 넘은 중년이 되었습니다. 이따금 엄마에게 묻습니다. 왜 어릴 적에 그렇게 간섭하고 참견했냐고? 그런데 이유를 들어 보니 뻔하지가 않았습니다. 알고 보니 엄마는 사실 굉장히 이상하고 특이했습니다. 보통 일반적인 엄마의 범주가 있다면 그것에 속한 행동을 하는 사람은 아니었습니다. 예를 들어 책을 많이 읽는 제게 철학이라는 돈이 안 되는 학문이 어울릴 거라고 생각해서, 일부러 철학책을 먼저 읽고 책꽂이에 재미있을 만한 것들을 몰래 꽂아 둔 엄마였습니다. 간섭처럼 느낄 것 같아 일부러 말을 안 하고 스스로 결정하도록 한 일이 무척 많았다고 합니다. 그런데도 저는 엄마의 말을 대개 간섭으로 여겼던 것입니다.

저는 나이가 들고 나서 마을과 공동체, 협동조합 등에서 사람들과 만나고 교류합니다. 특히 생활협동조합원들은 저의 엄마처럼 남을 챙기고 살림하고 돌보는 엄마들이 대부분이지요. 그런데 그녀들도 무척 이상한 엄마입니다. 들뢰즈와 가타리, 폴라니, 푸코, 고진 등 인문학을 공부하는 엄마들이었습니다. 아이들이 자라면 이 엄마들의 말도 간섭이라고 여길 것입니다. 그런데 적어도 이것만은 분명합니다. 아이들이 사랑과 돌봄이라는 공동체의 오래된 약속에 눈을 뜰 정도로 나이가 들면 우리 엄마가 얼마나 특이하고 이상했는지를 눈치챌 것이라는 점입니다.

사실 저는 엄마의 돌봄이 당연한 것이라고 생각한 시기가 있습니다. 그때는 중학생 때였고, 사춘기 때입니다. 엄마가 "너 머리가 긴 것 같은데" 하고 한마디라도 하면, 그 순간 뒷산으로 쌩하니 올라가던 시절입니다. 그땐 엄마의 말은 무엇이든 껄끄러웠습니다. 제게도 사생활이 있는데, 마치 아직도 배냇저고리에 있는 아이를 대하듯이 말하고 그런 표정을 짓는 것이 무척 싫었습니다. 그런데 이제 생각해 보니 우리 사회 엄마들의 보이지 않는 곳에서의 그 한결같이 반복되는 돌봄이 없다면, 우리 사회와 공동체는 지속될 수 있었을까 의문이 듭니다.

세상의 모든 엄마는 특이하다

엄마의 말을 다 간섭으로 여기던 때는 엄마가 늘 하던 얘기를 반복한다는 생각이 든 시기입니다. 엄마의 살림과 삶, 생활의 반복이 오케스트라의 화음과도 같은 '차이 나는 반복'인데도 저는 똑같은 얘기를 지겹게 반복한다고 생각했습니다. 아침-점심-저녁 동안 엄마는 늘 똑같다고 생각했습니다. 그러나 엄마는 늘 자연의 반복, 생명의 반복, 공동체의 반복과 함께한 분입니다. 텃밭을 일구어서 새벽부터 잡초를 뽑고, 텃밭에서 나온 상추로 다섯 가지 다른 반찬을 만든 분입니다. 그리고 텃밭에서 일하면서 광물, 야채, 잡초, 벌레, 씨앗, 퇴비 등의 지혜를 터득한 분입니다. 그런데 그때는 그런 얘기를 한마디도 하지 않다가 나이가 들자 터놓고 얘기하기 시작했습니다. 그전까지 저는 엄마의 특이한 면, 수상한 면, 이상한 면을 발견하지 못했습니다.

아마 젊은 세대도 결국 엄마의 특이한 점을 발견할 때가 찾아올 것입니다. 그때가 지금 당장이라면 얼마나 좋을까요? 엄마의 시간이 갖는 반복의 레퍼토리를 동일한 것의 반복, 비루한 일상의 반복이라고 여기고, 그 속에 담긴 깊이와 지혜의 넓이, 따뜻하고 포근함에 접근하지 못하는 경우도 많으니까요. 엄마들의 돌봄과 살림이 갖는 '차이 나는 반복', '특이성의 반복', '소용돌이치는 반복'을 '반복강박', '동일성의 반복', '뻔한 것의 반복'으로 오해하기 쉽습니다. 그래서 엄마들은 모두 '이상한 엄마'이고 '특이한 엄마'이며, '수상한 엄마'라는 점을 눈치채지 못하게 됩니다.

그러나 세상에는 뻔한 엄마도 없고, 그저 똑같이 반복하는 얘기로 간섭하려고만 하는 엄마도 없을 겁니다. 이제 독립하여 나이든 저로서는 엄마의 말을 간섭이라고 착각하던 때가 그립습니다. 그러나 엄마의 특이함을 발견하면서 모두 간섭으로 여겼던 마법의 사슬이 풀린 순간은 저로서는 참 재미있는 경험이었습니다.

세상의 모든 엄마는 특이하고, 엄마의 살림과 돌봄이 화음과 리듬을 가진 차이 나는 반복이라는 것을 깨닫는 순간이 마침내 찾아올 것입니다. 그때가 바로 엄마의 말이 간섭이 아닌 따뜻한 돌봄으로 느껴지는 순간입니다.

살림은
사랑을 증폭시킬까

생명을 살리는 살림에 눈뜨다

최근 아픈 아기 길냥이 한 마리를 연구실 앞에서 발견했습니다. 눈에 염증이 심각해서 앞을 보지 못하고, 영양 상태도 좋지 않아 심하게 마른 데다 변비로 탈장까지 된 상태였습니다. 아내는 황급히 고양이를 안고 병원에 가서 염증을 치료하고, 집으로 돌아와 고양이밥을 준비하고, 방 안을 정리하여 아기 고양이가 편안하게 누울 수 있는 자리를 마련했습니다. 워낙 순식간의 일이라 저는 "이거 줘라, 저거 닦아라" 하는 아내의 지시에 그때그때 대응하기 바빴습니다.

일주일이 지나자 아기 냥이는 제법 회복했고, 저희는 모모라는 이름을 붙여 주었습니다. 긴 잠을 자고 일어나서 발라당을 하는 아기 냥이는 언제 길바닥에 쓰러져 있었는지 모를 정도로 말끔했습니다. 치료를 받고 겨우 여유를 찾아 귀염질을 하는 아기 냥이의 모습을 보니 기뻐서 입이 귀에 걸릴 지경입니다.

아내의 살림은 정말 생명을 살리는 살림입니다. 흐트러진 것을 바로잡고, 무질서에 질서를 부여하며, 오래된 것을 아끼며 닦고, 더러운 곳을 깨끗하게 하고, 병든 생명을 일으켜 세운 기적의 손입니다. 그러고 보면 생명살림이 고귀한 마음과 종교에만 있는 것은 아닙니다. 바로 가까운 옆에서 생명살림이 이루어지니까요. 저는 아내의 수많은 살림 중 설거지와 빨래 정돈, 청소, 화장실 정리, 고양이모래 정리하기 등등 일부를 할당받았지만, 살림의 초짜라고 하기에도 모자랍니다. 그조차 제대로 못해서 늘 아내에게 지청구를 듣곤 하지요. 아내는 부지런히 쇼핑하고, 요리하고, 세탁하고, 청소하고, 늘 쓸고 닦고 바쁘게 움직입니다. 그걸 생각하면 저는 마치 슬로비디오 속 굼벵이처럼 기어 다닐 뿐이지요.

아직도 앞을 보지 못하는 아기 냥이가 꾸물꾸물 기어 다니면서 응앙응앙 아내를 찾는 소리를 냅니다. 아내가 안아주면 아기 냥이는 긴 잠에 또 빠집니다. 마치 꿈을 꾸는 모습입니다. 그러면 아내는 또 재빨리 탈장 부위에 소독약을 바르고, 눈에 안약을 넣고, 온 방에 싸 놓은 똥을 치우고, 오줌을 닦습니다. 그리고 깨끗한 곳에 아기 냥이를 누이고 부드럽게 쓰다듬습니다. 깨끗해지고 뽀샤시해진 아기 냥이를 보며 아내에게 물었습니다.

"아기 냥이에게 어떻게 한 거야?"

그러자 아내는 대답합니다.

"아이니까 회복이 빨라서 그런 거야"

사실 제 눈에는 아내가 마법을 부린 것만 같습니다. 그리고 그 마법은 사랑의 힘에서 나오는 것이고, 그 사랑은 바로 살림이라는 생각이 듭니다.

오늘 한 생명이 마치 하나의 기적처럼 살아나서 우리 가족이 되었습니다. 그리고 그 가족이 된 생명과 우리 부부는 사진을 찍으며 환한 미소를 짓습니다. 아내에게 정말 감사하고, 고맙습니다. 한 생명을 살려냈으니까요.

슈퍼우먼이던 아내에게

경제(economy)의 어원은 살림(oikos), 즉 오이코스였다고 합니다. 밖에서 하는 '큰 일'이라는 이미지가 강한 경제의 어원이, 집 안에서 가족 한 명 한 명의 작은 일을 챙기는 살림에서 나왔다니요? 도대체 왜일까요? 살림과 경제 사이에 건너지 못할 긴 강이 흐르는 것만 같습니다. 저는 살림을 하는 아내를 볼 때마다 단지 바깥에서 돈을 버는 것보다 훨씬 우리의 삶에서 결정적이고 중요하고 미학적인 것을 느낍니다. 저는 아내가 쓰는 가계부 어플에 대해서 궁금증이 많습니다. 부지런히 써서 올리고 월말이 되면 결산이 되어서 나타납니다.

사실 아내가 예전에 직장 다닐 때 저는 대학원생이어서, 아내에게 용돈을 받곤 했습니다. 그러나 저는 용돈의 사용처를 아내에게 한 번도 알린 적이 없습니다. 그런데도 아내는 대강의 윤곽을 그리고 있었는지 어느 순간 용돈을 대폭 삭감했습니다. 그전까지 저는 인생의 황금기를 맞이하고 있었습니다. 직장 다니는 아내에게 용돈을 받아 후배들에게 술을 사 주고, 마음껏 책도 사 보고, 택시를 타고 다니기도 했으니, 한량도 그런 한량이 없었습니다. 그런데 학위논문이 통과되자 아내는 청천벽력 같은 소식을 전했습니다. 직장을 그만두겠다는 것입니다.

그리고 5년이 지난 지금 다시 생각해 보니, 당시 직장을 다니던 아내가 경제활동과 살림을 함께하고 있었습니다. 저는 이 사회의 슈퍼우먼을 만들고 있었던 것입니다. 일단 저는 아내가 직장을 그만두자 소득을 만들기 위해서 프로젝트며, 강의며, 저술활동 등을 늘렸습니다. 그리고 아내와 함께 살림을 분담하고 연구실을 같이 쓰고 함께 글을 썼습니다. 살림을 나눠서 하니까 할 얘기가 많아지고, 서로를 더 잘 알게 되었지요. 일주일이 마무리되는 주말 저녁이 되면 우리는 시원한 맥주를 마시며 뒤풀이를 하고, 살림살이와 책 쓰는 작업의 진도와 계획 등을 같이 논의했습니다. 우리는 함께

일하며 함께 살림하는 공동체가 되었습니다. 물론 저는 살림에 무척 서툴기 그지없지만, 아내의 살림계획과 프로그램에 따라 열심히 노력했습니다. 살림을 하며 둘이서 할 얘기가 많아지자 같이 쓰는 글도 몇 권의 책이 되어 세상에 잇달아 나왔습니다.

한번은 아내에게 물었습니다.

"어떻게 전에 직장을 다녔어?"

아내는 절레절레 고개를 흔들면서, 자신도 어떻게 그런 일을 다 해냈는지 잘 모르겠다고 말했습니다. 사실 저는 과거 직장을 다니던 아내가 회식 있는 날이면 술고래로 변하는 모습을 자주 봤습니다. 그때는 잘 이해를 못했습니다. 살림과 경제활동을 같이하는 아내가 받았을 삶의 무게와 스트레스, 중압감에 대해서 말이지요. 그렇다고 아내가 직장을 그만두고 난 후 그리 많이 좋아진 것 같지 않습니다. 아내는 여전히 새벽에 눈이 떠지고 5년이 지난 지금도 여전히 바쁜 과거의 기억이 떠오른다고 합니다. 어제도 아내는 자면서 잠꼬대를 하더군요. 직장에 가서 직원들과 만나는 듯 중얼거렸습니다. 저는 그런 아내가 측은한 마음이 들어, "과장님, 보고서 다 썼어요" 하고 아내가 잠꼬대하면 "응 잘했네, 최고야" 하고 대답해 주었습니다. 그러면 아내는 스르르 다시 잠이 들었습니다. 아마 행복한 꿈을 꾸겠지요.

진정한 판을 짜는 사람

우리 부부의 작업실 〈철학공방 별난〉은 제법 몸뚱이를 키워서 각종 세미나와 강좌, 프로젝트 등이 열리는 공간이 되었습니다. 그곳에는 커피향이 진동하고, 책상 한쪽에서는 한때 길냥이였던 대심이와 달공이, 모모 세 고양이가 꾸벅꾸벅 졸고 있습니다. 사람들이 찾아오면 아내는 부산해집니다. 차를 끓이고, 책상을 정리하고, 바닥에 있는 먼지를 쓸니다. 세미나를 하러 온 사람들은 말끔한 공간이라는 인상을 받는데, 사실 그 공간을 이용하는 사람들의 편의를 아내가 봐주는 셈입니다. 세미나에서는 똑똑한 사람, 날카로운 사람, 잘난 사람도 많지만, 사실상 그 세미나의 판을 깐 사람은 아내입니다. 하지만 세미나에서 아내는 잘 보이지 않는 존재입니다. 아내는 세미나에서 사람들이 자신의 의견을 주장하면서 상대방을 무시할 때 많이 힘들다고 했습니다. 특히 폭력적인 대화법으로 비판의 칼날을 들이대는 사람 때문에 아내는 밤새 예민해 있었습니다. 그런 아내의 걱정과 스트레스를 들을 때면, 살림을 하고 판을 짜는 사람의 입장에서 어떻게 그 판이 보이는지도 느낄 수 있었지요.

공동체에서는 모든 사람이 판을 까는 사람이 되어야 한다고 말합니다. 그래서 한 사람이 판을 주도해서도 안 되고, 그렇다고 책임 회피의 영역이 되거나, 해체되고 와해된 개인주의의 판이 되어서도 안 되는 것입니다. 다시 말해 모든 사람이 아내의 판짜는 노력과 같이 서로를 보듬고 이해하고 공감할 준비가 되어 있어야 한다는 것이지요. 세미나를 하다 보면, 자기 자랑을 하면서 남 얘기는 안 듣는 사람, 자기중심적이어서 비판적이고 냉소적인 사람, 상대방을 뻔하게 생각하는 사람 등등 별별 사람이 많습니다. 만약 아내처럼 세미나 전에 청소를 하고, 차를 끓이고, 살림을 하면서 판을 짜려고 한 사람이라면 적어도 그런 태도를 보일 수는 없겠지요. 그런 점에서 살림의 마음은 바로 판을 짜는 사람의 마음, 그 자리를 실제로 있게 해 준 사람을 고맙게 생각하는 마음이라는 생각이 듭니다. 저 역시도 어떤 때는 그 배치와 자리의 의미와 존재 이유를 까맣게 잊고 화려한 개념으로 잘난 척을 하거나, 맥락에서 벗어난 딴소리를 하는 경우도 많습니다. 그런 때는 집에 돌아와서 그 자리의 판을 깐 사람에게 미안한 마음이 듭니다. 그래서 조금 침울하게 반성하지요.

　마찬가지로 공동체 내부에서는 보이지 않지만 판을 짜 왔던 사람들에 대한 마음이 아주 중요합니다. 그래서 식사준비를 같이하고, 차를 같이 준비하는 것도 필요하지만, 더불어 그 자리를 함께 준비한 사람들에게 감사하고 고마움을 느끼는 마음도 중요합니다. 물론 나서서 하는 것도 중요합니다만, 다른 사람이 나서서 한 판에 자신이 있다는 점을 깨닫고 응시하는 것도 중요합니다. 오늘 점심때도 아내가 해 준 파스타와 커피를 먹으면서, 아내가 우리 자리의 판을 깐 사람이라는 점에 고마움을 느꼈습니다. 저 역시도 설거지를 하고, 정리하면서, 판을 까는 사람 중 일부가 되려고 미약하게나마 노력했습니다. 아내가 만든 판에서 기쁨을 느끼고, 흥이 생기고, 쾌활함을 느낍니다. 다른 사람들도 제가 깐 판 위에서 그렇게 춤추고 노래하고 흥겨워하면 좋겠습니다.

살림은 사랑을 증폭시킬까

언젠가 대학에서 강의할 때 저는 학생들에게 이런 질문을 던졌습니다.

"사랑에 총량이 있느냐? 사랑할수록 사랑이 증폭되지 않느냐?"

그 질문에 학생들은 대부분 냉소적이고 비판적으로 반응했습니다. 얘기인즉슨 사랑은 무한하지 않고, 유한한 시간에 유한한 자원, 유한한 사람이 한다는 말이었지요. 그러나 저는 사랑의 순간에 새로운 사랑의 능력이 찾아오는 것을 느낍니다. 사랑은 우리가 가진 무한한 역량이며, 역능이기 때문에 퍼도 퍼도 고갈되지 않는 우물과 같다고 생각합니다. 저는 살림이야말로 우리의 무한한 능력을 보여 준다고 생각했습니다. 그래서 학생들에게 질문한 것입니다. 그러나 저의 의견은 지나친 낙관주의로 분류되었고, 사랑타령으로 모든 불평등과 차별을 은폐하는 꼰대로까지 간주했습니다. 물론 그런 비판에 일리가 없지는 않습니다. 사회는 살림에 대한 정당한 대가를 지불하지 않았고, 사랑이라는 이름으로 여성의 희생을 강요해 왔으며, 여성에 대한 불평등과 차별은 여전히 심각한 상황이며, 살림에 대한 이야기는 낡은 시대의 유산 같은 것으로 간주되고 있으니까요.

그러나 저는 '자연=대지=어머니=여신'의 약속이 살림에 깃들어 있다고 생각합니다. 사랑할수록 사랑의 힘이 증폭되는 살림의 영역은 분명 우리 주위에 있습니다. 안 보이고 부각되지 않을 뿐이지요. 살림을 돌봄노동, 정동노동이라고도 부른다고 하지요. 살림은 외면적으로 친절하게 대하면서도 내면에서 감정이 소모되는 감정노동과는 다른 영역입니다. 즉, 총량이 정해진 감정의 소모가 아니라 정동의 무한한 생산입니다. 살림이라고 불리는 정동(affect)은 인류가 만든 오래된 과거의 비밀을 간직한 사랑의 행동양식입니다. 그리고 우리는 살림의 약속에 따라 오래된 미래를 설계해야 할 시점에 와 있습니다.

이제까지 한국 사회는 살림이 당연한 것이라고 여겼습니다. 그러나 살림은 당연한 것이고 미리 주어지는 것이 아니라 우리 사이에서 만들어 나가야 할 주체성의 행동양식 중 하나입니다. 그래서 남성과 여성을 분리하여 역할과 책임을 할당하던 살림의 공식은 매우 낡은 것입니다. 그 대신 우리 사이에서 만들어 낼 사랑의 실천으로 살림을 함께하는 것이 매우 중요합니다. 사랑한다면 살림을 함께하면서 사랑이 증폭되는 순간과 함께하고 웃고 기뻐하고 흥이 나고 사랑과 정동의 흐름이 깃드는 순간과 함께해야 하는 것입니다. 그런 점에서 살림은 사랑할수록 사랑이 증폭되는 우리의 실천양식입니다. 더불어 우리의 무한한 능력을 발휘할 수 있는 행동양식입니다.

저는 기억합니다. 직장에서 퇴근한 아내가 한 시간 후에 귀가한다는 소식을 듣고 요리하면서 여러 양념을 사용하기도 하고, 채소를 다듬어서 예쁘게 모양을 내기도 하고, 심지어 맛이 나지 않자 MSG의 마법에 눈물로 호소했던 순간을 말이지요. 아내가 맛있게 먹어 주던 순간 저는 환희와 기쁨에 그날 저녁을 행복하게 보냈습니다. 아내는 "더 노력해야 겠는데, 오늘은 80점"이라고 하면서 점수까지 매겨 저를 더 독려했지요. 그 후로 텔레비전에서 요리프로그램이 나올 때마다 저는 제가 아내에게 요리를 해 준다면 어떤 게 좋을까 하는 기대감과 설렘을 갖고 봅니다. 저는 그 순간에 이미 살림의 비밀에 눈떠 있던 셈입니다. 사랑은 사실 살림 이외에는 달리 설명할 길이 없는 것만 같습니다. 그래서 오늘 저녁 아내와 제가 함께하는 서로살림, 생명살림은 아내와 저 사이에서 발효되어 냄새가 진동하는 누룩과도 같이 우리를 취하게 만들고 흥에 겨워 살아가게 만든다는 생각이 듭니다.

선물과 상품은
어떻게 다를까

기억이 가물가물, 친구에게 선물을 주었던가?

어느 날 고향 친구에게서 연락이 왔습니다. "네가 준 선물은 잊을 수 없어" 하고 말하더군요. 저는 분명 선물한 기억이 없고, 당시 저는 동네에서 유명한 먹보요, 욕심쟁이였던 터라 신빙성이 없지 않나 싶었지요. 그 후 동창회에서 고향 친구를 만나 자초지종을 듣게 됩니다. 그 친구의 말에 따르면 매일 점심을 수돗물로 대신하던 불우한 초등학교 시절 제가 그 친구에게 선뜻 도시락을 내밀었다는 것입니다.

"내가 설마……."

그러다가 기억을 더듬어 생각해 보니 분명 그런 일이 있었습니다. 초등학교 4학년 때인가, 매일 화려한 도시락 반찬을 자랑하던 제가 그날따라 김치와 깍두기 반찬뿐인 도시락이 먹기 싫었습니다. 그래서 옆 친구에게 먹으라고 주고 저는 축구를 하러 나갔습니다. 그게 그 친구인 겁니다. 저는 진상 규명을 하지 않은 채 조용히 그 친구의 추억을 지켜 주기로 했습니다. 무덤까지 가져갈 비밀 하나라고 생각하면서…….

그런데 집에 오면서 곰곰 생각해 보니, 그 친구가 당시에 저를 집으로 초대해서 팽이를 깎아 주고, 썰매를 만들어 준 기억이 언뜻 나는 것입니다. 그때 저는 엄청난 선물에 그만 흥분과 감동의 도가니에 휩싸였지요. 그것이 제가 준 도시락에 대한 보답이었다는 걸 이제야 깨달았습니다. 그 후로도 그 친구는 이따금 수줍은 미소를 지으면서 그리고 침을 약간 꿀꺽 삼키면서 그 당시 아이들이라면 다 먹어 봤을 쫄쫄이와 맛땅, 깨독과자 등을 조심스레 내밀곤 했습니다. 그때 저는 입에 넣고 너무도 달달한 느낌에 빠져들면서 그 친구와 함께 들이며 산이며 바다를 돌아다녔지요. 산에 올라 바위 위에 앉아서 제가 가지고 간 〈소년중앙〉이며 〈보물섬〉 등 어린이 만화잡지를 함께 읽었습니다. 당시에는 산이며 들이며 바다에는 온통 선물로 가득 차 있었습니다. 바다에 나가 석화를 캐먹고, 들에서 삘기·정금·산딸기 등을 따먹고, 산에서는 칡을 캐다가 씹어댔습니다.

우리는 선물을 주고받으며 관계를 성숙시켰다

어릴 적에는 세상이 전부 선물로 가득 찬 것만 같았습니다. 제 친구처럼 누군가 어느 순간 불쑥 선물을 내밀지 않을까 생각하곤 했습니다. 그리고 그 후 제가 경험한 선물을 주고받는 호혜적인 관계는 대학 동아리에서 생활할 때 선배, 친구, 후배와의 관계로 설명하는 것이기도 합니다. 동아리에서는 자신이 읽은 책 중에서 감명받은 책이 있으면, 다른 친구나 후배에게 주었습니다.

그 당시 기억이 나는 재미있는 사건 하나가 있습니다. 누군가가 책을 선물하면, 그것을 받은 누군가는 또 다른 이에게 선물하는 방식으로 선물이 순환하는 과정이 동아리에 분명 있었습니다. 그런데 선물을 주고받는 흐름이 딱 멈추는 곳이 한 군데 있었는데 그게 바로 저라는 걸 깨달았습니다. 2학년에 막 진급한 저는 선배에게 받을 줄만 알았지, 1학년 후배에게 주는 것에는 익숙지 않았던 겁니다. 그래서 선물이 돌고 돌아 딱 저를 종착지로 끝났던 겁니다. 그걸 깨달은 것은 동아리에서 MT를 갔을 때, 같은 학번 친구가 "넌 선배에게 많은 걸 받았으면서 왜 후배한테는 인색하냐"고 말했을 때입니다. 그 후부터 저는 과외를 뛰고 알바를 해서 후배들에게 밥도 사주고 시집이나 소설책을 선물하려고 노력했습니다만, 받는 습관에만 익숙해서 그런지 잘 한 것 같지는 않습니다. 어쨌든 제가 대학 때 읽은 책은 현재 한 권도 남아 있지 않습니다.

그러나 대학원에 들어가서는 책을 소장하는 버릇이 생겼습니다. 즉, 책은 선물이 아니라 소유물이 된 셈이지요. 책을 소유하고부터 나만이 알고 있는 것이 생겼습니다. 그래서 전에는 책을 돌려 읽고 함께 토론했지만 이제는 책을 혼자 읽는 독백의 시간이 많아졌습니다.

그 당시 깨달은 것은 선물이 돌고 도는 과정에서 관계가 성숙되었다는 점입니다. 그리고 일방적으로 받기만 해서도 그리고 주기만 해서도 안 된다는 점도 말입니다. 주고받는 과정이 시간 간격을 두고 이루어져야 한다는 점도 그때 깨달았죠. 사실 부모님께는 죄송한 일이지만, 용돈을 받고 나흘 만에 술집에 헌납하고 그 나머지 시간 동안은 밥을 얻어먹는 일이 다반사였습니다. 그래도 친구와 선배는 대부분 그 속사정을 알기 때문에, 재미있고 기꺼이 마치 선물을 주듯 제게 밥을 사주었습니다.

대학 졸업 직전, 그 많은 동아리 사람들이 한자리에 모였습니다. 비가 추적추적 내리고 밤은 깊어가던 날 우리는 소주에 해물탕을 먹었습니다. 어떤 친구가 노래를 부르기 시작했고, 형제보다 끈끈한 우리 관계에 이제 마침표를 찍고 사회로 나가야 한다는 것을 예감한 듯 술에 취해 우는 친구도 있었습니다. 그러나 우리는 함께 노래를 끝도 없이 불러댔습니다. 그리고 아침이 되었지요. 취업한 친구, 공무원이 된 친구, 농부가 된 친구, 고시공부를 시작한 친구 모두 자신의 자리로 돌아가야 한다는 사실을 알고 있었습니다. 그러나 아침 10시가 되어도 아무도 자리를 뜨지 않았습니다. 다시 만날 기약이 없다는 것, 그토록 서로에게 책 선물을 한 사람을 다시 만날 수 없다는 것, 둥그렇게 모여 앉아 세미나를 할 수 없다는 것, 그러한 것들이 못내 아쉬웠습니다. 그리고 순간의 정적을 깨듯 한 친구가 비틀거리며 자리에서 일어나 김광석의 〈서른 즈음에〉를 불렀습니다. 우리는 서로의 어깨에 손을 올리고 흐느끼며 고래고래 소리를 지르며 불렀습니다. 돌이켜보면 우리는 마침표를 참 아름답게 찍었습니다. 관계가 성숙한 공동체였고, 선물이 오가던 공동체였으니까요.

책 한 권에서 공동체의 추억과 사랑을 느낀 시절

군대 제대 후 바쁘게 무언가를 모색하고 방황하며 살아가고 있을 때 한 선배가 동아리방에 꽂힌 책 한 권을 내게 건넸습니다. 자세히는 기억나지 않지만 그 많던 친구들 사이를 돌고 돌아 이제는 먼지를 뒤집어쓰고 동아리방에 동아리 마크가 찍힌 채 꽂혀 있었지요. 그 책은 고인이 되신 신영복 선생님의 『감옥으로부터의 사색』입니다. 신영복 선생님이 사형수이던 시절 가족과 동생, 형제에게 보낸 편지 형식의 책입니다. 그 책을 건네며 선배는 이렇게 말했습니다.

"네가 가장 필요할 거야. 이제부터 네가 갖고 있어."

그저 받아서 책꽂이에 꽂아둔 이 책에 처음으로 눈이 간 것은 직장을 그만두고 고향으로 내려가 공부할 때입니다. 대학원이라는 막연한 전망밖에 없던 저로서는 사형수로서 죄수로서 메인 몸이 된 신영복 선생님의 처지와 공명했습니다. 그리고 동아리에서 책 선물을 주고받던 옛 추억으로 돌아가는 듯한 느낌도 받았습니다.

'비 내리는 저녁 때 술 마시던 친구들은 어디에 있을까?'

갑자기 궁금하기도 했습니다. 그러나 초라한 제 모습을 보이기도 곤란하고 연락이 완전히 끊겨 저 혼자 덩그마니 고향집에서 독서만 할 뿐이었죠. 그때는 읽기 좋은 책은 모두 선물 대상이던 시절이었습니다. 자기가 읽고 좋은 책은 친구나 후배에게 선물하는 것이 당연했습니다. 그리고 지금 수많은 손을 거쳐 낡은 한 권의 책이 제 손에 들어와 있습니다. 축제와 환희, 기쁨의 공동체는 이 낡은 책 한 권에 아로새겨져 있을 뿐입니다. 그 이후 이 책은 직장생활하면서, 대학원을 다니면서, 까만 먼지를 뒤집어 쓴 채로 책장에서 저에게 문장의 힘을 여러 번 선물했습니다. 조용히 읽으면서 삶의 소중함, 일상의 가치, 사랑의 절절함을 느꼈지요. 그리고 때가 되면 이 책을 선물할 사람이 등장할 것이라고 예감했습니다. 그렇게 그 책은 책장 한 편에서 10년 동안 아주 낡은 책으로 꽂혀 있었고, 가끔 눈에 들어오곤 했습니다.

그리고 마침내 이 책을 주고 싶은 사람이 15년 만에 나타났습니다. 친구에게 배신을 당해서 채무를 짊어진 B씨가 저의 연구실에 잠시 머물렀습니다. 그에게 읽으라고 그 책을 건네주었습니다.

"왜 감옥이에요?"

B씨는 약간 놀라면서 얘기했습니다.

"사연이 있는 책이라, 아마 나중에 힘이 될 거예요."

그 책이 원래 선물이었듯이 다시 선물이 되어 순환하는 것이 아주 기뻤습니다. 어쩌면 먼지를 뒤집어쓴 채로 책장에 꽂혀 있을 수도 있습니다. 그러나 그 역시도 이 책이 감내할 운명이고, 끝없는 기다림의 시간이 필요할 수도 있습니다. 저는 책 내용을 대부분 외우거나 느끼고 있는 상황이고, 더욱이 이 책이 처음부터 동아리원들 사이에서 오고 간 선물이었다는 것을 아는 터라 크게 아쉽지 않았습니다. B씨는 쾌활하게 웃으면서 책을 받아서 홀연히 떠나갔습니다. 그가 저를 떠올리며 그 책을 보게 될 순간이 오리라는 가냘픈 낙관이 싹텄습니다.

달시장에는 오래된 물건이 있다

영등포구 하자센터 앞마당에서는 달마다 달시장이 열립니다. 그곳에는 자신이 쓰던 낡은 물건을 내다파는 사람들이 간혹 있습니다. 제가 갔을 때 어떤 분이 안 쓰는 물건들을 갖고 와서 모두 500원을 받고 팔고 있었습니다. 사실 너무 적은 금액이라 혹하는 마음도 들었지만, 궁금한 것은 이 물건들의 사연이었습니다. 저는 독일어 사전을 집어 들고 대뜸 "이거 어떻게 쓰신 거예요?" 하고 물었습니다. 그분은 고등학생 아들이 샀다가 대학에 진학하면서 쓰지 않아서 내놓았다고 말해 주셨습니다. 책을 뒤져 보니 샤프로 직직 그은 부분도 있고, 마카펜으로 표시한 곳도 있고, 볼펜으로 동그라미를 여러 번 친 부분도 있었습니다. 추측건대 독일어에 꽤 흥미가 있었음이 분명하고, 단어를 외우려고 부단히 노력한 흔적이 엿보였습니다. 500원이라는 가격이 싸서 재미있다가 아니라, 달시장에서 이 사전을 팔던 분이 아들 얘기할 때 '고개를 설레설레 저으며 못 말린다는 듯한' 표정이 재미있었습니다.

또 부지런히 달시장을 다니다 보니 인형들을 놓고 파는 자리가 보였습니다. 자신의 아이가 어릴 적 가지고 놀던 인형을 1,000원에 판매하고 있었습니다. 아주 작은 인형들이었는데, 이제는 아이가 커서 짐만 될 뿐이라고 했지요. 아내가 한참 고르더니 인형 몇 개를 샀습니다. 이유인즉슨 집에 들어온 아기 냥이에게 주고 싶어서라는 것입니다. 아이의 인형이라면 추억과 의미가 아로새겨져 있을 법한데, 저희에게 넘겨주면서 저희 됨됨이와 모양새를 찬찬히 탐색하는 눈빛이 참 재미있었습니다. 마치 자녀의 이성 친구를 처음 만난 부모처럼 자신의 정성과 인격, 사랑이 담긴 물건으로 간주한 것입니다. 사실 상품으로 생각하면 이렇게 하지 않았을 겁니다. 사랑, 정성, 인격 등과 물건은 아무런 관련도 없을 테니까요. 그러나 분명 달시장에서는 오래된 과거의 물건을 선조처럼 대하는 것이 참 재미있는 관찰 포인트지요.

아기 냥이의 인형 사용법은 참 남다릅니다. 앞발로 움켜쥔 채 뒷발로 팍팍 쳐 대서 솜이 나올 지경입니다. 분명 인형에 스토리와 생명력을 부여하는 것 같습니다. 아기 냥이가 그런 태도를 취할 때면 가끔 달시장의 달무리라는 판매자들이 떠오릅니다. 물건에 생명력을 부여하던 오래된 원형 공동체 사람들과 유사한 별종인 사람들이라서 말입니다.

오래돼서 좋은 물건이 있습니다. 스토리와 의미, 추억, 사랑, 정성, 인격 등이 담겨 있어서 뻔하게 보지 않게 되는 물건도 있습니다. 선물과도 같은 이러한 물건이 우리 사회의 공동체를 순환하고 재생하는 소재라는 생각이 듭니다. 공동체가 살아 있다는 것은 바로 선물이 오고가서 관계가 성숙하고 있다는 것을 의미할 테니까요.

흰 코끼리 나눔의 약속

'선물을 주고받는 것이 경제의 영역'인가 하고 의문을 갖는 사람도 있습니다. 그러나 분명 사회적 경제의 영역처럼 선물을 주고받는 호혜와 증여의 경제도 우리 사회에서 작동 중입니다. 과거에는 판을 짜지도 실천하지도 노력하지 않아도 사람들만 모이면 자연스럽게 공동체가 형성된다고 간주했습니다. 그러나 현재 공동체는 선물을 순환시키고, 사랑과 돌봄의 흐름을 재생시키며, 배치와 판을 짜는 각고의 노력으로도 만들기 어려운 상황입니다. 선물이라는 사소하게만 느껴지는 물건 하나가 인류 재건, 공동체 구성의 원천이라는 점을 어떻게 생각하시나요? 어떤 사람은 '김영란법'을 들먹이며 뇌물이다 뭐다 할지도 모르겠습니다. 그러나 어떤 이해관계 없이 사랑과 정동, 돌봄의 흐름에 따라 움직이는 선물을 상상하기란 어렵지 않습니다.

사실 백화점이나 대형마트에서 화려한 상품을 사는 이유가 아내나 애인, 부모에게 선물하기 위해서라고 한다면, 상품과 선물은 서로 겹친 영역을 그려 낼 것입니다. 물론 공동체와 공동체 사이에는 분명 시장도 필요합니다. 그러나 1인 가구가 늘어나고, 혼자서 할 것들이 굉장히 많고, 우주선 유형의 삶이 자리 잡은 상황에서 공동체를 만들어야 한다면 선물이 주는 힌트와 단서에 주목할 필요가 있습니다.

저는 아직도 기억이 생생합니다. 어릴 적 친구들에게 내밀었던 조립 로봇, 그리고 친구가 만들어 준 팽이, 동네 형이 내밀던 칡뿌리, 산과 들과 바다가 선물한 먹거리들…… 그 모든 것이 세상은 선물로 가득 차 있다는 생각을 하게 만들었지요. 지금도 집을 잘 뒤져 보면 많은 사람에게 줄 오래된 선물이 숨어 있을 수도 있습니다. 벼룩시장에 좌판을 깔고 한 판 선물 주듯 팔아 보는 것도 재미일 것입니다.

흰 코끼리 나누기라는 행사에 대해서 들어본 적이 있습니다. 인도에서는 흰 코끼리가 신성한 동물이지만, 동시에 아무 쓸모없는 골칫거리이기도 합니다. 마찬가지로 집에 숨어 있는 애물단지와 같은 물건은 오래되어서 보관할 장소조차 마땅치 않은 흰 코끼리와 같습니다. 이걸 선물로 나눈다면 어떨까요? 오늘 한번 서랍이며 다락, 창고를 뒤져 보세요.

우리가 먹은 밥은
다 어디로 갈까

먹보이던 어린 시절

어린 시절부터 저의 식탐은 유명했습니다. 어리고 키도 작은 제가 엄청난 식탐을 부리는 것을 보고 부모님도 놀라실 정도였죠. 사연인즉슨, 제가 한번은 밥상에서 맛있게 밥을 먹다가 갑자기 울기 시작했다는 겁니다. 부모님이 놀라서 왜 우냐고 묻자 저는 "내 밥 누가 다 먹었어 흐엉엉"이라고 말했다네요. 그 정도로 저는 무엇이든 '마파람에 게 눈 감추듯' 먹어 대는 유년기를 보냈습니다.

지금도 식탐이 줄지는 않았습니다. 닥치는 대로 먹기 때문에 아내는 식단을 조절해야 한다고, 채소를 먹어라, 현미밥을 먹어라, 대충 삼키지 말고 꼭꼭 씹어 먹어라 하고 잔소리를 합니다. 그리고 맛있는 반찬을 경쟁적으로 먹다 보니 마지막 하나는 꼭 제가 먹어야 한다는 강박의식이 있기도 했습니다. 식탁 예절을 강조하는 아내가 마지막 한 점은 남겨 두는 것이 예의라고 말하기 전까지는 그랬습니다. 요즘은 마지막 하나를 보란 듯이 남기면서 아내에게 "이거 먹어 봐, 맛있어" 하고 한마디 합니다. 그러면 아내는 '푸하하' 웃기도 하고, 미소를 짓기도 하며, 대견하다는 듯한 표정을 짓습니다.

사실 10년 전부터 낮은 단계의 채식, 현미밥 채식, 페스코 pesco(육식은 금하고 생선까지만 먹는 채식주의자)라는 걸 하고 있지만 왠지 체중은 전혀 줄지 않습니다. 덕분에 탄수화물 중독이나 주전부리 중독, 식탐의 왕 등으로 아내에게 불리는 중이지요. 결혼 전 아내와 두 번째 데이트를 한 곳은 서울 용산에 있는 감자탕 집입니다. 저는 채식을 하고 있다고 말한 후 고기를 옆으로 치워 놓고 조심스레 감자를 집어 먹었지요. 아내는 너무 엄격하지도 일방적이지도 또 상대방을 가르치려 들지도 않는 채식주의자의 모습에 반했다고 합니다. 그리고 동거 중에도, 결혼 후에도 저의 채식을 지켜 주려고 노력했지요. 육식이 전혀 없는 밥상을 차리는 게 무척 힘들었다고 합니다. 저는 10년째 되는 해에 아내에게 고백했습니다. 사실 용산에서 만난 그날이 제가 채식을 결심한 지 겨우 일주일 되는 날이었다고. 아내는 "뭐얏, 그럼 나 만나고부터

네" 하면서 웃었지요.

다이어트에 돌입한 이후의 일상

동거 이후 상견례를 마치고, 결혼식을 몇 달 앞두고, 체형에 맞는 연미복이 없어서 다이어트를 시작했습니다. 현미밥 채식과 고정식 자전거 운동을 새벽 한 시간 동안 하는 것으로 결정했습니다. 그런데 새벽도 꼭두새벽 5시부터입니다. 저는 자전거 페달을 부지런히 밟았습니다. 아내가 화면에 띄워 놓은 애니메이션을 보면서 말이지요. 숨이 차고 땀이 나고 힘이 들어도 계속했습니다. 아내 얘기로는 다이어트는 평생 할 수 있는 것으로 정해야 한다고 합니다. 과도한 방식으로 살을 급격히 빼면 나중에 요요 현상이 와서 다시 이전 몸으로 돌아가 버린다는 것이지요. 우리 몸의 항상성을 유지하려는 속성 때문이라고 합니다. 그래서 새벽에 고정식 자전거를 평생 돌리겠다는 각오로 임하라고 신신당부와 엄한 훈계를 내렸습니다.

"제가 도착한 곳은 군대였습니다. 왜 그곳에 가게 되었는지 모르겠습니다. 한 장교가 소집명령이 내려와서 다시 원대로 복귀해야 한다고 했습니다. 군복을 입고 있는데 갑자기 모자가 보이지 않는 것입니다. 그래서 사람들이 연병장에 모이는데 저만 혼비백산해서 모자를 찾고 있었습니다."

이건 제가 당시 새벽에 꾼 꿈의 내용입니다. 다이어트 돌입 이후 군대 가는 꿈을 계속 꾸었습니다. 그런 부작용이 있어도 운동을 열심히 한 결과 12킬로그램을 빼서 연미복을 가볍게 입는 행운을 거머쥡니다. 결혼 이후에도 아내는 아침 운동을 강조했습니다. 그리고 현미밥 채식을 꾸준히 실천했습니다. 군대 꿈이오? 그 이후에도 몇 번 꿨는데, 뭐 지금은 대수롭지 않게 넘기는 꿈입니다.

저는 물만 먹어도 살찌는 타입입니다. 그래서 먹은 밥이 어디로 가냐고 묻는다면 당연히 살로 간다고 말할 태세입니다. 그러나 몸의 항상성 때문에 아주 많이 먹어도 살이 그다지 찌지 않고, 너무 적게 먹어도 많이 빠지지 않는다는 점을 나중에 알게 되었지요. 오히려 적게 먹으면 몸이 비상사태로 인식해서 음식이 오는 족족 지방으로 축적하려 하기 때문에 더 살이 찌는 역설에 직면합니다. 마치 자연생태계가 외부 환경에 맞서 내부 환경에 항상성을 유지하려는 것처럼 몸도 항상성을 유지하려는 본성을 갖고 있는 것이지요.

"밥을 먹으면 다 어디로 가나?"

이런 질문을 하면 흔히 '살로 간다', '똥으로 간다', '영혼의 무게로 간다' 등 여러 이야기가 나옵니다. 정말 그것은 다 어디로 갈까요? 살과 똥과 기타 여러 가지를 다 합해도 우리가 삼시세끼 먹는 양에 비하면 턱 없이 부족해 보입니다. 사실 우리는 밥 자체를 소비와 향유로 삼는 경향이 많습니다.

맛깔나고 화려한 음식을 먹으면 오늘도 멋진 삶을 살았다고 여기게 만드는 미디어의 이미지들이 참 많습니다. 그러나 우리가 먹는 밥은 풍미와 향미를 향유하려는 것이 아니라, 피부와 살과 피와 뼈와 장기 등을 재생하고 자기생산하는 데 대부분 쓰입니다. 즉, 대부분의 세포가 바뀝니다. 그래서 창문을 닫아 놓아도 집 안에 먼지가 많은 이유도 우리 몸의 피부 각질이 떨어져 나와 많은 양의 먼지를 만들기 때문입니다. 그만큼 우리 몸 곳곳이 모두 교체되고 있다는 좋은 현상이라고 할 수 있겠지요.

그럼에도 저처럼 뚱뚱한 사람의 비애는 정말 이루 말할 수 없습니다. 체구가 커서 칼로리를 많이 섭취해야 유지하는데, 어떤 때는 엄청난 양의 밥을 먹어도 격하게 활동하다 보면 당이 떨어지는 현상이 생깁니다. 당뇨도 아닌데, 제 몸의 세포들이 배고프다는 의사표현을 그렇게 하는 모양입니다. 어쨌든 그때마다 쩔쩔매고 땀을 흘리며 바들바들 떨지요. 처음에는 무척 힘들어서 쓰러지기 직전까지 이를 악물고 강의를 하거나, 토론회에 참여하거나, 일을 하기도 합니다. 지금은 항상 가방 속에 사탕과 초콜릿을 비상식으로 갖고 다닙니다. 다이어트는 저의 필생의 숙제이지만, 늘 체중계에 오를 때마다 시험 치는 아이의 기분이 되곤 합니다. 체중계는 저의 자존감의 척도라고도 할 수 있답니다. 체중계의 숫자가 어제보다 살짝 낮아진 걸 확인하는 순간, 저는 제 자신이 그

보다 더 기특할 수가 없거든요.

먹는다는 것에 대하여

먹는다는 것에 대한 개똥철학을 만들기 시작한 것은 최근입니다. 밥상 앞에서 늘 경건해지기도, 활력이 넘치기도, 수선스러워지기도, 설레기도 하는 저이기 때문에 개똥철학에 이르렀는지도 모르겠습니다. 사실 저는 아내가 차려 준 밥상을 무척 사랑합니다. 반찬이 뭐든 그게 중요한 것이 아닙니다. 먹는다는 것 자체는 저에게 큰 사치며 자연스러운 욕망의 시간으로 가는 것과 같기 때문입니다.

"입에 음식물을 넣은 채로 얘기하지 마라."

부모님께서 자주 하신 말씀입니다. 그런데 저는 입을 오물거리며 먹으면서 얘기하는 것을 정말 좋아합니다. 그리고 갑자기 웃긴 이야기가 나와서 입 안의 밥알이 사방으로 팍 튈 때 사람들이 놀라는 반응을 나름 사랑합니다. 웬 비위생적인 이야기냐 싶은 분도 있을 수 있습니다. 그만큼 함께 먹고 대화하고 즐거운 이야기를 쉴 새 없이 하는 것을 사랑한다는 얘기지요.

지구의 역사에서 처음 등장한 먹는 행위는 박테리아가 다른 박테리아를 삼켜서 다른 환경의 유전정보를 습득하고 영양을 섭취하는 행동이었답니다. 사실 작은 세균은 먹는 행위를 특화하지는 못했습니다. 입이 없기 때문이지요. 생물의 진화 과정에서 입과 항문의 생성은 매우 중요한 단계였다고 합니다. 사실 식물, 동물, 박테리아, 벌레, 광물 등 다른 생명의 정보를 얻기 위해서 먹는다는 것은 왠지 원시적인 느낌이 듭니다.

그러고 보니 제가 어릴 적 자연시간에 야단을 맞은 이유가 떠오릅니다. 저는 자연과목 실습 시간에 새로운 물질을 보면 바로 맛을 보았습니다. 그 모습을 본 선생님은 실험을 중단하고 토하게 했습니다. 그런데도 저는 그 물질이 무엇인지 알기 위해서는 먹어야 한다는 생각을 버리지 못했지요. 그 후로도 무심결에 맛을 보는 습관을 버리기까지 부단한 노력이 필요했습니다.

먹는다는 것에 대한 제 개똥철학은 이렇습니다. 저는 제철 과일을 무척 사랑합니다. 맛으로 계절을 느끼기 때문입니다. 여름에는 수박을 먹고, 겨울에는 귤을 먹고, 가을에는 사과를 먹는 것이 계절의 맛을 체험하는 것이라고 느낍니다. 그래서 사과가 무척 달면 올 여름 가뭄이 꽤 심했구나 생각하고, 수박이 크면 장마에 비가 많이 내렸구나 생각합니다. 물론 요즘 대형마트나 시장에는 계절을 벗어난 과일도 눈에 뜹니다. 그러나 바람과 비와 태양이 살아 있는 자연 환경에서 자라지 않은 과일이나 채소는 맛에서 차이가 무척 납니다.

또한 함께 동그랗게 앉아 밥을 먹는 공동체 밥상도 무척 사랑합니다. 맛과 음식을 공유하면 마음도 함께 통하기 때문입니다. 마음이 통하는 사람끼리 밥을 먹으면 소화도 잘 되고, 위장에 활력이 더해지며, 풍미와 향미를 느끼는 '관계'라는 조미료가 부가된 것 같습니다. 공동체를 이루고 먹는 행위는 어떤 인공조미료도 따라올 수 없는 맛을 선물합니다. 더불어 지구와 생명, 사물 등이 음식으로 연결되어 있다는 생태적 감수성을 밥상에서 제일 먼저 느끼게 됩니다. 밥상은 작은 우주이며, 지구의 생명이고, 자연의 선물이며, 미생물의 향연입니다.

사실 저의 개똥철학만 들으면 굉장히 우아하고 미학적이며 윤리적인 사람을 떠올릴지도 모릅니다. 그러나 거듭 이야기하지만, 저는 식탐이 많은 사람입니다. 형제와 친구와 젓가락을 부딪치며 경쟁하듯 나물과 채소를 먹는 것도, 된장찌개에 숟가락을 담그기 무섭게 다른 숟가락이 오는 것도, 지도를 가르듯 열심히 생선을 분할하는 것도 무척 좋아합니다. 그 순간이 워낙 강렬하고 온갖 기하학과 수학과 미학과 윤리가 총동원되기 때문입니다. 그리고 밥이 우리 자신을 만들어 내기 때문에, 결국 밥상이 모든 학문과 종교와 예술의 시작이라고 생각합니다.

우리가 만든 것은 '바로 나'이다

대학원에 다닐 때 공동체에서 활동한 적이 있습니다. 새로운 문명과 정치세력을 꿈꾸는 실험적인 공동체였지요. 처음 제가 가입하고 활동을 시작할 때 본능적으로 그 집단의 중심이 누구인지 살폈습니다. 처음에는 말 잘하는 사람인 줄 알았습니다. 그래서 그 사람의 눈치를 보다 나중에 기회를 보아 비판했지요. 그런데 이럴 수가! 그 사람은 중심이 아니었습니다. 이번에는 나이 든 사람이 중심인 줄 알았습니다. 그래서 눈치보고 띄워 주다가 또 비판하면서 나섰죠. 그런데 그 사람도 중심이 아니었습니다. 그제야 저는 알았습니다. 그 공동체는 모든 사람이 주변인이라는 사실을 말입니다. 대학 시절 운동권에 몸담으면서 사상투쟁을 하던 저의 습성은 여지없이 깨지고 말았습니다. 그다음부터 저는 공동체의 관계망과 배치가 갖고 있는 결과 무늬를 조심스럽게 살피기 시작했습니다.

한번은 공동체에서 아이디어 기획회의를 했습니다. 여러 아이디어가 나왔습니다. 공동체의 강렬도에 반응하듯 빛나는 아이디어와 기획 등이 쉴 새 없이 나왔고, 우리는 어린아이라도 된 것처럼, 심지어 색다른 문명을 기획하는 사람이라도 된 것처럼, 새로운 삶을 만들 수 있는 로드맵을 지금 바로 제출한 것처럼 으쓱했지요. 그때 공동체 관계망의 창조적이고 생산적인 능력을 깨달았습니다. 그런데 웬걸! 결국 채택

된 아이디어와 기획은 수백 가지 가운데 단 몇 가지밖에 되지 않았습니다. 집으로 가면서 한 선배에게 저는 뾰로통해서 "그래서 뭐가 만들어졌단 말입니까?" 하고 퉁명스럽게 물었지요. 그러자 선배는 찬찬히 저를 살피며, "그 아이디어와 기획을 낸 우리 자신, 바로 너는 만들어졌잖아!" 하고 말했습니다.

그때서야 저는 공동체의 활동이 '다른 사람을 만들어 내는 것보다는 자기 자신을 만들어 내는 것이 우선이구나' 하는 깨달음을 얻었습니다. 즉, 타자생산을 위한 노동이 아닌 자기생산을 위한 활동이라고 집약적으로 말할 수 있겠지요. 저는 활동의 의미를 그때서야 깨달았습니다. 노동은 정한 규칙대로 자동적이고 기능적으로 하면 되지만, 활동은 자기 자신을 만들기 위해서 일을 자율적으로 해나가는 것에서 차이점이 있다는 것을 말이지요. 물론 노동을 활동처럼 해달라는 열정노동의 문제도 무시할 수 없습니다. 그러나 바로 자신, 바로 나를 만들어 내는 것에 활동의 방점을 찍을 때, 무의미하고 단조롭고 남이 시키는 것만 하는 태도에서 벗어날 수는 있겠다, 싶은 생각이 들었습니다.

그리고 대학원에 돌아가 바쁘게 지내다 다시 그 공동체를 찾았습니다. 어떤 토론회인데, 영화 《오즈의 마법사》(1983)의 주제가 〈Over The Rainbow〉의 번안곡을 구성원 중 한 분이 부르고 있었습니다.

저기 높은 곳 무지개 너머 어딘가에

자장가에서 한 번 들었던 곳이 있어요

저기 무지개 너머 어딘가에는

파아란 하늘이 있고

감히 상상하는 꿈들이

이루어지는 곳이에요.

......

　노래를 듣는 순간 제가 처음으로 공동체를 꿈꾸던 곳, 활동하며 제가 만들어진 곳에 대한 감사함과 잊어버린 예전 느낌이 다시 살아났습니다. '바로 나'를 만든 것은 공동체의 오랜 꿈이었다고 느끼자 저는 어느 누군가에게서 어떤 힘과 에너지를 받았다는 생각이 들었지요.

피가 되고 살이 되는 밥은 하늘이다

밥은 공동체를 구성하고, 생명을 살리고, 우리의 몸과 마음을 만드는 원천입니다. 그래서 "밥은 하늘이다"고 말할 정도지요. 밥에 대한 욕심과 식탐이 아무리 많아도 딱 바로 자신만을 만들어 낼 정도만 먹을 수 있다는 점에서 평등한 것이 바로 밥상이라는 생각이 듭니다.

　그러나 지금 밥상은 위기와 위험의 시절에 직면해 있습니다. 생명을 왜곡하는 유전자조작농산물, 생명을 도구화하는 과도한 육식, 지구 곳곳에서 이동한 푸드마일리지 문제, 현재를 탕진하는 과도한 회식문화, 석유를 펑펑 써야 하는 관행농업, 기아에 허덕이는 제3세계 민중을 외면하는 영양 과잉의 시대, 속도사회에서 끼니 때우기 문화, 다가오는 식량위기 등등 우리 밥상은 바야흐로 전쟁에 돌입해 있는 상황입니다. 물론 제도적인 개선과 변화가 필요한 것도 사실입니다. 그것은 개인의 책임이나 개인의 윤리만으로 해결할 수 없는 수준이니까요.

이런 생명위기 시대에도 해법은 아주 가까이에 있습니다. 제 장인어른은 유기농이자 직파법으로 벼농사를 짓습니다. 그렇게 수확한 벼로 현미를 만들어 매년 저희에게 보내 주십니다. 저희가 잠시 바빴을 때, 현미가 떨어진 적이 있습니다. 저희는 가까운 농협에서 현미를 사다 먹으면 되려니 했습니다. 그런데 맛도 문제려니와 비용이며 요리며 모든 것에서 문제가 생겼습니다. 그때 직파법으로 농사를 짓는 장인어른의 모습이 떠올랐고, 밥을 먹을 때마다 전보다 더 감사한 마음을 느꼈습니다.

그 이후 현미가 떨어질 때 즈음이면 모든 일을 제쳐 두고 장인 장모님을 만나러 시골로 달려갔습니다. 사실 저희에게는 목숨과도 같은 음식이라서 더욱 그렇습니다. 장인어른은 분명 저희를 살리는 하늘과도 같은 존재입니다. 다시 말해

우리의 삶 아주 가까이에서부터 먹는다는 것의 의미는 가슴
절절히 피부에 와 닿는 문제인 셈입니다.

"오늘 점심은 무엇을 해 먹지?" 하는 질문은 저에게는 아
주 커다란 문제, 생명의 자기생산이 갖고 있는 영성적이고
윤리적이며 미학적인 문제로 다가옵니다. 밥은 여전히 하늘
이기 때문에.

왜 우리 자신을 만드는 것이 정동인가

기억 저편의 고단한 자취 시절

대학 시절 함께 자취하던 친구를 만나 오랜만에 술을 마시다가 예전 이야기가 자연스레 나왔습니다. 쌀이 떨어져 시골집에서 가져온 꿀로 버티던 때의 값 비싼 속 쓰림, 짜장라면에 국물을 너무 많이 넣던 날의 불만과 탄식, 마가린에 간장 넣어서 밥을 비벼 먹던 달콤함, 밖에서 커피는 열 잔을 먹으면서 안에서는 쫄쫄 굶던 때의 손 떨림, 서울역 앞에서 담배꽁초를 주워 피던 시절……. 그 시절 이야기를 하면 그땐 왜 그랬을까, 하는 생각도 많이 들었지요. 자취 생활의 추억과 애환은 아무리 얘기를 해도 끝나지 않을 것만 같습니다.

서울이 집인 그 친구는 부모님께 독립하고 싶다고 얘기해도 허락하지 않자, 어느 날 몰래 부모님의 곗돈을 들고 야반도주를 했습니다. 그리고 저와 자취하면서 고난의 시절을 함께 했지요. 지금 이야기하면 재미있는 추억이지만 그때는 굉장히 힘들었던 게 사실입니다.

제가 그 친구와 자취한 이유는 혼자 자취하면서 어려움이 많았기 때문입니다. 혼자 자취하던 어느 비 오는 날 우산을 가지고 가지 않아 비를 흠뻑 맞고 오한과 몸살에 시달리며 사흘 동안 혼자 누워 있던 적이 있습니다. 제 인생에서 가장 힘든 시간이었습니다. 그 후 혼자서는 자취할 게 못 된다는 생각에 기꺼이 집을 나온 친구와 함께 자취를 시작했습니다. 물론 친구나 저나 살림을 해 본 적이 없습니다. 돌봄을 통해서 서로가 어떻게 기쁨을 만들어 갈 것인지도 잘 몰랐습니다. 그러나 적어도 한 사람만이라도 내가 죽었는지, 살았는지, 배가 고픈지, 아픈지를 안다는 것 자체가 참 좋았습니다. 혼자 자취할 때는 텔레비전이 유일한 벗이었지만 피상적인 감정생활을 위한 것에 불과했지요. 반면 함께 자취하면서는 굳이 텔레비전을 틀지 않더라도 친구와 여러 가지 이야기를 나누다가 잠 드는 것도 매력적이었습니다. 이렇듯 관계가 있을 때의 정동과 관계가 없을 때의 감정, 기분, 환상은 큰 차이가 있습니다.

우리는 정동, 즉 돌봄과 살림의 방법을 잘 몰랐고, 그저 돈이 없는 게 문제라고만 생각했습니다. 그때는 잘 몰랐습니다. 정동의 중요성을 말이지요. 밥 한 끼 해결한다고 되는 문제가 아니라, 자신의 삶을 기획하고 나 자신을 만드는 방법에 미숙한 시절이었습니다. 여기서 정동은 나 자신을 만드는 것, 즉 자기생산의 원천입니다. 오랜만에 친구와 술자리가 무르익어 갈수록 그 시절 청춘의 방황, 불안, 배회의 기억은 그 시절 그만큼의 자유의 무게로 느껴졌습니다. 그리고 정동의 비밀을 몰랐던 미숙한 시절이 떠올랐습니다.

남편은 남의 편인가?

우리에게는 정동노동이라는 개념보다 돌봄이라는 단어가 더 익숙합니다. 사실 돌봄은 모심, 살림, 보살핌, 섬김 등과 함께 정동노동의 일부로 포함되어 있지요. 어느 협동조합에서 돌봄노동을 강의할 때입니다. 저는 가사노동이 사랑할수록 사랑이 증폭되는 정동노동이냐, 아니면 감정과 에너지를 소모하는 감정노동이냐를 물었습니다. 토론회에 참석한 주부들은 주저하지 않고 감정노동이라고 대답했습니다. 저는 약간 당황했습니다. 그 순간 갑자기 주부들의 불만이 폭발했습니다. 왜 정동노동을 여성만이 해야 하는 것이죠? 돌봄과 정동노동은 여성 불평등의 상징 아닌가요? 등등으로 말이지요. 다시 말해 가사노동은 여성 불평등의 근원이고, 감정노동을 일으키는 주범이라는 것입니다. 그러면서 어느 주부는 남편이 '남의 편'인 것 같다고 말했습니다.

이탈리아의 한 여성 페미니스트가 주장한 '가사노동에 임금 지급을!'이라는 테제는 가사노동을 극단적인 감정노동이자 자본주의의 재생산노동으로 바라봅니다. 물론 가사노동에 대한 미지급분이 자본주의를 굴러가게 하는 비밀이라는 지적은 상당한 설득력이 있습니다. 그러나 가사노동은 돌봄노동으로 공동체를 자기생산하는 역할도 했습니다. 그래서 자본주의보다 돌봄노동이 더 유구한 역사를 갖습니다. 오래전부터 정동노동은 지속되어 왔으니까요. 즉, 타자생산으로서의 자본주의 재생산이 아닌 자기생산으로서의 공동체의 돌봄도 공존한다고 할 수 있습니다. 문제는 여성에게만 이러한 돌봄노동, 정동노동, 살림을 책임지우는 사회구조에 문제가 있다는 점입니다.

그런 점에서 돌봄의 사회화는 새로운 사회적 어젠다가 되고 있습니다. 아이를 돌보고, 노인을 돌보고, 장애인을 돌보는 모든 돌봄노동을 여성에게만 집중해서는 안 되기 때문입니다. 저의 아버지 역시 80세가 넘은 노인이며, 동시에 1급 장애인입니다. 그런 점에서 어머니께서 주로 돌봄노동을 하지만, 그마저도 힘에 부치고, 한계에 봉착할 때가 굉장히 많습니다. 우리 사회는 돌봄과 관련해서는 개인이 책임질 영역이 너무 크고 돌봄의 가치도 저평가하는 상황입니다. 이를테면 병원으로 정기 검사와 치료를 받으러 갈 때 이동수단과 이동보조는 필수입니다. 또한 목욕을 시킬 때도 어머니 혼자서는 무척 힘듭니다. 뿐만 아니라 어머니도 24시간 함께 있을 수가 없어서, 잠시 숨 돌릴 여유를 찾고자 외출할 때 돌볼 사람이 절실합니다. 그래서 구청에서 장애인돌봄서비스와 노인돌봄서비스를 알아봤는데, 그 역시 녹록지 않다는 것을 알게 되었습니다.

사물명상법, 어머니의 정동에 대한 가르침

어릴 적 아버지가 텔레비전을 사 오시던 날을 기억합니다. 그때 아버지는 튼튼하셨고, 두 팔에 커다란 텔레비전이 들려 있었습니다. 당시에 텔레비전은 참으로 귀한 물건이었습니다. 모든 일상이 텔레비전을 중심으로 이루어졌지요. 가족이 옹기종기 모여서 일요특선영화를 보거나, 최불암 씨가 나오는 〈수사반장〉이나 〈암행어사〉라는 드라마, 이덕화 씨가 사회를 보는 〈토요일, 토요일은 즐거워〉 같은 프로그램을 봤습니다. 특히 여름밤에는 〈전설의 고향〉이 저희를 이불 속으로 숨게 만들기도 했습니다. 저는 어릴 적에 텔레비전 속에서 세상을 알고, 사회를 알고, 사람의 심리를 알게 되었습니다.

그런데 아버지가 텔레비전을 사 오셨지만, 막상 텔레비전을 닦고 관리하는 일은 어머니의 몫이었습니다. 그래서인지 텔레비전은 고장 한 번 나지 않았고, 먼지 한 톨 묻어 있지 않았지요. 아버지에게서 텔레비전의 소유권을 넘겨받았지만, 텔레비전 주위와 곁, 가장자리에는 어머니의 정동노동이 숨어 있던 셈입니다. 물론 남성의 시각에서는 사물의 본질인 소유권을 남성이 갖고 있다고 말하겠지만, 여성의 시각에서는 사물의 곁에서 서식하는 정동에 주목해야 한다고 말하겠지요. 사실 세상의 궁극과 본질, 존재 이유를 묻던 철학, 즉 형이상학은 지극히 남성적인 철학입니다. 대신 본질이 아닌 작동, 곁과 가장자리, 주변에 서식하는 사랑, 욕망, 정동, 신체, 감각에 대한 논의는 여성과 소수자의 철학입니다. 그런 점에서 사물의 본질과 경계를 분명히 하면서 '이것은 내거다' 하고 규정(definition)하는 상품 질서의 남성적인 논리가 아니라, 사물의 다소 모호한 곁에 있는 정동과 사랑에 주목하면서 '네 것일 수도, 내 것일 수도'라는 흐름(flux)의 논리를 갖는 증여와 호혜, 돌봄의 여성적인 논의에 주목할 필요가 있습니다.

어릴 적 어머니는 참 재미있는 분이었습니다. 거울을 닦으라고 걸레를 주면서 "너는 누구인지 생각해 보라"고 하였고, 오디오를 닦게 하면서 "어떤 소리가 들리는지 잘 들어 봐라" 하였고, 책 정리를 시키면서 "네가 무엇을 아는지" 스스로 물어보라고 하셨습니다. 신발을 닦으라고 하면서는 "우리는 앞으로 어디로 가는지" 생각해 보라고 했습니다. 이불을 정리정돈하면서 "너의 꿈을 정리해 봐라" 하기도 했습니다. 그렇게 어머니는 대부분 정리정돈과 청소, 닦기, 쓸기 등에 마치 불교의 간화선처럼 화두를 하나씩 던지곤 했습니다. 물론 제가 그렇게 화두를 던진다고 해서 청소 중에 그런 심오한 생각을 한 건 아닙니다. '귀찮아! 아이구 언제 끝나나' 하는 생각으로 어머니 눈치를 슬금슬금 살피며 청소를 했지요.

지금 생각하면 어머니는 사물의 곁과 가장자리에 들러붙어 있는 마음, 다시 말해 정동을 잘 알고 있었던 것 같습니다. 저는 그것을 '엄마표 사물명상법'이라고 말하고 싶습니다. 사물의 곁을 닦고, 쓸고, 어루만지고, 정리하고, 정돈하는 과정에서 어떤 마음이, 즉 정동이 생겨날 것이기 때문입니다. 다시 말해 제가 변기를 닦을 때는 더러운 때나 자국 같은 마음이 정화되는 정동을 가질 것이고, 식기를 닦을 때는 생명살림의 정동을 갖게 될 것이고, 책을 정리할 때 지혜를 만드는 정동을 갖게 될 것이며, 빨래를 갤 때 조화와 균형의 정동을 갖게 될 것이고, 세면대를 닦을 때 위생과 섭생의 정동을 갖게 될 것이고, 물건을 정리할 때 나의 주변을 늘 정리해 두는 정동을 갖게 될 것이기 때문입니다.

사실 어릴 때는 곁과 주변을 살피고 잘 정돈하도록 마음가짐을 가지라는 정동에 대한 어머니의 이야기가 귀찮기만 하고 잔소리 같았으며 틀에 꽉 짜인 비루한 일상처럼 느껴졌습니다. 그래서 반대로 제 방을 쓰레기 더미로 만들어 반항하기도 했습니다. 그런데 이렇게 중년이 되자 늘 주변을 정리하고 조화와 균형을 추구하고 우아함과 미학과 윤리를 추구하는 마음과 정동에 매력을 느끼게 됩니다. 어머니가 왜 그런 화두를 던졌는지 이제 이해가 됩니다. 그리고 제 마음 속에 어머니가 말씀하신 정동의 자리를 늘 만들어 두었습니다. 그것은 마치 제게는 풀리지 않는 삶의 화두처럼 여전히 다가오는 것이기도 합니다.

삶의 이유는 정동에 있다!

사회적인 발언 속에서 정동은 늘 주변부에 있었습니다. 모심, 돌봄, 살림, 보살핌, 섬김 등이 사회와 공동체를 구성하는 기본적인 판과 구도임에도 불구하고, 늘 주변부에서 숨죽이고 발언권을 갖지 못했지요. 그것은 실로 비극적이기까지 합니다. 왜냐하면 정동의 주체성이 우리의 어머니이고, 아내이고, 여동생이고, 누나이고, 간호사이고, 선생님이기 때문입니다. 그러나 우리가 성장하고, 살아가고, 치료받고, 건강하기까지 정동은 핵심 역할을 합니다. 그리고 정동이야말로 우리의 삶을 구성하는 핵심원리입니다.

저는 기억합니다. 제가 실의에 빠져 좌절하고 우울할 때, 그리고 무언가에 사로잡혀 있고 지쳐서 멍하게 누워 있을 때, 아내가 저를 붙들어 세우고 말을 걸고 운동을 시키고 살

림을 함께하도록 하고 웃음을 전달하는 등의 노력을 한 일
련의 시간이 갖는 소중함을 말이지요. 그래서 아침마다 운동
하고, 건강한 먹거리를 먹고, 새롭게 계획을 짜고 힘 있게 추
진하는 과정에서 아내의 정동 역할은 100퍼센트였다고 감
히 말할 수 있습니다. 저의 겉모습이나 태도 등에만 주목하
는 사람은 제가 숨긴 비밀을 잘 모르는 사람들이 대부분입
니다. 그리고 제가 사는 이유를 묻는다면, 저는 아마도 아내
의 사랑과 정동 때문이라고 말할 겁니다.

사실 철학에서도 정동에 대해서 말한 사람이 있습니다.
바로 네덜란드 헤이그에서 안경 세공일을 하던 철학자 스피
노자입니다. 스피노자가 '기쁨'과 '슬픔'이라는 정서(affect)를
얘기하면서 정동의 비밀을 처음으로 파헤쳤지요. 그가 바라
본 정서 혹은 정동은 지극히 관계 속에서 자기원인을 갖는
감정이었습니다. 이를테면 서로의 관계 속에서 정신과 육체
능력을 고양한다면 기쁨일 것이고, 무능력과 예속에 사로잡
히는 관계라면 슬픔일 것이라고 말이지요. 그는 정서는 감정
이나 기분과 달리 자기원인이 있다고 말하면서, 삶의 이유를
말합니다. 과연 우리가 살아가는 이유는 무엇일까요? 그 삶
의 이유는 자연과 우주, 생명의 진실인 생명력과 활력이 불
러일으키는 사랑과 욕망, 정동 자체입니다. 즉, 우리가 사는
진정한 이유는 사랑하기 때문에, 욕망하기 때문에, 누군가의
돌봄과 자신의 돌봄 때문이라고 요약할 수 있습니다. 그것이

자연과 생명의 본성과 자기원인과도 일치한다는 것이지요.

저 역시도 삶의 이유를 굉장히 이상적인 질서나 혁명, 해방된 사회 등으로 멀리 저기 저편의 목적으로 바라본 때가 있습니다. 그러나 지금은 아내의 사랑이, 아내의 돌봄과 정동이, 저의 돌봄과 정동이 살아가는 자기원인이라는 것을 느낍니다. 그것이 일상의 반복으로 나타나기 때문에, 삶을 뻔하고 비루하게 보면서 저기 저편을 여전히 바라보는 사람에게는 사소한 일상일 수 있습니다. 그러나 삶의 자기원인이자 삶을 만드는 원천이 정동, 사랑, 욕망이라는 것을 깨닫고 나서부터는 하루하루 매 순간을 절실하게 사랑과 정동의 자기원인에 따라 행동하려고 노력합니다. 물론 인터넷이나 매체를 통해 유명인이나 연예인 등의 화려한 삶을 들여다보고 선망하면서 저기 저편을 바라볼 수도 있고, 새로운 이상사회를 만들 혁명을 통해서 저기 저편을 바라볼 수도 있습니다. 그러나 저는 세상에 한 사람만이 저를 사랑한다 할지라도 제가 사는 이유를 찾을 것이라고 생각하면서, 정동과 사랑, 욕망이 던지는 지금-여기-가까이에 더 주목하게 되었습니다.

왜 지금-여기-가까이에
주목해야 하는가

왜 우리는 서로 얘기를 못했지?

정말 숨 가쁘게 달려가고 있었습니다. 이유도 모른 채 말이
지요. 신혼 초 맞벌이였던 우리 부부에게는 하루하루가 전쟁
이고 엄청난 속도로 지나치는 삶의 여정이었습니다. 아침에
밥해 먹고, 간단히 운동하고, 출근 전쟁을 치르며, 일터에서
정신없이 일을 하고, 일과를 마치고 밤늦게 돌아와서 침대에
몸을 누이면 하루가 주마등 같은 영상으로 지나갔습니다. 가
뭄의 단비와 같은 활력소는 점심시간에 아내와 영상통화하
는 시간이었습니다. 블링블링한 대화가 오가고, 서로의 얼굴
을 보고 서로의 말을 듣다 보면 금방 다시 오후 일과를 시작

할 시간이 다가왔지요. 그나마 저는 시민단체에 다니는 터라 좀 더 여유가 있는 편이었습니다. 아내와 저는 저녁 12시에 잠에 들고, 아내는 새벽 4시, 저는 새벽 5시에 일어나서 일과를 시작하는 일상 없는 일상을 여유, 여백, 여가가 없는 일상을 보냈습니다. 피곤하다 보니 자연스레 그냥 말 몇 마디 못 나누고 잠이 들 때도 있습니다.

하루에 30분도 대화하지 못하고 잠드는 일상이 계속되던 어느 무더운 여름날, 저희는 불현듯 왜 우리가 이렇게 숨 가쁘게 달려가야 하는지 서로에게 묻기 시작했습니다. 그 이유를 묻다 보니 우리가 너무도 통속적인 삶을 살고 있다는 것을 알게 되었습니다. 회사 다녀서 돈을 벌고, 돈을 쓰고, 돈을 모으는 데 익숙했던 것이지요. 우리는 저기 저편을 바라보고 있었지, 바로 가까이에 있는 서로에 대해서는 아직 모르는 것이 너무 많았습니다. 그때 저는 아내를 더 알고 싶었습니다. 그래서 졸음이 와 잠이 들기 직전까지 아내와 대화했습니다. 그리고 출근길을 함께 걸어 다니며 또 대화했습니다. 곧 저는 직장을 그만두고 아내의 직장 근처에 연구실을 잡아 학위논문을 쓰기 시작했습니다. 그리고 대화는 끝없이 이어졌습니다. 서로의 꿈, 서로의 일상, 서로의 친구 등등 이런 얘기를 하다가 아내와 늘 함께 있으면 좋겠다는 생각이 들었습니다.

그리고 아내와 가족회의를 했지요. 그 결과 아내가 직장을 그만두고, 저와 함께 글을 쓰기로 했습니다. 아내와 하루 종일 있을 수 있게 된 셈이지요. 그리고 저기 저편으로 달려가던 일상은 종지부를 찍었습니다. 우리의 삶은 지금 여기에 있는 현재밖에 없습니다. 아내와의 사랑은 떨어져 있는 시간 동안에 영상통화로 연결되는 것이 아니라 같이 밥을 해서 먹고, 같이 세미나를 하고, 같이 글을 쓰는 현재의 시간이 되었습니다. 그리고 그 후로 아내와 저는 저기 저편이 아니라 지금, 여기, 가까이에서 느끼고 알고 배우는 시간을 갖게 되었습니다.

늘 오늘만 같아라!

아내와 곰곰이 생각해 보니, 우리는 너무 먼 미래를 걱정하여 여러 적금과 보험을 무리하게 들고 있었고, 늘 더 나은 미래를 현존 사회에서 꿈꾸고 있었습니다. 아파트 평수를 넓혀서 부모님을 모셔야겠다는 계획, 연금을 들어서 노후를 대비하겠다는 계획, 최신 휴대전화를 구입해서 시대에 뒤떨어지지 않으려는 계획 등등이 저희 생활에 아로새겨져 있었지요.

그러나 그것들을 탈탈 털어 내니 놀랍게도 현재의 순간을 재발견했습니다. 연구실에서 같이 공부하면서 길냥이에게 밥을 주는 일상이 재미있었고, 연구실 앞 텃밭에 상추며 토마토며 치커리 등을 심어서 기르는 농사도 재미있었고, 옆자리에 앉아 있는 아내에게 편지메일을 쓰면서 하루를 정리하는 것도 재미있었습니다. 그리고 연구실까지 함께 걸으면서 오늘 있었던 일이며, 어제 있었던 일들, 내일 있을 일 등을 함께 얘기하며 걷는 시간도 재미있고 의미도 있었습니다.

우리의 현재는 미래에 차압되지 않는 현재였고, 과거에 저당 잡히지 않는 현재였습니다. '늘 오늘만 같아라'는 의미의 '오, 늘!'밖에는 없었지요. 밤에 자면서 아내의 조용한 숨소리를 들으며 하루를 정리하는 시간이 참 행복했습니다. 오늘이 소중하고, 오늘이 재미있고, 오늘이 의미 있었습니다. 그렇게 저는 현재를 사는 사람이 되었습니다. 그리고 미래에 대한 불안과 과거에 대한 협착에서 벗어나 지금 이 시간이라는 찰나의 순간을 늘 충실하게 사는 사람이고자 했지요. 그렇게 아내와 함께한 시간도 벌써 10년이 지났습니다.

잘 생각해 보니, 저희는 현재만 산 것이 아니었습니다. 나름대로 시간을 총동원해서 살고 있었습니다. 아직 태어나지 않은 미래 세대를 고려하기 시작했고, 오래된 미래인 과거의 전통을 생각하기 시작하면서 지금 이 순간인 현재에 담아 보려고 노력했지요. 어느 날 인생이 마치 소풍 같다는 생각이 들었습니다. 현재만을 살다 보니 하루하루 최선을 다하고 스르르 잠이 들기 전에 행복감이 밀려 왔습니다. 그 순간순간이 소풍길만 같습니다.

추억소환 마법, 골목을 찾아라!

저는 어릴 적에 친구들과 골목을 우르르 몰려다니며 딱지치기와 제기차기, 공놀이, 줄넘기, 구슬놀이를 하면서 자랐습니다. 골목은 아이들만의 세상이었고, 아주 가까이에 있는 놀이터였습니다. 저녁이 되면 구수한 된장찌개 냄새가 우리 집 담장을 넘어 흘러나왔고, 어머니께서 밥 먹으라고 부르는 소리가 들리면 후다닥 집으로 달려갔습니다.

대학 다닐 때도 골목에 있는 가게에서 쥐포와 맥주를 사다가 친구들과 함께 마시고 논 기억이 참 많습니다. 골목은 저기 저편의 유토피아가 아니라 지금-여기-가까이에 있는 유토피아였습니다. 특히 직장을 다니던 토요일 오후에 집 근처 골목에 이르는 순간, 아이들이 놀고 있고, 동물들이 오락가락하며 미장원에서 머리 하고 나온 아주머니, 목욕탕에서 나온 아저씨들, 맥줏집에서 웃고 떠드는 젊은이들의 모습을 보면 골목이 정말 우리가 돌아가야 할 곳, 지상낙원처럼 느낀 적도 있습니다. 그리고 먹는 것, 입는 것, 노는 것을 골목에서 모두 해결한다는 사실은 참 매력적이었습니다.

그러나 지금의 골목은 자동차로 가득 차 있습니다. 저기 저편으로 향하기 위한 도구지요. 이제 골목은 아이들이 놀기에도, 동물들이 뛰어 다니기에도 위험천만한 곳이 되어 버렸습니다. 자동차들이 좁은 골목을 곡예하듯 틈새 하나 없이 빠르게 지나치니까요. 지나갈 때마다 그 많던 아이와 동물이

다 어딜 갔을까 의문이 들 때가 많습니다. 동네 목욕탕과 미용실이 문을 닫았으며 슈퍼가 폐업했습니다. 골목에 대기업 프랜차이즈 가게가 들어왔고, 곳곳에 편의점이 생겼으며 배달하는 오토바이들이 굉음을 울리며 지나칩니다. 우리 세대는 마음의 고향, 뿌리내림의 장소성을 완벽히 상실한 세대라는 생각도 듭니다. 오래전에 자주 가던 건물이 어느 날 부서지고 다시 세워지고 사라집니다. 물론 지금은 개발주의 시대처럼 빠른 속도로 진행되지는 않지만, 여전히 우리의 추억소환 마법을 펼치기에는 역부족입니다. 친구와 함께 술 마시던 호프집이 사라졌고, 첫사랑의 기억이 있던 서점이 없어졌으며, 동아리 친구들과 함께 놀던 선술집이 사라졌습니다. 우리는 철저히 지금-여기-가까이를 사라지게 하면서, 끊임없이 저기 저편을 만들어 온 셈이지요.

지나칠 풍경으로 간주된 주변 사람들

저와 아내도 어느 때부터인가 자동차를 구입해서 몰고 다녔습니다. 벚꽃 가로수 길을 함께 걸으면서 도란도란 얘기를 나누며 출근하던 때가 어제 같은데, 문명의 편리와 이기에 편승하기 시작했습니다. 저는 이반 일리치의 "자동차는 거리를 좁히는 것 같지만, 사람들 사이의 거리를 넓힌다"는 말을 체감했습니다. 출근길에 아내와 〈천일야화〉처럼 얘기한 시간은 순식간에 사라졌습니다. 대신 자동차를 타고 옆 자동차의 위험한 행동을 욕한다거나, 침묵과 고요 속에서 운전에 집중한다거나, 골목길을 지나칠 때 주위도 돌아보지 않고 쌩쌩 운전하는 등의 일상을 살았습니다. 아내와 함께 연구실로 출근하면서 나누던 달콤한 대화가 무척 그리워서 자동차를 타지 않고 대신 걸어 다니기도 했지만, 다시 급하다는 핑계, 날씨가 무덥다는 등의 핑계로 자동차를 타곤 했습니다.

최근 제가 뼈저리게 느낀 것은 바쁘다는 핑계 아닌 핑계로 저의 소중한 사람과 저의 소중한 장소를 그저 지나치고 있지 않나 하는 생각입니다. 최근 은사님 중 한 분이 돌아가셨습니다. 몇 개월 전 말기 암을 선고받았다는 소식을 듣고 전화를 드리니 밝게 웃으시면서 "건강이 많이 안 좋아, 잘 지내고 또 연락해" 하고 말씀하셨지요. 그날부터 저는 은사님에게 다시 전화를 걸어서 무슨 말씀을 드릴지 고민에 고민을 했습니다. 여러 일이 있었지만, 전화를 드려야 한다는 생각이 마음 깊은 곳에 있었지요. 그러면서 시간은 자꾸자꾸 지나갔습니다. 그런데 며칠 전에 친구가 보낸 부고 메일을 받았습니다. 은사님께서 돌아가셨다는 것을 알았고, 마지막 말씀을 듣지 못한 게으름과 무심함을 자책했습니다. 모든 것을 지나치는 풍경으로 간주하는 자동차같이 살아온 일상을 깊이 후회했지요. 자동차처럼 가까운 사람들을 그냥 지나쳐 온 일상 속에서 저도 다른 사람들에게 지나치는 사

람들 중 하나로 부서져 사라질 것이라는 공포와 두려움도
들었습니다.

사랑은 여백을 만들고

가까이에 있는 사람들을 뻔하게 보는 친구가 한 명 있었습
니다. 사실 놀리듯이 "그 친구는 원래 그래!" 이런 식으로 말
한 것이 출발점이었습니다. 상대방을 뻔하게 보다 보니 그
친구의 일상도 굉장히 비루했습니다. 그는 "세상에 새로울
것은 아무것도 없다"는 논리를 구사했습니다. 생각해 보면
그 친구는 사람들의 삶과 실존의 깊이 속에는 우리가 발견
하지 못한 잠재성이 숨어 있을 것이라는 점을 인정하려 들
지 않았습니다. 그저 규정하고 단정 내리고 정의하면 끝난다
는 통속적인 아카데미의 논리를 배워서 삶에 적용했지요. 그
런데 최근에 만난 그 친구는 조금 달라져 있었습니다. 자신
이 경영하던 회사가 부도나고 생활이 어려워진 것입니다. 그
는 놀랍게도 인생의 내리막길에서 삶을 재발견합니다. 세상
에 먹고 놀고 자고 숨 쉬는 모든 것이 신비로운 시간이라는
것을 발견한 것이지요. 그는 자신의 한계와 끝을 응시하면
서 하이데거가 말한 '될 대로 되라'는 식으로 살던 속인(Das
Man)에서 벗어날 수 있었습니다.

저는 주변에서 이러한 사례를 무수히 발견합니다. 저 역시

도 통속적인 삶을 살던 시절이 있습니다. 게임에 빠져 있었고, 직장에서는 일중독과 경쟁 심리에 사로잡혀 있었으며, 과식과 폭음으로 방탕하게 살던 시절이죠. 그런 일상은 아내를 만나고 직장생활을 하면서도 계속되었습니다. 어느 날 아내 직장에 회식이 있어서 끝날 즈음 아내를 데리러 갔습니다. 그런데 술집을 아무리 찾아다녀도 아내는 보이지 않았습니다. 밤이 깊어 가는데도 말입니다. 그러다가 우연찮게 골목에 쓰러져 있는 아내를 발견했습니다. 저는 그 순간 놀라고 화가 났지만 한편으론 가슴 절절히 아내가 소중하다는 것을 느꼈습니다. 그리고 그때 아주 가까이에 있는 아내에 대한 사랑이 저를 색다른 차원으로 이끌었다는 점을 느꼈습니다.

그 후 사람에 대해서 단정을 내리는 것이 아니라, 그가 가진 실존과 삶의 물음표에 주목하게 되었지요. '너에게도 이런 면이 있구나!' 하고 행위와 마음의 지도를 그리듯 얘기하는 것도 참 재미있습니다. 이걸 들뢰즈의 발견주의나 잠재성 논의라고 정의할 수도 있겠지만, 저는 사랑을 통해서 삶의 여백과 여유를 찾은 후 저의 삶에 심원한 변화가 찾아온 것이라고 생각합니다. 어떤 사람은 '사랑도 사치고 여유가 없다'고 말하기도 합니다만, 오히려 '사랑이 여백과 여유를 만들어 낸다'고 생각합니다.

공동체는 바로 지금-여기-가까이에 있다

어떤 사람은 공동체를 말하면서 가까이에 있는 가족과는 대화도 하지 않고 통속적인 관계만을 유지합니다. 특히 중년의 나이인 친구들이 가족과 하루에 30분도 대화하지 않는다고 넌지시 말하기도 합니다. 그러면 저는 약간 놀라기도 하고 예전에 직장을 다닐 때가 생각납니다. 그러나 공동체의 오래된 꿈은 자신의 아주 가까이에 있는 사람들 틈에서 ― 그들이 가족이라 하더라도 ― 자라납니다.

일전에 제 지인 중 마르크스주의자인 한 사람이 가족은 자본주의 체제를 유지하기 위한 세포단위에 불과하다고 말한 적이 있습니다. 그러나 가족만큼 끈끈한 관계망을 또 어디서 찾을 수 있을까요? 가족도 역시 공동체이고, 이들과 함께 대화를 나누고 관계를 성숙시킬 아주 가까이에 있는 사람입니다. 문제는 서로 가깝고 친밀하다 보면 뻔하게 보는 심리가 슬금슬금 생기는 데 있습니다. 물론 공동체를 만들어야 한다는 것이 당위나 의무는 아닙니다. 서로에게 통하는 것이 없는데 공동체를 만들라는 것은 굉장한 억지니까요. 그러나 적어도 가까이에 있는 사람들의 깊이와 잠재성을 조금씩 응시하다 보면, 가족과 주변 사람들로 이루어지는 작은 공동체의 희망이 싹트는 놀라운 체험을 할 것입니다.

저희 부부는 둘 사이의 작은 공동체에서 출발한 〈철학공방 별난〉이라는 연구실을 운영하면서, 서로에 대한 매력에 점점 눈을 떠 가는 중입니다. 물론 침묵할 때도 있고, 떠들 때도 있습니다. 서로에게 토라질 때도 있고, 오해가 생긴 적도 있습니다. 그러나 대화하고 서로를 애틋이 생각하다 보면 점점 깊이를 시추하듯 서로의 매력을 느낄 때가 많습니다. 저는 일상을 자동적이고 기계적으로 만들지 않으려고 작은 무대를 만들어 아내를 위해 춤을 추고, 노래를 하고, 재미있는 말을 만들어 얘기해 주기도 합니다. 일상이 축제가 되고, 연극이 되고, 노래마당이 되고, 춤판이 되니 저기 저편을 굳이 꿈꾸지 않아도 오늘, 지금, 여기, 당장, 가까이가 좋습니다. 그래서 삶의 여백, 일상성의 회복, 저녁이 있는 삶이 소중하지 않나 하는 생각이 듭니다.

나는 상대방을 이해할
준비가 되어 있을까

공동체가 미리 전제되어 있지 않다!

대학에 들어간 후 문학회 활동을 시작했습니다. 저는 시를 잘 쓰는 편은 아니지만 나름 시집을 끼고 다니는 문학청년이기에, 그래도 열심히 글을 쓰는 편이었습니다. 다만 그 글에 대한 합평회를 할 때는 쥐구멍에라도 숨고 싶고 당장 글쓰기를 때려치우고 싶은 마음이 들 만큼 무척 조마조마한 시간이었습니다. 자신의 속에 있는 것을 내보이고, 내밀한 것을 들키는 순간이기도 했지만, 문학회에 속한 학생들 사이에 꽤나 날카롭고 비판적인 대화가 오갔기 때문입니다. 어떤 때는 글을 교정교열하고 편집하는 선배의 목소리가 저의 마음뿐만 아니라 몸을 칼로 베이는 것 같았지요.

저의 글을 합평회에 내놓고 여러 지적을 듣고 난 다음에 뒤풀이 자리에서 술 한잔 마시고 나면, 지옥에 갔다가 유턴을 해서 천국으로 온 기분이었습니다. 당시에는 실천문학, 참여문학이 대세인 관계로 문학회 사람들은 대부분 리얼리즘을 추구했는데, 마음에 관한 묘사가 디테일하거나, 근대 사회나 도시를 찬양하거나, 조금이라도 유미적인 색채를 띤 작품은 발 디딜 곳이 없던 시절입니다. 그리고 작품 대부분이 비판과 냉정, 객관적인 판단의 잣대 위에서 갈기갈기 찢겨나간 곳이 합평회 자리입니다. 그러나 뒤풀이 자리는 그 어떤 자리보다 재미있고 발랄했지요.

그러던 문학회가 와해되고 해체된 이유는 다름 아닌 정치적 논쟁 때문입니다. 1990년 당시 노동문학과 민족문학이라는 양대 산맥 사이에 중립지대는 없었습니다. 합평회 역시 상호 비판의 와중에 금방이라도 난투극을 벌일 것 같은 지경이었습니다. 서로에 대한 비판은 너무나 날카로웠기에 공동체는 더 이상 봉합될 수 없는 상황이었습니다. 그때 문학회라는 공동체가 미리 전제되어 있다는 생각은 굉장히 나이브한 것이었습니다. 공동체를 유지하고 지속하려는 사람들도 있었지만, 결국 서로의 입장 차이를 확인한 채 분리 수순을 밟았습니다. 그리고 저도 역시 그 일로 문학회를 그만두었습니다.

그때 생각을 하면, 비판담론의 한계를 절절하게 느낍니다. 비판담론은 서로를 공감하거나 교감하는 것이 아니라 날카롭게 서로를 대함으로써 분열로도 갈 수 있다는 생각이 들었지요. 당시의 비판담론은 공동체가 미리 전제되어 있기 때문에 비판이 보다 나은 성숙과 발전의 방향으로 향할 수 있다고 간주했습니다. 그러나 제가 속한 문학회는 서로에 대한 비판이 분열로 향했고, 더 이상 공동체적 질서를 유지할 수 없는 날카로운 입장 차이로 향했지요. 그리고 침묵과 우울, 냉소의 시간이 길게 이어졌습니다. 그러고 나서 저는 그날부로 시를 쓰지 않겠다고 다짐했지요. 왜냐하면 시를 다시 쓰기에는 제가 너무 피폐했기 때문입니다.

비판담론에 취약한 공동체

K씨는 친구들 사이에서도 날카로운 지적과 맺고 끊음이 분명하고 효율적인 언행 등 합리주의자로 유명했습니다. 상대방이 처한 상황이나 사회적 맥락의 변화와 상관없이 '올바른 것은 올바른 것이다'라는 신념이 있었고, 그 신념의 잣대에 따라 세상을 평가하고 비판하는 경향이 있었지요. 매우 비판적이고 합리적인 386세대의 전형적인 모습을 떠올릴 때면, 저는 습관처럼 K씨가 가장 먼저 떠오릅니다. 학생운동을 하던 시절에도 K씨가 자리에 참여해 있으면, '무슨 비판이라

도 하러 온 것일까?' 하는 생각에 적잖이 부담스러웠던 것도 사실입니다. 저 자신도 몇 번 얼굴을 붉힌 적이 있고, 몇 번의 끝없는 언쟁을 하면서 서로를 비판한 적도 있습니다.

최근 K씨의 가족을 우연히 만날 기회가 있었습니다. K씨의 팔에는 돌잡이 딸아이가 안겨 있더군요. 그런데 저는 놀라고 말았습니다. K씨는 딸아이에게 모든 감각을 열어 수용하고 공감하는 대화를 하고 있었습니다. 즉, 딸 바보 아버지가 아이의 행동 하나하나에 모든 촉각과 감각을 열고 수용하고 공감하는 태도를 보이는 것입니다. 과거에 마치 인민재판을 하듯이 정권에, 견해가 다른 그룹에, 동료에게 비판을 쏟아 내던 K씨의 모습을 거기서는 찾아볼 수 없었습니다. 그날 K씨가 아이를 대하는 모습을 보고, 저는 K씨가 다른 사람에게도 아이를 대하는 것처럼 모든 감각을 열고 수용하고 공감하는 대화를 한다면 어떨까 하는 생각이 들었습니다.

저희의 청년시절을 장악한 비판담론은 상대방을 타자로 보는 형태였습니다. 대화 상대를 자신의 아이처럼 공감하고 교감하려는 생각은 거의 없었지요. 적어도 우리가 하나의 공동체에 몸담고 있는 공동운명체라는 생각을 했다면 그렇게 거칠게 상대를 다그치며 비판의 칼을 휘두르는 일은 하지 않았을 겁니다. 생각해 보면 당시 공동체 감수성은 무디다 못해 거의 없다시피 했지요.

그 이유를 깊게 파고들어가 보면, 비판담론의 기반이던

헤겔의 변증법에 가닿게 됩니다. 헤겔의 변증법에는 인륜적 공동체가 언제나 미리 전제해 있다는 생각이 자리 잡고 있습니다. 인간이라면 당연히 전제해야 할 것으로 나이브하게 서술되어 있지요. 즉, 정(正)에 대한 반(反)이 있다고 하더라도 합(合)에 도달하는 것이 자연스럽게 가능하다는 생각입니다. 그런 점에서 비판과 부정, 모순과 대립은 공동체를 성숙시킬 것이라고 보았습니다. 그러나 잘 생각해 보면 현재처럼 1인 가구가 지배적인 삶의 유형이 되고, 공동체의 끈이 연약해진 상황에서 비판이나 모순과 대립은 곧장 공동체의 와해와 해체로 이어집니다.

오늘날 사람들은 날카로운 비판이나 논쟁이 오가는 자리를 마주치면 불편한 마음이 되어 그 자리를 떠나 다시는 돌아오지 않지요. 사람은 본능적으로 느낍니다. 공감하고 교감하고 감각을 열고 수용하는 아이를 대하는 태도처럼 자신을 대하는지, 그것이 아니라 비판하고 논쟁하면서 타자로서 자신을 대하는지 말이지요. 작금의 공동체는 사소한 언쟁이나 마찰에도 사라질 수 있을 정도로 연약하고 갈등에 취약하기 때문에 돌보고 보호하고 북돋워야 한다는 점을 느낍니다. 그렇기 때문에 모든 실천은 공동체를 구성하는 실천이어야 합니다.

비폭력 공감 대화 속으로

마셜 로젠버그의 『비폭력 대화』(2011, 한국NVC센터)에서는 대화 상대를 비교하거나 평가하거나 폭력을 부추기거나 깔보거나 하는 일상 대화법의 문제점을 잘 보여 줍니다. 그래서 상대방을 온건히 수용하고 받아들이는 태도와 공감하는 태도 속에서 권유와 청유, 부탁, 배려, 감사, 교감, 돌봄, 사랑, 수용, 신뢰, 정서적 안정 등의 대화법이 가능하다고 진단합니다. 이 책을 읽는 동안 내내 저 자신이 굉장히 부끄러웠습니다. 일상의 대화에 숨어 있는 권력담화나 폭력과 증오의 논리, 경쟁심리, 혐오발화(嫌惡發話)에 대해 생각을 많이 하게 하는 책입니다. 특히 상대방이 '틀렸다'가 아니라 '다르다'는 관점을 유지하는 것이 중요하다는 생각이 들었습니다. 즉, 남을 대상으로 보고 비판하고 평가하는 것이 아니라 차이와 다양성의 일부로 보고 상대방의 자리를 만들어 주는 것이 언제나 중요하니까요. "너의 자리는 없어! 너는 틀렸고 옳지 않아!" 하고 내뱉는 순간, 그것을 듣는 사람은 심리적인 궁지에 몰리고 결국 폭력과 증오는 스멀스멀 종양처럼 뿌리를 내릴 것이라는 생각이 듭니다.

서로를 공감하고 이해하고 교감한다는 것은 무척 따뜻하고 부드러운 느낌과 엄청난 상냥함에 뭐든지 주고 뭐든지 할 것 같은 감수성을 갖게 합니다. 그리고 그 속에서 사랑이 싹트고, 욕망이 숨쉬고, 정동이 감싸는 것을 느꼈습니다. 특히 저는 아내와 티타임을 갖거나, 서로 수다를 떨며 손을 잡고 걸어가거나, 시장에 들러서 장을 함께 볼 때가 서로를 공감하고 이해하고 교감하는 귀중한 시간이라고 생각합니다. 물론 저희 두 사람은 비판담론이 지배하던 시절에 대학을 다닌 사람들입니다. 그래서 서로 속에 숨어 있는 아이를 발견하고 온건히 상대방을 받아들이고 상대방이 자리 잡을 곳을 배려하는 비폭력공감대화는 늘 저희 옆에 공동체가 있다는 것을 깨닫게 해주는 대화 방법이었습니다.

물론 저와 아내의 관계가 성숙하기에는 시간이 많이 필요했습니다. 동거할 때는 서로를 잘 모르거나 비폭력공감대화가 익숙지 않아서 많이 어색하고 부자연스러웠습니다. 그러나 아내가 직장을 그만두고 함께 연구실에 출근하면서 대화, 식사, 운동, 걷기, 작업, 휴식 등 함께하는 영역이 많아지자 자연스럽게 공감대가 넓고 깊어졌습니다. 그리고 아내와의 공감대화는 색다른 효과를 발휘합니다. 저의 철학과 생각을 삶의 스토리로 풀어 쓰는 방법을 자연스럽게 익히게 된 것입니다. 그리고 대부분의 책 속에는 그것을 읽어 나갈 아내의 자리를 두었습니다. 그리고 최초의 독자가 아내라는 점을 염두에 두었지요. 그 점은 여전히 변하지 않는 부분입니다. 즉, 이 책 역시 아내와 공감대를 넓히기 위한 소재이고 비폭력공감대화 과정의 성과라는 생각도 듭니다.

부처님 자비의 구성주의

부처님의 공空 사상에 따르면, 그 사람이 아무리 화려한 언변과 지적인 구축물을 과시하더라도 그것의 토대는 무근거의 전제 위에 놓인 사상누각과 같은 것이라고 합니다. 공 사상은 연기설緣起說, 즉 모든 것은 연결되어 있다는 생각을 먼저 제시합니다. 볼펜은 지금 책상 위에 놓여 있지만, 그 책상은 바닥 위에 있고, 바닥은 골목 위에 있으며, 골목은 지구 위에 있고, 지구는 태양계 내에 있고 등등을 반복하다 보면 자신이 '~은 ~이다' 하고 확실히 단정할 수 있다고 여긴 영역이 사실은 서로 의존할 수밖에 없는 '무근거의 전제'임이 드러납니다. 동시에 공 사상은 보이는 것보다 보이지 않은 것이 우선이라고 말합니다. 자신이 확실히 존재한다고 여기는 볼펜도 곧 사라질 것이며, 확실하다고 여기는 책상도 흙이 되고 심지어 공기 중으로 사라져 버립니다. 즉, 모든 것은 사라질 수밖에 없는 것에 기반한다는 생각이 공이라는 개념입니다.

공 사상만 생각하다 보면 궁극의 허무로 향할 수도 있습니다. 아무것도 확실한 것이 없는데도 확실하다고 여기고 자신을 과시했던 그 사람을 생각해 보면, 제 자신의 모습과 오버랩이 되는 느낌도 듭니다. 저 역시 무엇인가 확실한 것을 찾아 이리저리 방황하는 방랑객과도 같은 존재라는 생각이 드니까요.

그러나 궁극의 허무는 아무것도 아니므로 아무것도 하지 않겠다는 태도를 유발할 수 있습니다. 이를테면 허먼 멜빌 Herman Melville의 〈필경사 바틀비〉의 바틀비와 같은 태도 말이지요. 필경사 바틀비는 "나는 그렇게 하지 않겠소!"라는 말을 반복하며, 노동도 식사도 이사도 퇴거도 거부한 극중 인물입니다. 결국 바틀비는 궁극의 허무 속에서 아무것도 하지 않았기 때문에 죽음을 맞이합니다.

그러나 여기서 반전이 있습니다. 이러한 궁극의 허무의 역설은 상대방이 무근거의 전제 위에서 필사적인 삶의 의지와 생명에너지를 발휘하고 있다는 점을 응시하게 합니다. 이에 따라 부처님은 자비심을 갖고 생명을 대하는 색다른 방법으로 궁극의 허무를 벗어납니다. 즉, 자비의 구성주의에 따라 무근거의 전제 위에서 필사의 노력을 하는 생명을 따뜻하게 보듬어 안는 색다른 삶의 방식이 그것입니다. 세상을 온화하고 따뜻하고 평화롭게 대할 수 있는 방법을 알게 되고, 궁극의 허무에서 자비의 구성주의로 이행할 수 있는 방법을 알게 되는 것입니다.

청년 시절 저는 많은 사람을 비판하고 궁지로 내몰고 냉소를 퍼부었습니다. 그러나 지금은 '왜 상대방에게서 작은 아이를 발견하지 못했을까? 왜 비폭력공감대화로 온건히 상대방을 받아들이고 그들의 자리를 내어 주지 않았을까? 왜 생명의 몸부림과 안간힘, 절박함과 같은 모습을 응시하지 못했을까?' 하는 후회도 듭니다. 저는 부처님의 자비심처럼 삶의 궁극으로 가서 생각한 다음 사람들을 따뜻하게 보듬어 안아야 한다는 점을 깨달았습니다. 생명평화 세상의 약속은 아주 가까운 데 있습니다. 어쩔 줄 몰라 하는 그런 선택의 시점이 다가올 때 최선의 선택은 늘 자비이고, 공감이며, 배려입니다. 그것은 공동체를 소비하는 것이 아니라 구성하는 실천입니다. 그때야 비로소 평화로운 마음이 되고 공감대화의 깊은 뜻을 이해하고 실천할 것입니다. 그리고 삶은 과정이며 진행형이기 때문에 아직 기회는 많습니다. 이제 제 자신이 달라져야 할 시간이라고 생각하면 변화는 슬며시 찾아올 것입니다.

구성적 실천의 새로운 지평을 위하여

포스트모던 사상은 근대성의 의미, 가치, 진보, 이성 등의 공리를 해체했습니다. 그 해체가 주는 해방감이나 자유로움 등에 매료된 사람들도 꽤 많습니다. 그러나 이러한 포스트모던 사상은 마치 벽돌더미가 쌓인 것처럼 분리되고 분해된 질서를 찬양했습니다. 그리고 얼마 지나지 않아 그것이 신자유주의와 공명하고 이에 협력하는 사상이라는 점이 드러났습니다. 신자유주의는 규제완화를 주장하며 화폐와 자본의 자유를 외치면서 기존 질서를 와해하고 해체하려는 강력한 힘으로 나타났지요. 특히 공동체주의와 대결하는 자유주의, 개인주의의 질서라는 사실이 드러났습니다. 어쩌면 공동체는 답답하고 보수적이고 간섭이 심하며 개인의 자유를 제한하는 것처럼 느낄 수도 있습니다. 그러나 신자유주의의 광풍이 지나간 이후 우리는 고독, 소외, 무위, 외로움, 불안, 우울 등에 싸인 개인이라는 주체성과 마주칩니다. 고립무원의 이러한 개인의 탄생은 공동체의 돌봄, 사랑, 정동에서 완벽히 분리된 주체성이었습니다. 그리고 관계를 통해서 해결할 많은 부분을 소비로 해결하려는 주체성이었습니다. 그것이 가능해진 것은 화석연료를 사용하면서 개인이 점유할 수 있는 에너지의 총량이 많아졌기 때문입니다.

비폭력공감대화는 공동체를 미리 전제한 헤겔주의도 아니고, 공동체를 와해하는 포스트모던 사상도 아닌, 공동체를 구성하는 실천적인 과정에 주목하는 대화법입니다. 물론 대화방법으로 공동체가 구성되리라는 법은 없습니다. 상대방을 향해 눈과 코, 귀, 피부 등 감각을 열고 언어사용의 문제에 국한하지 않는 전반적인 교감이 필요하기 때문입니다. 그러나 적어도 비폭력공감대화는 상대방의 자리를 내 안에 만들어 놓고, 공동체가 늘 구성되는 과정을 설정하고, 공동체에서 많은 문제의 해법을 찾는다는 데 의미가 있습니다.

이제 모든 사람은 판 짜는 사람으로서 지위와 배치를 갖습니다. 보다 부드럽고 평화적으로 상대방을 바라보면서, 그들이 가진 삶의 애환과 불안을 감싸 안는 실천이 필요한 상황이니까요. 우리는 비폭력공감대화로 허무주의, 해체주의, 비판담론의 대안을 응시합니다. 즉, 구성적 실천의 새로운 지평을 바라봅니다. 그것은 작은 시작이지만, 눈덩이 효과로 세상 사람을 함께 바꾸어 나가는 실천일 수 있습니다.

비폭력공감대화의 가능성과 도전, 실험정신이 저를 새롭게 만드는 아침입니다. 어쩌면 아침이 늘 올 것이라고 여기지 않고 색다른 아침을 맞이하는 자세가 필요한 것일지도 모르겠습니다.

2부

가난,
저성장 시대의 또 하나의 선택

빈곤을
찬양할 수 있을까

통장에 잔고가 없다!

벌써 하루가 지나갔네요. 〈천일야화〉처럼 이야기를 만들다 보면 하루하루가 참 짧기만 합니다. 오늘은 빈곤과 가난을 이야기하려고 합니다. 어찌 보면 우리 문명은 점점 단조로운 일상을 구축하여 이야기구조, 서사구조를 잃고 있지 않나 하는 생각도 듭니다. '빈곤을 찬양할 수 있는가' 하는 명제에는 두 입장이 있습니다. 하나는 자발적 가난이고, 다른 하나는 빈곤을 찬양할 수 없다는 입장입니다. 저는 이러한 두 입장에 대해 모두 대답할 수 있는 개념이 아마도 기본소득이지 않나 생각합니다. 뒷부분에 기본소득 이야기가 들어간 이유도 그런 연유 때문이지요. 이에 앞서 저는 제가 겪은 가난 혹은 빈곤에 대한 얘기를 먼저 꺼내려고 합니다.

요전 날 아내가 한번은 재미있는 걸 보여 주겠다는 겁니다. 그래서 얼마나 재미있을까 싶어서 컴퓨터를 들여다봤지요. 아내는 230원이 찍힌 저의 통장 잔고를 보여 주었습니다. 저는 배꼽 빠지게 웃었습니다. 그 웃음은 가난한 자의 설움이나 프롤레타리아트의 분노와는 성격이 달랐습니다. 사실 저의 통장 잔고는 5년 전까지만 해도 몇 십만 원이다가 최근 몇 년 동안은 베일에 싸여 있었습니다. 지금은 나이가 들어서인지 돈이 없어도 옆에 아내가 있고, 고양이들이 있고, 연구실이 있어서 마냥 행복하기만 한 시절입니다. 물론 집세도 내야 하고, 사료도 사야 하고, 살림에 드는 돈이 필요한 것도 사실입니다. 그러나 돈 꾸고 빌려 쓰는 것이 그렇게 서럽거나 억울하지만은 않은 기분이 들었습니다. 물론 아내가 고생이 많지요.

돈이 없으니 변한 것이 참 많습니다. 먼저 소비형 만남을 자제하고, 공부하고 세미나하고 토론회를 찾아가는 활동으로 대신한다는 점입니다. 육류와 주류를 일절 먹지 않으니 술 마시는 데 쓰던 돈이 제로가 되었지요. 대신 책을 사는 데 더 많이 지출합니다. 저는 나름 재정철학이 있습니다. 은사님이 가르쳐 주신 건데, 내용인즉슨 이렇습니다. 하나의 주된 소득원이 아니라 다양한 소득원을 갖고, 되도록 낭비나

방탕에 드는 비용은 제로로 만들라는 조언이지요. 대학 강의와 책 인세, 특강, 프로젝트, 자투리 글쓰기 등으로 다변화해 놓으니, 사실 하나의 혈자리가 막혀도 다른 혈자리를 뚫어서 충당합니다. 그럼에도 대학의 방학은 길고 긴 무소득의 시간이고, 아내가 보여 준 통장잔고는 저를 웃음으로 배꼽을 빠지게 만들었지요.

빈곤하던 청년 시절

생각해 보면 제가 돈을 충분히 갖고 있던 시절은 거의 없었습니다. 대학 시절에는 다양한 알바를 했지요. 학습지 선생님, 은행 경비, 파일공장 프레스공, 과외 알바, 결혼식장 도우미, 학원 강사, 워드 작성, 아이스크림공장 노동자, B급 영화관 직원, 전시회 도우미 등등 이루 말할 수 없이 수많은 알바를 전전했습니다. 그때는 돈이 없으면 우울하고 침울해서 다른 알바를 금방 구하곤 했습니다. 몇 달 하다가 때려치우고 몇 주 쉬다가 다시 구하고의 연속이었습니다. 그 당시는 돈이 없다는 것이 분노와 좌절, 우울로 다가왔지요.

대학원 시절에는 직장생활과 학업을 병행하며 또 많이 바쁜 시절을 보냈습니다. 시민단체와 자살예방센터에 다닐 때에는 직장이 단지 돈을 벌기 위한 수단이 아니라 윤리적이고 미학적인 무엇을 갖고 있다는 점도 깨달았지요. 이리저리 뛰어다니고, 버스에서 책을 읽고, 직장과 대학원을 오가다가 하루를 마치고 누워 있으면 직장에서 생긴 일과 학교에서 생긴 일이 교차하여 꿈에 나오기도 했지요. 소득은 적지만 빈곤하다고 생각한 적은 없습니다. 일에 대한 자긍심과 가치가 더 우선이었고, 스스로에 대한 자존감은 훨씬 높았기 때문입니다. 당시 저는 책 쓰는 일을 시작했습니다. 직장과 대학원을 병행하는 바쁜 시절이지만 꼭 해보고 싶은 일이기 때문에 시간을 쪼개서 글을 쓰는 데 할애했습니다. 저녁 7시에 직장에서 돌아오면 밥 먹고 바로 잠들어서 새벽 2시에 일어났고, 아침 출근할 때까지 글을 썼습니다. 몸을 전혀 움직이지 않고 잠을 충분히 안 자니 엄청난 비만이 찾아오는 부작용은 어쩔 수 없더군요.

그때를 생각하면 학업과 노동, 활동, 소규모 제작 등을 영리하게 배치하고 계획한 시절이 않았나 하는 생각도 듭니다. 여러 가지 일을 한꺼번에 진행하다 보니 아주 재빠르게 일을 처리하고, 횡단하고, 이행하고, 변이되는 것에 익숙해졌습니다. 문제는 생각이었습니다. 일에 집중하다 보면 고정관념이 생겨서 다른 일로 이행하는 과정에서 늦을 때가 있기 때문입니다. 그래서 회사에 출근할 때는 버스에서 회사일을 계획하고 일정을 체크했으며, 대학원에 갈 때는 발제문을 읽고, 집에 와서는 모든 일을 접고 일단 자고 나서 새벽에 일어나 책 쓰는 일을 했습니다. 그 당시 저에게는 횡단하는 능력, 그것이 최대의 능력이었습니다. 여러 일이 한꺼번에 다가오고 막혀 있을 때는 과감히 낮잠을 자거나 산책을 가는 등 생각에 단락을 만들어서 새로 시작하려고 했습니다.

나중에 제가 좋아하는 펠릭스 가타리의 책을 읽다 보니 횡단성 계수라는 개념이 등장하더군요. 횡단성은 가깝지도 멀지도 않은 관계를 의미한다고 합니다. 쇼펜하우어의 고슴도치 우화가 거기서 등장합니다. 추운 겨울날 고슴도치 한 무리가 굴에 모여 있는데, 추워서 가까이 다가가면 가시에 찔리고, 멀어지면 추워지는 딜레마 사이에서 오락가락하다가 결국 적정거리를 찾는다는 얘기지요. 또 이런 얘기도 나옵니다. 야생마를 조련하기 위해 눈조리개를 달아 주는데 처음에는 한정된 범위만 보다가 점점 눈의 시야가 틔는 것도 횡단성 계수라는 말입니다. 저는 가타리의 횡단성 계수라는 개념을 통해서 절도 있고, 적정 수준의 관계를 유지하면서 매끄럽게 일을 진행하는 방법을 연구했습니다. 그 속에서 사회라는 관계를 익힐 수 있었지요.

제로 용돈의 삶

결혼 전 아내와 동거할 때, 저는 아내에게 매주 7만 원씩 한 달에 30만 원의 용돈을 받았습니다. 당시 아내가 꽤 안정된 직장을 다니고 있어서 용돈을 두둑하게 주었지요. 저는 군것

질도 하고, 짜장면도 사 먹고, 택시도 타고, 술도 마시고 풍족하게 생활했습니다. 아내는 작은 항아리에 돈을 넣어 두었는데, 제가 그 항아리를 열어 보고 느끼는 환희는 상상을 능가했습니다. 사실 저는 용돈을 받고 살아 본 적이 없던 터라 예상치 못한 불로소득이 저를 들뜨게 만들었지요. 심지어 아내는 급할 때 쓰라고 신용카드 한 장을 저에게 지급해 주었습니다. 그때까지 저는 신용카드를 만든 적이 없었습니다. 그래서 신용카드의 마법에 빠져들었지요. 한번은 후배 15명이 술을 마시는 데를 찾아가서 아내가 준 신용카드로 긁고 나온 적도 있습니다. 집에 돌아가 아내에게 혼날 줄 알았는데, 아내는 오히려 피식 웃고 있었습니다. 하지만 곧 한도 금액이 낮은 신용카드로 교체를 단행했지요.

그런데 결혼 이후 저의 학위논문이 통과하고 박사학위를 받자 아내가 직장을 그만두었습니다. 항아리 용돈도 3만 원으로 줄었지요. 아내는 모든 통장을 압류했고, 저는 일주일에 3만 원으로 근근이 살았습니다. 기존의 소비생활을 줄이지 못하니 돈이 부족할 수밖에 없었지요. 그리고 그날이 드디어 찾아왔습니다. 아내가 제로 용돈 시대를 개막한다고 선언한 겁니다. 처음에는 막막했는데, 사실 돈이 없어도 웬만한 물건은 아내가 구입해주고 급할 때 쓸 수 있는 신용카드가 있기 때문에 크게 문제될 것이 없다는 생각이 들었습니다. 그 후로 지금까지 6년을 살면서 불편한 적은 한 번도 없습니다. 돈이 없으니 가게에 안 가고, 가게에 안 가니 씀씀이가 줄어들고, 씀씀이가 줄어드니 자연스럽게 아내와 함께하는 시간이 더 많아졌지요. 돈이 없으면 자연스럽게 다른 데 관심이 많이 갑니다. 고양이와 함께 놀거나, 책을 읽거나, 책 쓰고 글 쓰는 것은 뭐 하나 돈 드는 것이 아니니 고즈넉한 일상을 지낼 수 있지요.

그렇다고 소득이 전혀 없던 것은 아닙니다. 또한 소비도 전혀 없던 것이 아니지요. 그러나 지갑에 돈이 아예 없고 비상용 신용카드만 있으니, 소비하고 사들이는 것과는 무관한 삶이 되었습니다. 관심이 다른 데로 옮겨 갔지요. 아내와 일과를 마치면 둘이 모여 앉아서 그날 세미나에서 오갔던 이야기나 읽은 책에서 생각나는 아이디어, 뉴스와 소식 등을 도란도란 얘기합니다. 만약 소비생활이 풍족했다면 아내와 함께 있는 시간은 자연스럽게 줄어들었을 겁니다. 그러나 둘이 있는 시간이 많아지니 관계 대신 소비로 풀 필요가 없더군요. 요전 날에는 아내가 필요할 때 쓰라고 5만 원을 지갑에 넣어 주었습니다. 한 달 동안 가지고 다니다 보니 괜히 부담되고 그래서 아내 지갑에 다시 넣어 주었습니다. 쓸 일이 없기 때문입니다. 괜히 음료수를 사 마시면 살이 찔 것 같고, 택시를 타면 게으른 느낌이 들 것 같아서입니다. 그리고 부질없이 돈을 쓰는 것 같아서입니다.

자발적 가난에 눈뜨다

카를 마르크스는 '어떤 경우라도 빈곤은 찬양될 수 없다'는 입장이었다지요. 생태주의자의 자발적 가난에 대해서 말하자 많은 마르크스주의자들이 비판한 이유이기도 합니다. 배부른 소리를 한다는 반응이었지요. 저도 청년 시절에는 빈곤을 벗어나 돈을 벌면 모든 문제가 해결될 것이라고 여겼습니다. 그래서 가족과 대화하는 것보다는 야간 알바를 하거나 친구와 만나는 것을 전폐한 채 직장을 다니기도 했습니다. 그런데 그럴수록 빈곤의 문제는 더 커져만 갔습니다. 특히 정신적인 빈곤, 마음의 빈곤, 관계의 빈곤은 더 확대되어 늘 가난하고 궁핍하고 궁색했습니다. 대학원을 다니면서 저는 적은 소득으로 풍요롭게 사는 노하우를 익히려고 노력했습니다. 책을 쓰고, 토론회를 따라다니고, 주말에는 도서관에서 책이 주는 마음의 풍요를 느꼈지요. 대학원과 직장을 오가며 읽는 책도 대부분 도서관에서 빌린 책이었습니다.

물론 저 역시 청년 시절 내내 비정규직의 굴레에서 벗어날 수 없었습니다. 낮은 임금은 그런 대로 참을 수 있지만 동일노동을 하는데도 정규직 노동자와 차별받는 것은 참을 수 없었습니다. 그때마다 포장마차에서 잔술을 먹으며 인생을 곰곰이 생각했습니다. 그리고 직장을 그만두고 다시 입사하고를 반복했습니다. 당시 공부가 더 필요하다는 생각이 많이 들었습니다. 이 사회가 평가하는 제 자신은 자존감이 너무도 낮은 수준이었기 때문에, 과학과 혁명과 예술을 공부해 보고 싶었습니다. 그리고 쓰고, 읽고, 말하고, 듣고 하는 모든 과정을 저에 대한 자존감을 높이고 삶의 의미를 찾는 데 초점을 맞추었습니다.

대학 시절 저와 친구들은 비록 새우깡에 소주 한 병밖에 못 살 형편이었지만 자취방에서 소주잔을 주거니 받거니 하면서 인생과 혁명을 얘기하며 밤늦게까지 시간을 보내는 것이 무척 재미있었습니다. 한 명의 친구가 저의 가난과 함께하면, 그것은 가난이 아니라 풍요와 행복으로 바뀔 수 있는 것이었습니다. 그러나 대학 졸업 후에 친구들과 만날 기회는 현저히 줄어들었습니다. 모두 개인으로 분해되는 순간 가난은 개인의 몫이 되어 버렸습니다. 그래서 정말 기를 쓰고 돈 벌려고 직장을 다니지만, 고독하고 외롭고 더 가난한 삶이 기다리고 있었습니다. 그리고 지금 연구실에서 아내와 제가 함께 작업하고 밥 먹고 대화하면서, 사실 가난하다는 생각은 별로 해 본 적이 없습니다. 물론 돈이 없으면 불편하기는 하지만, 그게 뭐 큰 문제는 아니라는 낙천적인 생각이 듭니다. 가까이에 아내가 있기 때문에 삶을 살아가는 과정 속에서 근심과 걱정이 들어설 여지가 없기 때문입니다.

아내에게 잠자기 전에 한번 이렇게 물어본 적이 있습니다.

"우린 가난하지?"

아내는 이렇게 대답했습니다.

"가난하면 또 어때? 함께 있는데!"

기본소득을 만나다

오늘날 노동과 소득의 고리는 끊겨 있는 상황입니다. 일자리로 복지를 대신하려는 시도는 사실상 낡은 발상입니다. 노동 대부분이 질 나쁜 불안정 고용, 비정규직, 일시적인 아르바이트인 상황에서 정규직 몇 명 늘린다고 이 문제가 해결될 것으로 보이지 않습니다. 첨단기술사회에서 노동은 주변화하였고, 잉여가 되었고, 기득권이 됩니다. 제4차 기술혁명이다, 인공지능시대다, 뭐다 하면서 말이 많은 시절입니다. 소수자와 낮은 곳에서 살아가는 민중, 심지어 생명까지도 노동하지 않더라도 욕망을 가졌다는 이유에서 존중받아야 한다는 생각이 듭니다. 이제 노동하지 않고도 욕망한다는 이유만으로 소득을 보장하는 시대를 개막해야 하는 것입니다.

제가 기본소득을 처음 접한 것은 2003년도에 〈Basic Income〉이라는 사이트를 알게 되면서부터입니다. 당시에는 사회보장소득으로 많이 회자되던 시절이었습니다. 저는 기본소득과 연관된 수많은 아이디어와 상상력을 접했습니다. 우파는 기본소득을 제공해서 소비하는 사람을 만들어야 한다고 주장했고, 좌파는 기본소득을 제도화해 노동의 종말 상황에 대처해야 한다는 입장이었습니다. 우파는 시장 논리에 따라 기본소득을 사회복지시스템에서 철저히 개인책임으로 바꾸려고 시도합니다. 반면 좌파는 기본소득보다는 노동의 권리에 머물고 있는 상황이고 기본소득을 보편적 복지로 바라봅니다. 어찌 됐건 기본소득은 기계에 전기를 주듯 욕망만을 가진 사람에게 소득을 보전하는 행위인 것만은 분명합니다. 왜냐하면 욕망을 가진 사람이야말로 기계류를 혁신하는 집단지성을 산출해 낼 존재가 분명하기 때문이지요. 예를 들어 첨단기술사회에서 기술혁신의 재료는 대부분 집단지성이나 오픈소스, 생태적 지혜에서 추출됩니다. 그리고 이러한 지성을 만들어 내는 사람이 바로 비노동 민중이거나 소수자입니다. 그런 점에서 노동하지 않더라도 사회에 기여한 사람들에게 보상할 필요가 있는 것입니다.

또한 기본소득은 복지와 같이 관리에 드는 인력과 행정을 국가에 과다하게 집중하지 않습니다. 통장으로 바로 보내 주니까요. 동시에 자존감이나 도덕적 해이에 대한 기성세대의 우려도 만만치 않은 상황이지만, 성남시와 서울시 등에서 추진한 청년 기본소득 실험에서도 나타나듯이 청년들 대부분이 기본소득의 혜택을 자신의 낮은 소득과 살림에 보태 썼다는 점에 주목해야 할 것입니다. 도덕적 해이는 없었고, 있을 수 없는 팍팍한 살림살이가 청년의 현주소였습니다. 다른 세대나 계층도 마찬가지라는 생각이 드는 대목입니다.

그렇다고 저는 기본소득에 모든 것을 걸지는 않습니다.

다양한 소득원 중 하나, 즉 경우의 수 중 하나가 될 것이기 때문입니다. 그러나 적은 소득이라도 소득원의 다변화가 이루어진다는 것은 든든하고 안심되는 일이 아닐 수 없습니다. 왜냐하면 살림살이의 탄력성과 지속가능성이 높아질 것이기 때문입니다. 저는 노동, 활동, 제작, 자기고용, 아르바이트 등 다변화한 소득원을 추구하며, 그중 한 가지 경우의 수로 기본소득이 들어오면 참 좋겠다는 생각이 듭니다. 그렇다고 부자가 되려는 것은 아닙니다. 아내와 저녁 때 맥주 한잔할 정도의 여윳돈이 있으면 좋겠고, 한 달에 한 번쯤 아내와 같이 극장 한 번 가면 좋을 따름입니다. 더불어 같이 살아가는 행복을 소득이 대신할 것이라고는 생각지 않습니다. 심지어 기본소득이 생기면 저는 더 자발적 가난을 실험해 보고 싶은 생각도 듭니다. 우리는 더 작고 미세한 경제, 즉 살림살이에 주목해야 합니다. 그랬을 때 우리는 자발적 가난을 작은 행복의 요소로, 횡단과 이행 그리고 변화의 요소로 바꿀 능력이 생길 것입니다.

소비를 줄이면
욕망도 줄어들까

제로소비의 삶, 충만한 욕망

지난주에는 비가 많이 내렸습니다. 습기와 더위는 참기 어려웠지만, 이 책을 쓰는 작업은 마치 발효된 빵을 만드는 과정처럼 기다려지고 설레기만 하는군요. 발효는 굼뜨고 천천히 진행하지만 그렇게 얻은 빵은 맛있지 않을까 하는 기대도 해봅니다.

저는 오늘 소비 없이도 욕망이 충만할 수 있는 비결이나 노하우를 말하려고 합니다. 버는 재미만큼 쓰는 재미도 쏠쏠하다는 것이 잘 알려진 사실인데, 웬 소비 없는 삶이냐고 반문할 사람도 있을 것입니다. 그런데 저에게 소비란 멈추는 것, 고정되는 것, 기득권의 영역으로 진입하는 것이라고 생각합니다. 반면 우리의 삶과 욕망, 정동은 흐르는 것, 순환하는 것, 도주하는 것이지요. 그래서 저의 삶에서 소비 없는 삶, 멈추지 않고 도주하는 삶을 시작한 이유와 과정을 먼저 이야기해 볼까 합니다.

"단돈, 1만 9,990원!"

텔레비전 홈쇼핑에서 거듭 가격을 말하자 저는 아이처럼 들떠서 주방에 있는 아내를 불렀습니다. 꼭 필요한 물건이 이렇게 저렴한 데다 사은품까지 곁들여서 홈쇼핑에서 판다고 말이지요. 아내는 뭔가 안다는 듯이 웃으면서 "저걸 꼭 사야 할지, 내일 얘기해 보자"고 말했습니다. 그런데 다음 날 저는 그 물건이 무엇이었는지 까맣게 잊어버리고 일상생활로 돌아갔습니다. 몇 주 후 다시 그 홈쇼핑 광고를 보니까 사실 살 필요까지는 없다는 사실을 깨달았습니다.

제가 앞서 얘기했듯이 제로용돈의 삶을 살다 보니, 제로소비의 삶도 같이 찾아왔습니다. 소비하려면 아내의 지갑을 열어야 하는 큰 관문을 통과해야 하고, 그 물건이 나에게 꼭 필요하다는 어필을 해야 하는 상황에 직면했습니다. 그러다 보니 몸에도 좋지 않은 음료수를 사 먹지 않게 되고, 제3세계 민중의 어려움을 외면하는 주류와 육류를 먹지 않게 되고, 집밥으로 삼시세끼를 채우다 보니 밖에 나가 밥을 먹지 않게 되고, 살찌기 쉬운 인스턴트 음식이나 과자를 먹지 않게 되면서, 결국 소비와는 동떨어진 삶을 살게 되었습니다. 유일한 낙은 간혹 홈쇼핑 광고를 보면 아내를 불러 꼭 사야 한다고 어필하고 호소하는 것입니다. 늘 어김없이 아내 선에서 차단되어 버리지만요.

제 집이나 연구실에 필요한 물건은 대부분 아내가 구입합니다. 물건을 사는 소비행위와 자연스레 동떨어지다 보니, 언제부터인가 저에게 다른 영역이 눈에 들어왔습니다. 특히 관심을 가진 부분은 저의 욕망과 다른 사람의 욕망 차이가 만드는 미묘한 영역이지요. 서로의 욕망을 드러내고 그 욕망이 배가되는 것이 기쁨의 정동을 유발한다고 스피노자가 말했다지요. '소비-욕망'이 아닌 '기쁨으로 이를 욕망'이 한때 제 삶의 화두이기도 했습니다. 왜냐하면 소비와 무관한 욕망이 저의 삶을 강렬하게 만들었기 때문입니다. 이를테면 친구와 전화로 수다 떠는 것, 은사님께 안부메일을 보내는 것, 책에서 읽은 문구를 세미나 때 적용해 보고 기뻐하는 사람들의 시선을 느끼는 것, 가까운 사람의 색다른 면을 발견하는 것, 밥 때를 기다리며 아내에게 메뉴를 묻고 설레는 것, 연구실 고양이들의 일상사를 관찰하는 것, 아내와 아침저녁으로 수다를 떨기 위해서 다음 번 화젯거리를 준비하는 것 등등 미세한 욕망이 생성되었습니다. 이렇듯 소비가 없는 대신, 일상의 욕망이 만들어 내는 스토리를 재발견하였지요. 마치 아이가 느끼는 시간이 어른이 느끼는 시간과 다르듯이, 소비가 없는 삶은 다시 아이처럼 미세한 시간의 감각을 되살려 냈지요. 그 욕망은 시간이 갈수록 강렬하기만 합니다.

음악-욕망과 유치뽕 노래 만들기

청년 시절 저는 민중가요를 좋아했습니다. 어쩌면 그냥 노래가 좋았는지 모릅니다. 그래서 학생회실에서 민중가요를 부르고 또 불렀지요. 카세트에서 나오는 음악을 들으면 그저 감상하는 게 아니라, 어떻게 따라 불러야겠다는 생각이 단박에 들던 시절이었지요. 또한 학생회에서 통기타 하나를 구입해서 열심히 통기타를 치면서 민중가요를 불렀습니다. 안치환, 노래공장, 노찾사, 양희은, 김광석 등등의 노래는 마치 저의 몸과 하나가 된 것처럼 느낄 정도였습니다. 당시 학생회에서는 교정에 둘러앉아서 노래를 함께 부를 일이 많았습니다. 그리고 술만 마시면 사람들이 자신의 노래를 목청껏 뽐내고 듣는 사람들은 그들의 음률과 선율에 감동하고 또 흥이 나서 저절로 따라 부르기도 했지요. 사람이 좋았고, 노래가 좋았습니다. 밤이 깊어질 때까지 노래는 계속 이어졌습니다.

군대를 제대하고 학교에 돌아와 보니 학생회실에 있던 통기타가 사라졌습니다. 그리고 술자리에 참석해 보니 민중가요를 부르던 전통도 사라졌습니다. 친구들과 술을 마시다가 처음으로 노래방으로 향했습니다. 한 시간 노래 부르는 데 만 원이라는 사실에 놀랐고, 떼창을 하는 것이 아니라 혼자서 노래 부르고 다른 친구들은 친구의 노래를 듣는 것이 아니라 다음 차례에 자신이 부를 노래를 열심히 찾는 것에 놀랐습니다. 노래에 대한 저의 욕망은 이제 소비로 유도되었습니다. 밤새 불러도 단 한 푼도 필요하지 않던 노래가 이제 돈이 되어 있었던 것이지요. 심지어 민중가요조차도 노래방의 번호 중 하나가 되었습니다. 민중가요를 부르려는 저의 욕망이 소비로 귀결되었고, 그래서 저는 부르는 음악보다는 듣고 소비하는 음악에 적응하기 시작했습니다.

마흔이 넘어 어떤 공동체를 방문했을 때입니다. 참여한 사람들과 함께 행사를 마치고 잠시 쉬다가 거실에 놓인 통기타를 발견했습니다. 저는 조심스레 물었죠.

"이거 쳐도 되나요?"

그러자 공동체 사람들이 답했습니다.

"쳐도 돼요. 늘 함께 치는 걸요."

저는 포크송 몇 개를 불렀는데, 공동체 사람들도 함께 불렀습니다. 갑자기 학생회실에서 함께 부르던 민중가요의 감수성이 되살아났습니다. 그때 저는 음악은 소비하거나 단지 듣기 위한 것이 아니라는 사실을 깨달았습니다.

그 후 저는 음반을 사거나 노래방에 가기보다 직접 노래를 만들어서 아내에게 들려주는 능력을 개발했습니다. 유명한 CM송을 개사해서 부르는 식으로 다소 유치하고 단조로 웠습니다. 하지만 소비하는 음악이 아니라 음악이 삶이던 청년 시절로 돌아가기 위한 작은 행동의 시작이었습니다. 키우는 고양이마다 캐릭터를 살린 주제가가 생겼고, 아내에 대한 노래가 생겼고, 상황에 따른 노래가 생겼으며 스토리마다 노래가 생겼습니다. 저는 자칭 싱어송라이터가 되었습니다. 아내는 제 유치한 노래를 들을 때마다 웃어 댑니다. 하지만 저의 음악에 대한 욕망은 삶 속에서 진행형입니다.

욕망을 유죄하던 기존 운동들

"자본주의가 성장한 것에는 너의 욕망도 책임이 있다."

어느 선생님이 세미나에서 한 발언은 저를 경직시켰고 죄책감을 느끼게 했습니다. 갑자기 젊은 사람들이 세미나에서 슬금슬금 사라졌고, 다시는 돌아오지 않았지요. 욕망을 유죄하는 방식은 1980~90년대 생태주의자들에게 유행처럼 번졌던 화두입니다. 그들의 논리는 '욕망=자본주의적 욕망'이라는 등식으로 작동했습니다. 저는 당시 굉장히 심각한 의문이 들었습니다. 그리고 욕망을 유죄하고 위기의 원인을 개인책임으로 만드는 방식에 문제제기를 했습니다. 욕망은 절제하거나 통제하는 것이 아니라 오히려 원활하게 흘러가도록 만들어야 한다고 말이지요. 당시 제가 "욕망, 욕망, 그래도

욕망"이라고 말하고 다녀서 후배들은 저를 욕망주의자라고
도 불렀습니다. 저에게 욕망은 라이히 박사가 말한 대로 신
체에서 기원한 생명에너지였습니다. 그래서 당시 저는 절대
계몽적이고 금욕적인 생태주의자는 될 수 없을 거라고 생각
하기도 했지요.

2007년부터 공동체 활동을 시작하면서 저의 생각은 확고
해졌습니다. 공동체에서 성소수자들과 함께 활동하면서, 욕
망에 죄의식을 느끼게 하는 1세대 생태주의자의 방식이 낡
았다는 것을 피부로 느꼈기 때문입니다. 그러나 그 공동체에
도 낡은 1세대 생태주의자가 없었던 것은 아닙니다. 어느 공
동체 일원은 술자리에서 성소수자의 존재를 부정하는 발언
을 하기도 했습니다.

"자연의 섭리에 따르면 성소수자가 있을 수 없고, 생태주
의자가 피해야 할 욕망에 따르는 것 아니냐?"

바로 옆에서 활동하는 동료활동가의 존재 자체를 부정하
는 발언을 듣고 저는 1세대 생태주의자의 한계를 여실히 느
꼈습니다. 그들의 구도는 마치 우리 몸의 털이 그대로 놔두
어도 저절로 자라듯이 생태문제도 시간이 해결해 줄 것이라
는 자연주의와 모든 욕망을 금기시하는 금욕주의로 요약할
수 있습니다. 그리고 그들의 생각이 굉장히 낡은 것이라는
점은 생태운동, 생명운동, 녹색당운동이 발전하면서 더욱 구
체적으로 드러났습니다.

욕망과 소비, 자본주의의 딜레마

욕망은 도처에서 생성합니다. 노래를 부르고 싶은 욕망, 춤 추고 싶은 욕망, 시를 짓고 싶은 욕망, 성-욕망, 아무것도 안 하고 싶은 욕망 등 무수한 욕망이 도처에서 발생합니다. 물론 그 욕망 중에는 자본주의가 추동한 욕망이 있는 것도 사실입니다. 그런데 욕망은 필요와 욕구(need), 혹은 요구 (demand)와 달리 어느 하나에 고정되기보다 변덕이 심합니 다. 자본주의는 무수한 욕망을 생산하면서도 변덕이 많고 시 시때때로 변하는 욕망을 소비로 집중시켜야 한다는 숙제를 갖고 있습니다. 그래서 화려한 광고 이미지나 영상 등을 이용 해서 소비와 향유로 향하게 만들려고 끊임없이 노력하지요.

욕망에 변덕이 많은 이유가 뭘까요? 아무래도 욕망이 아 이나 생명과 닮아 있기 때문이 아닐까요? 10년 전 조카들과 놀던 때가 생각납니다. 당시 미취학 아동이던 조카들이 워낙 에너자이저이고, 놀이를 시작하면 변덕스럽게도 시시때때로 놀이의 규칙이며 형태를 바꾸고 이리저리 뛰어다녀서 저는 완전히 땀에 젖은 양말처럼 녹초가 되었답니다. 저의 마지막 카드는 미장원놀이를 하자며 아이들에게 머리를 맡기고 잠 드는 것이었지요. 그런데 한번은 실제로 머리를 깎아 놓아서 밖에 나가지 못한 적도 있습니다. 이렇듯 욕망이 보여 주는 변덕은 아이들의 변덕스러운 놀이에도 나타납니다.

프랑스 철학자 들뢰즈와 심리치료사 가타리는 변덕스

럽게 이행하고 횡단하는 욕망의 움직임을 분자적인 것(molecular)이라고 말합니다. 분자적인 것은 여러 모델을 이행하고 횡단하고 변이되는 움직임을 말합니다. 그런데 조카들이 중학생이 되자 놀이는 다른 형태가 되었습니다. 당시 조카들은 삼촌이 알려준 놀이의 규칙이나 형태를 바꾸지 않고 계속해서 몇 시간 동안 몰두하고 집중했습니다. 특히 컴퓨터 게임을 하면 굉장한 집중력을 보이며 빨려 들듯이 수렴되었지요. 들뢰즈와 가타리는 이러한 하나의 놀이에 집중하고 수렴되는 움직임을 몰mole적인 것이라고 말합니다. 분자적인 것이 재미와 놀이 모델이라고 한다면, 몰적인 것은 의미와 일 모델이라고 할 수 있습니다. 욕망이 변덕스러운 모습을 보이는 반면, 일과 의미 있는 것은 고도의 집중력을 요구하니까요.

문제는 자본주의가 분자적인 욕망을 몰적인 소비행위로 만들어야 한다는 모순된 상황에 봉착한다는 것이지요. 이를테면 당신이 음악을 좋아한다면 자본주의는 음반을 사라고 권유합니다. 그런데 갑자기 음반을 사지 않고 가수가 되겠다고 나서면 어떻게 될까요? 다시 자본주의는 가수로 데뷔할 수 있는 엔터테인먼트 회사를 권유하겠지요. 이번에는 당신이 다시 인디음악을 하겠다고 나서면 어떻게 될까요? 다시 자본주의는 인디음악 경연대회 등을 추천할 것입니다. 이런 식으로 욕망이 도망가고 변덕을 부리면 자본은 소비로 집중하도록 따라가서 포획하려고 합니다. 이렇듯 욕망과 소비는 일치하는 것이 아니라 쫓고 쫓기는 상황, 도주와 포획의 상황으로 나타납니다. 들뢰즈와 가타리는 욕망의 도주선에 주목합니다. 몰적인 것, 다시 말해 소비에 집중하는 것이 아니라 매끄럽게 그리고 끊임없이 도주하는 분자적인 욕망에 주목했지요. 다소 얘기가 복잡해졌네요. 이럴 때는 단번에 이해가 가도록 쉽게 설명할 순 없나 하는 고민을 합니다.

우리는 모두 도주자

소비를 줄였는데 욕망이 충만해진 경험을 해 보셨나요? 저는 2007년에 피자매연대라는 단체를 방문한 적이 있습니다. 그곳에서 대안생리대를 만드는 활동가와 대화를 나누었지요. 활동가는 대안생리대의 역사와 가치, 전망을 한 시간 30분 동안이나 설명했습니다. 전에는 바쁘다는 핑계로 남의 얘기를 잘 듣지 않던 제가 귀 기울여 들은 이유는 당시 동거하던 아내에게 대안생리대에 대해서 얘기해 주고 싶었기 때문입니다. 저는 이것저것 듣고 물어보고 생각하면서 대안생리대 한 묶음을 샀습니다. 당시 아내는 제가 여러 가지 주워들은 이야기를 하면서 대안생리대를 내밀자 환히 웃으면서 받아 들었지요. 그때가 지금으로부터 10년 전인데, 그때 이후 저의 아내는 일회용 생리대 소비를 전혀 하지 않고 대안생리대만 쓸니다. 상품 소비를 줄였는데, 스토리와 가치가 있는 선물이 생겼고, 건강에도 좋으니 일거다득인 셈이지요.

또 당시 저는 팔레스타인 활동가들이 만든 천 제품을 사기도 했습니다. 참고로 그때는 용돈을 두둑하게 받던 시기입니다. 이 천은 중동 지역 남성들이 머리에 쓰는 용도로 만든 숄비슷한 물건입니다. 처음에는 디자인이 맞지 않고 실용성이 없을 것 같아 장롱 속에 묵혀 두었습니다. 몇 년 후 여름에 우연찮게 찾아서 먼지를 털어 그걸 덮고 자는데, 그렇게 시원하고 편안한 여름용 이불은 처음이었습니다. 그리고 팔레스타인 활동가들이 얘기한 내용이 새록새록 떠오르는 것입니다. 미사일 폭격과 아이들의 죽음, 끝나지 않는 전쟁, 평화의 요원함 속에서 평화를 꿈꾸며 아이와 여성이 짠 천이라는 것입니다. 그때는 그것이 크게 다가오지 않았는데, 여름에 누워서 시원하게 자다 보니 그 이야기가 잠깐씩 떠올랐습니다. 이런 경우는 욕망의 도주선이 소비를 만든 사례입니다.

그러나 잘 생각해 보면 소비 없는 욕망의 영역도 분명 존재합니다. 예를 들어 최근에 유행하는 미니멀리즘도 소비 없이 충만하고 풍부하게 살 수 있는 방법을 모색한 것입니다. 만약 소비를 하더라도 충분히 가치 있고, 스토리가 있으며, 대안적인 소비만을 채택한다면 그때는 말이 달라집니다. 욕망은 도주하면서 여러 스토리를 만들어 냅니다.

펠릭스 가타리는 "도주하는 자의 표현양식에 주목하자!"

고 했다지요. 욕망의 도주선은 생산적이고, 풍부하고 충만한 삶을 보여 줍니다. 그래서 자본주의가 원하는 분자적 욕망을 몰적인 소비로 환원하려는 책략을 넘어서 욕망은 생명과 자연, 우주를 향한 도주선을 만들어 냅니다. 그렇기 때문에 소비를 줄이면 욕망이 줄어드는 것이 아니라 더 욕망이 충만하고 다양하고 풍부해지는 셈입니다.

성공주의밖에
선택의 여지가 없는 걸까

1988년 뜨거운 광주에서

고3 때입니다. 〈행복은 성적순이 아니잖아요!〉라는 영화가
유행한 시절이지요. 전교조에 가입했다는 이유로 학교 선생
님들을 무더기로 교단에서 끌어내리던 시절이기도 합니다.
저는 니체, 스피노자, 사르트르, 카프카를 좋아하는 고등학
생이었습니다. 광주에서 학교를 다니던 터라 주말에는 투쟁
가도 부르고 짱돌을 던지러 집회에 참여하기도 했습니다. 저
에게 반파시즘과 현실참여는 큰 화두였습니다. 물론 처음부
터 그런 건 아닙니다. 하숙집 형이 극장 구경을 시켜 준다고
해서 영화관 앞에서 약속을 잡았는데, 진짜 극장 건물만 구

경하고 그 앞에 있는 집회에 데려가면서 시작되었습니다. 당시 광주에서는 87년 항쟁이 격발하여 대학생 대부분과 고등학생 절반 정도가 집회에 참여했습니다. 저 역시 집회에 참여하고 돌아오면 녹초가 되어 최루탄 냄새가 지독히 밴 옷을 빨고, 여러 가지 꿈을 꾸며 긴 잠에 들었습니다. 당시 성적은 제 관심사가 아니었습니다.

일부 고등학교 선생님이 상위 성적의 친구만이 꿈꿀 수 있는 상위권 대학에 대해 얘기한 적이 있는데 저처럼 중하위권 학생에게는 관심 밖의 이야기였습니다. 그러던 어느 날 담임선생님께서 저를 부르시더니 철학과로 진학하는 것이 어떠냐고 하셨습니다. 선생님은 철학책을 읽으며 학교수업을 듣지 않고 교정 풀밭에서 낮잠과 공상을 일삼던 저에 대해서 잘 알고 있었던 것입니다. 저는 내 적성을 정확히 간파하신 선생님의 생각에 동의했고, 참 즐겁게 그러겠다고 대답했습니다. 사실 고3 담임선생님께 반항도 많이 했습니다. 단짝이던 친구가 불의의 기차사고로 죽고 나서 기성세대에게 책임이 있는 것만 같아서 그렇게 미울 수가 없었지요. 그러나 그것은 그저 이유 없는 반항이었고, 사실 담임선생님은 저를 멀리서 지켜보며 관심을 갖고 계신 참 따뜻하고 부드러운 분이었습니다. 선생님의 조언 덕분에 저는 대학에 가서 스피노자와 사르트르, 마르크스, 소크라테스를 배울 기회를 갖게 되었습니다. 참 감사하고 고마웠습니다.

성장의 신화, 성공과 승리와 관계 끊기

뜨거운 1980년대를 함께한 수많은 학생운동권 선배들이 1990년대 말부터 자기 사업을 하겠다고 나섰습니다. 그래서 당시 학생회에 가면 '자기 사업하겠다고 나서는 선배는 들어오지 마시오' 하는 경고문이 붙어 있을 정도였지요. 벤처열풍, 주식열풍, 부동산열풍 속에서 너도나도 성공해 보겠다고 나서던 1990년대 말부터 2000년대 초까지의 한국 사회는 성장주의가 배태한 괴물과도 같은 모습으로도 나타났습니다. 1980년대 민주화운동 당시 연대한 노동자도 시간이 지나면서 대부분 보장노동자, 즉 정규직 노동자가 되어 이들과 함께한 활동가들이 전망 상실과 방황, 미묘한 무기력증을 느끼면서 지낸 시절이기도 합니다. 당시 한국 사회는 경쟁과 성장이라는 채찍과 당근에 의해서 기계적으로 움직이고 있었지요. 엄청난 속도로 부와 자원이 사회에 유통되었고, 사람들은 성장의 달콤함에 눈이 멀던 시기이기도 합니다.

저는 이런 사회에 적응하지 못한 채 대학원에서 책을 벗삼아 그 시기를 보냈습니다. 엄청난 속도와 경쟁, 무리짓기와 파벌, 성공주의와 자기계발의 논리는 저에게는 참 부담되고 어색한 현실이었습니다. 물론 대학원에도 이런 요소가 없던 것은 아닙니다. 학위를 받으면 성공의 반열에 들어선다는 왜곡된 논리도 퍼져 있었죠. 2010년 아내가 구해 준 손바닥만 한 연구실에서 학위논문을 마치고 일주일 동안 그냥 무작정 논 적이 있습니다. 연구실 이름을 〈철학공방 별난〉이라고 지은 것도 그 즈음이지요. 당시 저는 이상한 관찰자나 괴짜 연구자와 같은 모습으로 연구실 밖의 길냥이와 놀고 있거나, 상자 텃밭에서 토마토며 애벌레며 곤충을 들여다보면서 시간을 보냈습니다. 찬찬히 들여다보고 관찰일기도 썼습니다. 그때 생태주의를 연구하고 싶은 생각이 들었습니다. 그래서 전공과 상관없는 책을 사 모으고, 저의 작은 공간에서 서식하던 곤충과 길냥이와 상추와 토마토에 대한 이야기를 확장하여 생태계와 우주와 생명의 이야기를 만들겠다고 결심했지요.

2010년 당시부터, 더 정확히는 2008년 서브프라임 사태 이후부터 전 세계는 저성장 사회로 진입했습니다. 사람들이 하는 일은 다 잘 안 된다면서 불만과 걱정이 많았지요. 예전처럼 하는 일마다 다 잘되던 성장주의 시절의 신화는 산산이 부서졌습니다. 일을 벌여도 현상 유지나 지속하는 정도지, 큰돈을 벌거나 성공하는 사람은 드물었습니다. 사람들의 관심은 성공과 승리보다는 '더불어 함께', '보다 나은 미래로', '지구와 생명을 생각하며' 등으로 이동했습니다. 당시 저는 생태주의 연구를 천천히 꾸준히 진행하면서 많은 생각의 경로와 지혜의 그물망을 짜기 시작했습니다. 길냥이에 대한 관심은 동물보호운동과 생명사상에 대한 접속으로, 상추와 텃밭에 대한 관심은 농업과 생태주의 사상으로 확장하였지요.

저는 마음을 응시하는 마음, 삶을 재발견하는 마음을 갖게 되었습니다. 그 가운데 들뢰즈의 사상도 재발견했지요. 들뢰즈의 초월론적 경험론을 발견주의라고도 합니다. 서로의 깊이와 잠재성을 발견하는 것, 마음과 삶을 응시하는 마음을 갖는 것이 바로 들뢰즈 발견주의의 핵심이 아닐까 하는 생각도 듭니다. 문 밖에는 성공과 승리로 줄달음질치는 사람들의 행렬이 있었지만, 그 보이지 않는 곁과 주변부에 저의 자리, 작은 게토가 있었습니다. 느리고 천천히 작동하는 시간, 차 한 잔과 고양이의 재롱이 있는 작은 삶의 영토 그곳에서 저는 생각하고 재발견하고 토론하고 공감하는 시간을 보내면서 풍부해지고 다양해졌습니다.

〈철학공방 별난〉에 찾아온 사람들은 이곳의 풍경을 접하고 종종 어리둥절해합니다. 고양이 중심의 삶, 조용한 음악이 흐르지만 뉴스는 없는 닫힌 공간, 사람들이 들어오기는 쉽지만 나가기는 어려운 세미나, 책을 쓰는 것이 밥을 먹는 것과 동등한 위치에 있는 공간, 이런 것이 제 공간의 독특성입니다. 이렇듯 저는 의도적으로 작은 게토를 만들어서 바깥 세상의 원리와 다른 삶을 창조했습니다.

그래도 삶은 영원히 지속된다

저는 회사를 다닐 때 적응을 매우 못했습니다. 맹목적으로 성공으로 향하던 사람들, 경쟁에 지친 인간관계, 돈 버는 것에 혈안이 된 일상 등으로 이루어진 그 자리는 모두 패배자의 자리였기 때문입니다. 경쟁이 할퀴고 간 자리에는 폐허만 남았지요. 무엇을 위해서 뛰어가는지도 모른 채 우리는 달려갔습니다. 비교적 경쟁이 거의 없는 대학원 생활을 한 저조차도 경쟁사회의 모습은 섬뜩했습니다. 경쟁의 룰은 모두를 패배자로 만들었지만, 사람들은 왜 그런 룰을 지켜야 하는지도 모른 채 앞으로앞으로 달려갔지요.

저는 다른 사람과 자신을 비교하고 경쟁하며 성공을 향해 줄달음질치는 많은 사람을 만났습니다. 최근 저성장 사회로 진입하면서 성공이나 승리의 기회가 최소화했음에도 여전히 경쟁으로 향하는 사람들은 제법 많습니다. 그래서 저는 경쟁사회에 뛰어든 후배나 제자, 동기를 우려의 눈으로 바라보며 조언하기도 했습니다. 왜냐하면 그것이 죽음과 죽임의 문화처럼 다가왔기 때문입니다.

저 역시 경쟁사회의 일부인 적이 있지요. 대학을 졸업하고 1년 남짓 직장생활을 했는데 실적경쟁, 자리경쟁, 성과경쟁의 문화를 직간접적으로 접했습니다. 저는 당시 영원한 패배자가 될 수밖에 없는 한계를 느끼며, 모든 일을 그만두고 시골집으로 내려갔지요. 시골 집에서 대학원 진학 준비를 했습니다. 그러나 대부분 조용하고 고요한 시골에서 바다와 산과 들로 돌아다니고, 이따금 새들이 지나가고, 벌레들이 기어 다니는 것을 관찰하며 소일했습니다. 그렇다고 저 자신을 루저, 패배자, 잉여라고 생각하지는 않았습니다. 또 다른 학문의 기회가 저를 기다리고 있고, 색다른 사상과 가치를 세상에 알리겠다고 다짐했지요. 그리고 그 색다른 사상과 가치는 멀리 있지 않고 바로 옆, 바로 곁에 있는 벌레와 새와 강아지와 바다와 들이 품고 있었습니다. 당시 저는 지구의 아이들, 자연의 아이들로서 무언가를 하겠다고 생각했습니다.

그리고 제주도로 홀연히 여행을 떠나 거기에서 6개월 동안 아는 선배와 기거하면서 휴양을 했습니다. 사실 날마다 술을 마셨고, 날마다 노래를 불렀으며, 날마다 이런저런 얘기를 나누었지요. 조용한 제주도 두메산골의 느리고 천천히 움직이는 일상은 지금의 느리고 굼뜬 삶의 리듬을 만드는 데 기반이 됩니다. 그리고 대학원에 진학하고 학위를 따고 지금까지도 줄곧 그러한 일상의 리듬을 유지하고 있습니다.

제 자신에게 이상향은 먼 곳에 있지 않고 바로 지금, 여기, 가까이에서 만들어 낼 수 있는 것이었습니다. 경쟁도, 성과도, 성공도, 비교도, 속도도 없는 그런 삶을 구상하자 공동체가 보이고, 이웃이 보이고, 친구가 보였습니다. 아마 내일 죽는다 하더라도 이러한 일상을 그대로 유지하면서 죽음을 맞이할 겁니다. 죽기 전에 특별한 곳으로 여행을 가거나 특별한 이벤트를 하는 것이 아니라 삶과 생활세계, 일상이 평범하게 지속되는 것이 저의 소원이자 꿈이기 때문입니다. 이런 저의 버킷리스트를 이야기하면 어떤 분은 '어떻게 그럴 수 있느냐' 하고 반응합니다. 하지만 저에게는 삶과 일상이 바로 희망이자 꿈이자 끝까지 지속해야 할 미래입니다.

성공주의는 소수자의 선택지인가

주변에 알게 모르게 소수자가 참 많습니다. 그런데 낮은 곳에서 살아가는 이들에게서 종종 발견하는 것이 역설적이게도 바로 성공주의이기도 합니다. 자신의 존엄성이 긍정되지 않을 때, 한 사람의 실존이 선택할 수 있는 경우의 수는 축소됩니다. 이에 따라 선택지를 갖지 못한 소수자는 성공한 삶이 되도록 자신을 채찍질하거나, 이상적인 목표설정을 향해 나아가기도 합니다. 소수자에게 성공신화는 고단하고 절박한 삶을 감내하도록 하는 요소이기도 합니다. 성공스토리 중 대부분은 밑바닥의 삶, 기층의 삶, 낮은 곳의 삶에서 출발하지만 결국 수렴되는 바는 유명해져서 돈을 많이 벌고 성과를 만들어 냈다는 데 초점을 맞춥니다. 하지만 이 사회의 소수자 중에서 이렇게 될 수 있는 사람이 얼마나 될까요? 더욱이 자신에게 주어진 핸디캡을 극복하고 성과를 내고 승리하고 성공하기란 참 어려운 일이 아닐 수 없습니다.

한국 사회는 소수자의 삶의 과정에 다양한 선택지를 제공하지 못합니다. 그래서 자신의 삶을 보장받지 못하고, 다양한 선택지에서 배제된 소수자는 성공주의/승리주의라는 맹목적인 추동력 속에 자신을 밀어 넣고 줄달음질칩니다. 그런 점에서 기본소득과 같은 선택지가 절실한 이유이기도 합니다. 적어도 조금이라도 여유가 생긴다면 문제는 달라질 것입니다. 소수자에게 여유는 다른 생각을 하고, 다른 삶을 기획하고, 다른 선택을 할 수 있는 최소한의 자원이자 기회입니다. 일상이 강퍅하고 여유가 없을 때, 소수자는 자신의 삶의 가치와 존엄을 미래로 미루면서 성공 이후의 삶에서나 가능한 것으로 생각합니다. 그런 점에서 최소한의 여유를 만들어 내는 것은 굉장히 중요합니다.

제가 아는 한 장애인 친구는 조금이라도 여유가 생기면 동료 장애인에게 봉사하고 나누며 시간을 보냅니다. 그 조금의 여유와 기회가 없다는 것이 냉혹한 현실이지만, 아주 작은 여유가 더 많은 기여와 나눔, 봉사로 나타난다는 것을 알고 저는 놀랐습니다. 그러나 녹록지 않은 일상과 적은 자원, 기회조차도 없는 상황 등이 그들을 침울하게 만들고, 성공한 미래 이후에 해야 할 목록으로 만들어 버립니다. 그런데 도움을 받는 소수자는 도움을 주는 데 인색하지 않고 자신의 삶의 의미를 남에게 도움을 주는 데 두는 것을 종종 발견합니다.

텔레비전에서는 성공한 소수자의 이미지와 영상을 발신합니다. 그 영상은 소수자가 선택할 수 있는 경우의 수는 성공했을 때에만 있을 수 있다고 강변합니다. 그러나 소수자가 진정으로 선택할 수 있는 경우의 수는 사랑과 정동이 만든 특이점뿐입니다. 이를테면 노숙생활에 직면했을 때, 지원 시설, 샤워실, 무료 밥차, 노숙인 잡지 등은 모두 사랑과 정동의 특이점으로 설립된 것들일 뿐입니다. 그래서 노숙인이 선택할 수 있는 경우의 수를 갖는 것입니다. 그러나 성공주의는 정작 소수자가 선택할 경우의 수를 늘리지 못한 채, 개인의 노력과 행동으로만 기득권에 진입할 수 있다는 신화를 만들어 냅니다. 요행히도 성공한 몇몇 사람이 있을 수는 있습니다. 그러나 소수자 누구나가 선택할 수 있는 경우의 수 중 하나를 만드는 이는 유명한 사람, 성공한 사람이 아니라 이 사회의 밑바닥에서 노력하는 보이지 않는 실천가입니다. 그렇기 때문에 소수의 성공한 사람이 아니라 보이지 않는 많은 사람의 노력이 더 중요합니다.

지각불가능하게 되기, 우주의 먼지 되기

성공주의의 반대편에는 이 사회의 보이지 않는 영역에서 노력하는 사람이 있습니다. 요전 날 만원 지하철을 탄 적이 있습니다. 평소에 만원 지하철을 탈 일이 별로 없었는데 그날 따라 컨디션이 좋지 않은 터라 식은땀을 흘리며 제자리에서 꼼짝할 수 없어서 고생했지요. 그런데 옆 사람이 슬쩍 몸을 비켜 저에게 손잡이를 잡을 수 있게 공간을 만들어 주는 겁니다. 아주 미세한 배려 때문에 불안하지 않게 지하철을 잘 타고 왔습니다. 이처럼 보이지 않는 배려의 공동체는 불쑥 생겨나고 갑자기 사라집니다. 사랑도 이런 것일 수 있습니다. 자신의 이름을 알리지 않은 채, 자신의 얼굴을 알리지 않은 채, 자신의 명예를 바라지 않은 채 보이지 않는 사랑이 곳곳에서 생성되고 사라집니다.

이 사회에는 보이지 않는 영역에서 살아가는 사람이 많습니다. 아파트 경비원, 택배 기사, 콜센터 상담사, 치킨 배달 청년, 환경미화원 아주머니 등이 그들입니다. 그들은 보이지 않는 영역에서 일하고 살아가면서도 매사에 최선을 다합니다. 그들은 성공을 위해서 일하는 것이 아니라 고객과 손님이 만족을 느끼는 데 의미를 두고 적은 소득에도 묵묵히 일합니다. 특히 이들이 직면하는 감정노동의 상황은 이들의 삶과 존엄성, 자존감에 많은 상처를 주기도 합니다. 저희 아파트에도 경비 아저씨가 계시는데 아파트 경비실에는 에어컨도 난방시설도 없습니다. 묵묵히 일하시는 경비 아저씨가 정작 자신은 극단적으로 춥고 덥게 살아간다는 사실에 내내 마음이 아팠습니다. 저는 이 사회의 보이지 않은 영역에서 활동하고 일하는 많은 사람의 면면에 주목합니다. 성공을 위해서 살아가지 않는 사람들이지만, 무척 열심히 노력하고 생명력과 활력을 발휘하면서 살아가고 있습니다.

사랑의 궁극은 우주의 먼지가 되는 것, 들뢰즈와 가타리 식으로 말하자면 지각불가능하게 되기라고 할 수 있습니다. 들뢰즈와 가타리의 지각불가능하게 되기는 투명인간 되기 라고도 불립니다. 공동체에는 투명인간이 많습니다. 공동체 의 자리에서 박수를 치고, 병풍 역할도 하고, 추임새를 놓는 역할도 하는 많은 사람입니다. 자신을 내세우거나 알리지 않 고 조용히 자리를 잡고 마치 투명인간처럼 존재하지만, 그들 의 비중은 이루 말로 헤아릴 수 없습니다. 투명인간이 된다 는 것은 삶과 실존의 의미이기도 합니다. 저는 고3 때 홀연 히 떠나간 친구를 이따금 생각하는데, 그 친구가 제게 남긴 것이 무엇일까를 생각해 보기도 합니다. 기억, 추억, 감정, 사 랑, 우정 같은 보이지 않지만 저에게는 중요한 요소만이 남 아 있지요. 그래서 어쩌면 우리의 실존과 삶의 의미는 지각 불가능한 것과 관련되어 있다는 생각이 듭니다.

이 사회의 낮은 곳에서 보이지 않는 선행을 하는 많은 사 람처럼, 자신을 알리지 않고 봉사와 선행과 나눔을 하는 사 람이 참 많습니다. 그런가 하면 한편에서는 SNS에서 자신을 뽐내고 자신을 내세우는 문화도 활성화되어 있습니다. 저 역 시 부끄럽게도 책이 한 권 나오면 소개하고 홍보하기는 했 습니다. 하지만 많은 사람의 일상사와 삶의 여정, 생각의 경 로는 내세우고 뽐내기 위한 것이 아니라, 서로 연대하고 공 감하는 데 있다는 것을 발견했습니다.

더 나아가 보이지 않는 사랑을 실천한다는 것은 무엇일까요? 제가 어릴 때 아버지 사업이 부도가 나자 어느 날 문득 찾아와 이름을 알리지 않고 감자 포대를 놓고 간 이웃이 기억납니다. 그 기억 속에서 사랑의 궁극, 우주의 먼지가 되는 용기 있는 사랑의 행동을 상상해 봅니다.

무한 속도를 즐기면
어떤 일이 생길까

무한 속도에 몸을 싣고

그때 아내가 몹시 아팠습니다. 그 전날 직장 회식 이후 술병이 난 것 같았습니다. 끙끙 앓고 있는 아내를 보고 있노라니 미안한 마음도 들고 측은한 마음도 들었지요. 당시 아내는 야근과 특근, 아침 7시 출근과 저녁 9시 퇴근을 밥 먹듯이 했습니다. 일상은 마치 꾸르륵거리며 돌아가는 거대한 수레바퀴 같았습니다. 저와 아내는 매일 일과를 끝내면 녹초가 되어서 자연스럽게 대화도 줄어들었습니다. 겨우겨우 하루를 시작하고 끝냈지요. 아내는 5시 기상, 저는 6시 기상을 하고, 순식간에 회사로 달려가고, 일을 하고, 퇴근하고, 운이 좋으면 저녁 9시쯤에나 얼굴을 볼 수 있었습니다. 그 모든 것이 한여름 밤의 꿈 같았습니다.

그때 일상은 마치 총알 탄 사람의 순간이었습니다. 일처리를 빨리 하고, 다른 곳으로 가서 또 다른 일을 처리하고 그렇게 속도를 내면서 달려갔죠. 그러나 끙끙 앓는 아내를 보니, 이렇게 속도를 내고 달려가다가는 무슨 일이라도 생기겠다는 불안감이 밀려왔습니다. 특히 아내는 직장 스트레스를 동료와 함께 술자리로 풀었고, 저는 점점 이러다가 아내가 몹쓸 병이라도 걸리면 어쩌나 하는 걱정이 들었지요. 술 취한 목소리로 데리러 와 달라고 전화할 때도 많았습니다.

"나 길을 잃었어. 영등포역 근방에서 찾아봐, 나하하."

그래서 역 근방 술집을 헤매고 돌아다니다가 골목에서 토악질을 하는 아내를 발견하기도 했습니다. 정말 이러다가는 안 될 것 같았습니다.

그날은 토요일 아침이었습니다. 웬 새 한 마리가 저희 아파트에 찾아와서 울고 있었고, 풀벌레 소리가 사방에서 들려왔습니다. 간혹 길냥이들이 울어대며 정적을 깨기도 했습니다. 아내와 오랜만에 둘 다 일이 없어서 조용히 마태차를 마시고 있었습니다. 땀이 송골송골 이마에 맺혔지만, 색다른 시간의 지평선 위에 선 것만 같았습니다. 저는 조용히 아내에게 물었습니다.

"이제 직장을 그만둬야 하지 않을까?"

아내는 종종 직장 내 트러블, 꼬인 인간관계와 스트레스 등을 얘기했습니다. 그리고 마침표를 찍을 시점이 다가왔다는 것을 둘 다 느꼈습니다. 만일 속도를 더 낸다면 우리 두 사람의 역량으로는 더 이상 버틸 수 없다는 걸 안 것이지요.

주변 사람을 풍경으로 보는 사람들

사실 성공하겠다고, 부자가 되겠다고 나선 사람들이 주위에 참 많습니다. 그런 사람들은 무한 속도를 즐기는 사람들처럼 요행히도 혹은 주변 사람을 넘어서서 성공의 사다리 위로 달려갔습니다. 그 이후에 그 사람들의 소식은 들리지 않았습니다. 무소식이 희소식이라고는 하지만, 나중에 소문을 듣고 보면 비극적인 결말도 참 많았습니다. 잘 생각해 보면 무한 속도를 내던 그 사람들은 성공의 미래를 향해 가는데, 주변 사람들은 지나치는 풍경으로 간주했습니다. 저는 그 사람들이 대화할 여유도 찾지 못하고, 교류와 교감을 멀리하고 속도를 내는 것을 멀리서 지켜보았습니다. 그러다 보니 일 년에 한 번 만나기도 어려웠습니다. 문제는 그들이 왜 그렇게 앞으로앞으로 달려가야 하는지 그 이유도 불명확하다는 점입니다. 이를테면 제가 무작정 줄달음치는 사람들을 만나서 왜 그렇게 달려가느냐고 물어 보면, 열의 아홉은 우물쭈물하면서 이유를 잘 얘기하지 못합니다. 그저 이유 없이 달려가는 셈이지요. 바로 그들, 성공을 쫓는 사람들은 옆에 있는 사람을 뻔하게 보거나, 성공한 미래 이후에나 만날 사람이거나, 바쁘게 움직여야 하니 다음에 만날 사람으로 보기도 합니다. 그리고 그런 무한 속도의 삶을 즐기는 것 같기도 합니다. 그런 속도에 몸을 싣다 보면 다른 사람과 차를 마시거나 밥을 먹거나 대화를 하는 등의 행동을 정말로 비효율적이라고 느낄 수 있습니다. 그래서 약속이 있다, 일이 있다, 바쁘다 하면서 만남을 미루다 보면 몇 년 후에나 만나게 되지요.

저 역시 한때는 속도를 내는 삶과 그리 멀지 않았습니다. 직장에 다니면서 그 생활을 잘 알고 있었습니다. 통속적인 삶의 양식에 불과하지만, 그 과정에서 느끼는 스릴이나 쾌감은 상당한 것이지요. 속도 이외에는 자신의 정체성을 찾을 수 없을 때, 사람은 점점 숨이 턱턱 막히는 속도의 상황을 거쳐서 속도가 주는 일종의 마약 같은 즐거움과 쾌락으로 향하기도 합니다. 이른바 일중독이 거기에서 발생합니다. 그리고 알 수 없는 자기계발, 성공학, 심리학, 처세술의 논리가 수사어구처럼 따라붙지요. 그러나 속도를 내는 삶은 의미와 무의미, 삶과 죽음의 경계마저도 주파하는 경향이 있습니다. 그래서 삶을 살아가는 이유와 의미를 삶 자체에서 찾는 것이 아니라 속도 자체에서 찾기도 합니다.

효율적이고 속도감 있는 삶을 추구하다 보면 공동체와 이웃, 가족을 잉여현실이나 군더더기로 바라보게 됩니다. 그래서 정신없이 뛰어다니다 정신을 차려 보면 혼자가 된 자신을 발견하기도 합니다. 하지만 사실 공동체에서 이루어지는 일은 대부분 그런 비효율, 느림, 잉여현실과 군더더기에서 비롯합니다. 답답하게도 공동체 회의에서 다수결이 아닌 전원합의제 형태를 추구하기도 하고, 비판적이고 효율적인 대화보다는 공감적인 대화를 추구하기도 합니다. 심지어 느린 달팽이가 기어가듯 진행되는 공동체 회의에 참여하다 보면, 종종 서로 딴소리를 하면서도 묘한 공감대를 형성하기도 합니다. 그것이 배치와 관계망을 자신의 준거좌표로 삼기 때문에 서로 다른 이야기를 해도 일관된 대화의 방향을 향하는 것이겠지요. 들뢰즈와 가타리는 서로 딴소리를 하면서도 일관성을 갖고 진행되는 배치와 판을 일관성의 구도(plan of consistence)라고 말합니다. 사실 이런 대화법은 속도와 효율을 추구하는 사람들이 도저히 받아들일 수 없는 것이 분명합니다.

느림과 여백의 판짜기

사실 제가 집에서 연구실까지 걸어서 가는 한 시간은 아주 익숙한 길이라서 10분 정도로 아주 짧게 느낄 때가 많습니다. 익숙하여 뻔하다는 생각이 들면 시간이 굉장히 단축되며 의미도 발생하지 않습니다. 그래서 재촉하면서 길을 걷게 됩니다. 그러나 요전 날 좀 다른 길로 연구실에 걸어와 보니 시간이 굉장히 길고 느리다고 느꼈습니다. 익숙하지 않고 색다른 길에 들어서면 시간이 느리게 가고, 끊임없이 주변 상황에 신경 쓰게 됩니다. 40대 중반 이후에 느끼는 삶의 시간은 일 년이 마치 한 달 같습니다. 시간이 굉장히 빠르게 지나갑니다. 더욱이 그런 상황에서 만약 속도와 효율성을 추구한다면 시간은 더 빨라질 것입니다. 저는 그게 두려웠습니다. 인생을 속도와 효율이 스쳐 지나가는 무의미한 것으로 만들기 싫었습니다. 그래서 대대적인 감속을 감행했지요.

엄청난 감속은 아침에 한 번 아내와 커피를 마시는 시간 동안 도란도란 나누는 하루의 계획이나 사람 사는 이야기를 공유하는 과정에서 이루어졌습니다. 그리고 또 다른 엄청난 감속은 저녁에 모든 일을 마치고 뒤풀이 겸 차가운 물이나 술, 차를 앞에 두고 나누는 대화 속에서도 이루어졌습니다. 수많은 색다른 이야기가 오고갔습니다. 아내와 저는 우주와 원자, 지구생태계, 생명, 길냥이, 음식 등 여러 주제를 이야기했고, 그때마다 색다른 이야기를 나누면서 색다른 시간의 영역으로 들어갔습니다. 실로 엄청난 이완과 느림, 여백이 발생했습니다. 그 속에서 좋은 아이디어가 많이 생겨나기도 했지요. 둘이 마치 여행을 떠난 것처럼 느끼는 시간이었습니다. 작은 방에서 쉴 새 없이 먹고 마시고 대화하고 음악을 들으면서 하루를 시작하고 하루를 끝낸다는 것은 늘 축제이며 파티인 삶을 사는 것과 같은 것이지요. 그래서 아내와 함께 불을 끄고 누워 있으면 다음 날이 기다려지고 설레기도 합니다.

그렇게 우리 부부는 속도와 효율을 넘어선 느림과 여백의 삶을 창안했습니다. 느림과 여백이 외부로부터 주어지던 시절은 끝났습니다. 이제 미시정치, 생활정치로 감속의 순간을 만들고, 감속의 공간을 만들고, 감속의 관계를 만들어야 합니다. 느림과 정지, 이야기, 음악이 있는 그런 자리를 만든다는 것은 실로 획기적인 효과를 낳습니다. 제가 하루 종일 읽은 책 이야기며, 사람들과의 우여곡절 등을 소재로 대화하다 보면 끝없는 이야기가 꼬리에 꼬리를 물면서 시간이 지나갑니다. 방문을 닫고 대화하다가 음식을 데우고 있었다는 것을 깜빡 잊고 냄비를 태운 적도 많습니다. 그래도 재미있기만 했습니다. 한 시간, 두 시간, 세 시간을 넘기며 대화를 하다 보니 미지의 영역에 여행을 다녀온 기분이 들었지요. 사실 〈철학공방 별난〉이라는 연구실 역시 우리 부부가 만든 공동체입니다. 둘이서 공동체에 희망을 갖게 되면서 많은 이야기와 많은 사람이 접속했던 셈이지요. 끝없는 이야기, 아이디어의 끝없는 발생, 상대방에 대한 끝없는 재발견, 느림과 여백의 감속이 있는 시간, 그것이 〈철학공방 별난〉의 특징이지요.

자동차를 버리지 못한 삶

학교에 수업하러 갈 때, 특강을 하러 지방에 내려갈 때, 부모 님 모시고 병원을 다녀올 때, 아내 고향집에 내려갈 때 필요 한 것이 자동차입니다. 한때 저도 자동차를 없애고 걸어 다 니거나 대중교통을 이용해 다니기도 했습니다. 아내와 함께 이런저런 얘기를 도란도란하면서 걸으니까 재미도 있고 운 동도 되니까 좋았지요. 그러나 최근 우리는 다시 자동차를 타기 시작했습니다. 도저히 걸을 수 없을 정도로 미세먼지가 심각했기 때문입니다. 그러자 아내와 대화하는 시간이 매우 줄어들고, 운동량도 적어서 활력을 잃은 상황이 전개되었습 니다. 안개 같은 미세먼지 속에서 우리는 우울하고 침울하게 승용차를 탔습니다. 혹시 차선을 무시하고 끼어드는 자동차 라도 있으면 예민해져서 화를 내고 욕을 하기도 했습니다.

걸어 다니면서 얻는 부수적인 효과는 대형마트를 가지 않 고 시장이나 슈퍼에 들러서 장을 보는 것입니다. 아내가 이 따금 과자나 음료수를 사주는 것도 기쁘고 즐겁습니다. 같이 장을 본다는 것은 아내와 대화하는 기회이기도 하지요. 장을 보면서 일주일 동안 먹고 마실 음식을 선택하고 고르고 따 져 보는 것이 그리 나쁘지 않습니다. 반면 자동차를 몰고 마 트에 가면 저는 계산대 밖에서 아내를 기다리고, 아내가 무 엇을 구입하든 별다른 관심사가 아닙니다. 그러나 시장이나 슈퍼에서 장을 보면서부터는 저와 아내가 같이 고르고 음식재료나 채소에 대해서 얘기할 기회가 자연스럽게 많아졌습니다. 마트에서처럼 너무 많이 사서 쟁여 놓지 않으니 장을 보러 갈 기회는 더 많았습니다. 특히 제가 좋아하는 식재료를 고를 기회가 생기니 장을 보는 것이 꽤 재미있었지요. 게다가 자동차를 타고부터 인터넷주문이나 생산자직거래를 많이 하게 되면서 장 보러 가는 재미를 잃어버렸습니다. 저는 제가 좋아하는 음식을 주장하며 떼를 쓰던 재미도 사라져서 퇴근길이 조금 무겁고 침울하기도 합니다.

자동차를 타면서 생긴 가장 큰 변화는 관계에 대한 생각이 달라진다는 측면입니다. 속도를 내면서 내 앞길을 가로막는 모든 것과 전쟁을 벌일 준비가 되어 있는 사람이 운전자라는 생각이 듭니다. 평소에는 양보도 잘하던 사람이 자동차만 타면 어떤 양보도 없는 이기적인 사람이 되는 것을 느꼈습니다. 앞의 차가 주춤하거나 흐름을 끊으면 경적을 울리는 일도 많습니다. 어쩌면 인간관계를 치열한 속도경쟁의 일부로 보는 것이 자동차가 아닌가 하는 생각도 듭니다. 자동차를 타고 달린다는 것은 현존 문명의 통속적인 삶의 일부가 되는 것이 분명합니다. 이틀 전에도 앞 차가 너무 천천히 달려서 경적을 크게 울리고 보니까, 나이 많은 분이 조심운전을 하고 있었습니다. 사실 저는 운전면허가 없고 아내가 운전합니다. 운전할 때의 아내는 세상에서 신경이 가장 날카롭고 예민합니다. 그래서 저는 조용히 있게 되고, 점점 말수도 줄어듭니다. 그리고 단지 속도를 내기 위해서 아내와 저의 관계가 서먹해지는 감도 있습니다.

아련한 자전거의 기억과 따릉이

아내가 아직 직장을 다닐 때입니다. 무슨 바람이 불었는지 할 얘기가 있다며 일찍 퇴근했습니다.

"나 이거 타고 출근할 거야, 이거 뭔지 알지?"

아내가 보여 준 것은 빨간 자전거입니다. 사실 저는 사고 위험이나 자전거도로도 없는 상황이 생각나서 몹시 걱정했습니다. 아내의 위험한 곡예는 다음 날부터 시작됐습니다. 도로에서 뒤에 자동차들이 빨리 가고 싶어서 빵빵거려도 아내는 자기 페이스를 지키면서 자전거를 탔습니다. 위험한 사거리도 잘 지나쳤다고 합니다. 아내는 전 직원 중 유일하게 주차장에 자전거를 주차했었습니다. 그 뒤로 직장 사람들이 아내에게 건네는 가장 흔한 인사가 "요즘도 자전거 타고 다니냐?"는 것이었다고 합니다. 자전거는 아내에게 색다른 자극을 준 것이 분명합니다. 특별한 일이 없으면 자전거를 타고 산책을 나갔습니다. 그리고 땀에 흠뻑 젖은 옷을 입고 돌아왔습니다.

아내가 퇴직한 후, 저희는 함께 걸어서 연구실로 출근하는 일상을 보냈습니다. 아내가 자전거 한 대를 더 사서 같이 타고 다니자고 제안했지만, 저는 화들짝 놀라며 손사래를 쳤기 때문에 아내가 걸어 다니는 것으로 정리했습니다. 눈이 오나 비가 오나 태풍이 부나 우리는 걸어서 연구실에 출근했지요. 몇 년 후 어느 날인가 아파트 관리실에서 운행 안 하는 자전거를 처분하라는 방송을 했습니다. 저희 아파트 집 앞에 매어 놓은 빨간 자전거는 몇 년 사이에 먼지를 흠뻑 뒤집어쓴 채 낡아 있었습니다. 그래서 처분했지요. 아내는 자전거를 만지작거리면서 여러 가지 생각을 하는 눈치였습니다. 2년 정도 자전거를 타고 출근한 기억을 더듬어 보는 것 같았습니다. 그렇게 자전거 생활은 우리와 멀어졌습니다.

연구실을 문래동으로 옮긴 지 몇 년 후 이따금 걸어서 출근하다 거리에서 마주친 자전거가 바로 '따릉이'입니다. 서울시에서 하는 자전거공유사업인데, 젊은이들이 타고 다녀서 유심히 보았죠. 아내와 저는 자전거 얘기를 하면서 갑자기 활력이 생겨서 자전거에 대한 이런저런 기억을 끄집어내 얘기했습니다. 그러다 자전거를 소유할 수는 없지만, 따릉이를 타고 산책을 해 보자, 따릉이로 시장을 보자 등등의 아이디어를 내기까지 했습니다. 사실 저는 자전거에 대한 안 좋은 기억이 있습니다. 자전거를 처음 탔을 때 분명 동네 형이 뒤를 잡아 주겠다고 했는데, 한참 가다 보니 뒤에 아무도 없는 것입니다. 순간 화들짝 놀라 와당탕 넘어져서 무릎이 까졌는데, 그 형은 무엇이 재미있는지 시종일관 웃고 있었습니다. 결국 제가 탈 수 있게 된 것 아니냐는 것입니다. 그러나 저는 그것이 트라우마가 되어서 자전거를 타면 꼭 한 번씩 넘어집니다. 따릉이를 보니 자전거와 저의 추억이 떠올라서 미소를 짓게 되더군요.

아내와 따릉이를 타고 한강 둔치 자전거도로를 가 볼 생각입니다. 사실 자전거는 수많은 상상을 하게 합니다. 자전거의 발명은 자동차 발명보다 역사가 길다고 합니다. 그래서 저는 '자전거의 철학-두 바퀴 인류학 보고서'라는 책을 기획한 적도 있습니다. 물론 아직 아이디어로만 남아 있지만, 본격적인 자전거 철학을 써 보고 싶습니다. 주로 목적합리성과 같이 출발지와 도착지 이외에는 과정과 경로를 무시하며 속도와 효율을 추구하는 자동차 생활이 아니라 지나치는 골목이나 거리와 분리되지 않고 일체화하는 자전거의 속도를 탐색하는 것입니다. 어쩌면 우리 시대는 자전거 속도 이상의 속도에 대해서 한번 의심해 봐야 할 시점이라고 봅니다. 동시에 4차 산업혁명이다 뭐다 하면서 인간에 대해서 회의하는 움직임이 본격화하는 시점에서 인력에너지, 인간공학, 인간이라는 특이점을 재발견할 가능성이 자전거에 담겨 있지 않나 생각합니다. 더구나 자전거는 인간에게 어울리는 적정기술이기도 하지요.

자전거 페달을 밟는 반복운동이 건강에 미치는 영향 등도 함께 쓰려고 합니다. 물론 쓴다고 해 놓고 여전히 첫 페이지를 넘기지 못하고 있습니다. 도시를 지도로 그리는 것처럼 횡단하는 자전거, 정말 상상과 아이디어가 많이 떠오르는 색다른 속도, 대안적인 속도에 대한 탐색이 될 것입니다. 그런 점에서 저는 무한 속도가 아닌 유한 속도, 느림과 여백을 횡단하는 속도를 자전거에서 발견합니다. 무한 속도는 폐허를 남기고 소외를 만들고 무의미를 만드는 삶의 방식입니다. 그래서 저는 속도 무제한의 문명에 의문을 품고 인간에게 어울리는 속도, 즉 느림과 여백이 있는 속도가 생활세계를 재건할 것이라고 전망합니다. 그것이 뚜벅이일 수도 있고, 자전거일 수도 있으며, 대중교통일 수도 있겠지요. 희망적이게도 우리는 아직 속도를 제어할 수 있습니다.

작은 행복은
어디에 있을까

아깽이 모모가 던져 준 작은 행복

첫 만남은 같은 건물 2층에 있는 공방 〈모람〉 분들이 옆집 지붕 위에서 아깽이가 온종일 울고 있다고 저희에게 알려 주면서 시작되었습니다. 저희는 근처에 엄마고양이가 있을 테니 걱정하지 말라고 말하고 돌아섰지요. 그리고 다음 날 역시 같은 건물에 있는 〈모아다방〉 사장님이 심각한 얼굴로 저희 〈별난〉의 문을 두드렸습니다. 어제 옆집 지붕 위에 있던 아깽이가 오늘은 우리 건물 앞에 버려져 있는데, 병들고 배고파 보여서 일단 사료라도 주어야 할 것 같으니 고양이 사료를 좀 나눠 달라는 것입니다. 그제야 보통 일이 아니라는 것을 느꼈습니다. 달려가서 보니 한 주먹도 안 되는 아기 고양이가 눈은 다 곪아서 고름으로 덮여 있고, 항문에는 커다란 똥이 막혀 있는 상태로 끊임없이 울고 있었습니다. 곧 죽을 것만 같았습니다. 저희는 부랴부랴 연구실로 데려와서 밥을 먹이고, 바로 동물병원으로 향했지요. 수의사 선생님도 역시 위급한 상황이 찾아올 수 있다고 말했습니다. 그리고 한 달 반 동안 오줌이 막혀서 위급한 상황, 변비 때문에 밥을 안 먹어서 영양실조에 걸린 위급한 상황이 수차례나 지속되었습니다. 깡말라서 울지도 못한 채 누워 있는 아깽이에게 아내는 분유를 먹이고 약을 먹이고 배를 쓰다듬기를 반복했습니다. 전혀 보이지 않던 눈은 조금씩 나아져서 70~80퍼센트 정도 시력은 회복했지만, 거대결장이 올 정도의 심각한 변비는 아깽이에게 큰 고통을 주었지요. 아내는 단호박을 삶아 먹이고, 건조한 채소를 가루를 내어 먹였습니다.

그러던 어느 날 아침 아깽이가 엄청나게 많은 똥을 누더니, 그날부터 마법처럼 나아져 장난을 치며 발라당을 하는 것입니다. 아내의 미소는 입이 귀에 걸릴 정도였습니다. 아깽이가 똥과 오줌을 싸면 아내는 보물 다루듯이 기뻐했는데, 물어보니 똥과 오줌, 사료 등을 먹고 싶을 지경이라는 겁니다. 아깽이가 놀고 뛰어 다니면서 우리 부부는 정말 행복했습니다. 아깽이의 이름은, 최초의 발견자들인 〈모아다방〉과 〈모람〉의 첫 글자를 따서 '모모'라고 지었습니다. 그때부터 모모는 우리 연구실의 귀염둥이가 되고, 마스코트가 되고, 막내가 되었습니다. 엄청난 에너자이저로 뛰어 다니고, 다른 고양이에게 계속 장난을 걸고, 컴퓨터 자판이며 식탁에 올라와서 뛰어다니고, 정신이 없지만 그만한 행복이 있을 수 있을까 하는 생각도 들었습니다. 모모를 보면서 어쩌면 모모가 내일 죽을지도 모른다는 두려움에 걸음이 무겁던 퇴근길은 이제 내일 같이 놀고 싶어서 설레는 퇴근길로 바뀌었습니다. 행복은 작은 생명으로부터도 찾아왔습니다. 지금 연구실에서는 모모라는 고양이의 재롱과 장난에 한판 난장이 벌어지는 중입니다.

작은 행복은 도처에

중학교 입학식 날이었습니다. 저는 같은 반 아이들과 인사를 하고, 실내화를 사고, 가족과 함께 중국요릿집에 갔습니다. 짜장면 한 그릇을 뚝딱 먹어 치우고 집으로 돌아와서 새 공책에 이름을 쓰고 새 교과서를 읽었습니다. 어려운 수학 교과서며, 알 수 없는 과학 교과서, 난해한 영어 교과서 등이 저에게는 새로운 세상과 접속하는 것처럼 신기하고 새로웠습니다. 그리고 처음으로 제 공부방도 생겼습니다. 저는 입학식 하루 동안 섬광과도 같은 작은 행복을 느꼈습니다. 그 일련의 과정이 제 삶에서는 굉장한 전율로 다가왔으니까요.

새로 산 공책, 새로 산 샤프펜슬, 새로 산 운동화, 이 모든 것이 행복을 이루는 오브제였지요. 그날 밤 다음 날 등교할 생각에 설레어 잠이 안 오는 겁니다. 약간 흥분하고 기뻐서였을지도 모릅니다.

장면이 바뀌어, 이번에는 대학원에서 학위논문을 마치고 맞는 졸업식이었습니다. 졸업식 옷을 입고 부모님과 아내와 함께 사진을 찍고 교정에서 시간을 보냈지요. 사실 저에게는 긴 공부의 과정에 하나의 마침표를 찍었다는 의미에서 행복한 순간이었습니다. 대학원 과정 동안 끝도 없는 발제와 논문 준비, 책 읽기 등으로 10여 년을 보냈습니다. 사실 으리으리하게 무엇이 되겠다는 생각이 저에게는 없었습니다. 교수라는 그럴듯한 직업은 아예 관심 밖이었지요. 그저 다른 연구자들처럼 열심히 연구하고 공부하고 책 쓰고 생활하고 의미 있는 일을 하는 것이 꿈이었습니다. 졸업식 다음 날에도 저는 전날과 마찬가지로 열심히 책을 썼습니다. 생태주의 사상을 개괄하겠다는 목표의식이 있었지만, 사실은 연구실 주변의 나비며 꽃이며 길냥이에 대한 관심이 더 많았습니다. 공부하고 글 쓰다 낮잠을 자면 그렇게 편안할 수가 없습니다. 연구를 핑계로 한량같이 살아가는 삶이 지속되었습니다. 낮잠은 꿀맛 같고, 삶은 천천히 느리게 진행되었지요. 그리고 아내가 직장을 그만둔 이후 아내 역시 천천히 공부하고 토론하고 살아가는 연구실 생활에 적응했습니다.

아내와 저는 서로의 옆에서 다닥다닥 자판을 치면서 리듬과 화음이 되는 앙상블이었습니다. 조용하고 차분하며 평화로운 일상의 작은 행복이 서로에게 좋은 영향을 주었습니다. 프로젝트가 끝나거나 책 한 권을 다 쓰거나, 특강을 마치면 우리는 밤늦도록 술을 주거니 받거니 하면서 시간을 보냈습니다. 사실 저는 술을 안 마신 지 7년 정도 되어서 무알코올 맥주를 마시지만 말입니다. 소주를 좋아하는 술꾼 아내를 위해 건배 정도 해 주려는 마음에 마시기 시작한 무알코올 맥주에 이젠 살짝 취기가 돌 정도입니다. 분위기에 취하고, 사람에 취하고, 기념할 일에 취해 잠에 들면 행복한 꿈을 많이 꿉니다. 그렇게 저희 나름으로 리듬과 화음을 이루며 살아가는 자체에서 작은 행복을 찾았습니다.

시간은 무척 빠르게 지나갔습니다. 졸업한 지 벌써 8년이 되었으니까요. 저희의 작은 공동체가 갖고 있는 행복의 정동과 감정은 많은 사람에게 전염효과를 발휘했지요. 그동안 할 일이 굉장히 많았고, 처리할 일도 많았습니다. 그러나 그런 일들이 끝났을 때의 작은 행복을 잘 알기 때문에 끊임없이 아내와 술자리를 만들 건수를 만들 요량으로 열심히 일했지요. 천상병 시인의 시구詩句처럼 인생을 소풍처럼 즐기다 갈 생각입니다.

요즘 아내와 저는 더 미세해지고 작은 행복에 민감해졌습니다. "연대할수록 달라져야 한다"는 프랑스 심리치료사 펠릭스 가타리의 말처럼 "사랑할수록 달라져야 한다"는 말이 우리에게 어울릴 것입니다. 마치 프랑스 철학자 들뢰즈의 주름이라는 개념처럼 서로를 사랑할수록 주름이 미세해지고 차이가 미세해지는 느낌입니다. 이런 질문도 있습니다.

"자신과 같은 사람에게 매력을 느끼는가? 자신과 다른 사람에게 매력을 느끼는가?"

가끔 제가 강의실에서 물어보면, 학생들은 대부분 의견이 양편으로 팽팽히 갈립니다. 저는 다름에 대해서 더 매력을 느끼는 사람이라는 생각도 듭니다. 다름이라는 것이 모순과 적대, 차별의 다름이 아니라 공동체, 생태계, 다양성의 다름입니다. 다르기 때문에 풍부해지고 다양해지고 충만해지는 것이지요. 서로의 차이와 주름을 재발견하는 것, 들뢰즈의 발견주의의 의미는 잠재성으로서의 주름의 지절을 더 늘려 나가는 사랑이라는 마법과도 같은 인생의 항로를 따라가는 것이 아닌가 합니다. 그래서 우리가 점점 얼굴에 주름이 많아지는 것인지도 모르겠습니다.

큰일보다 작은 일에 행복을

연구실에서 하루 종일 생활하다 보면 작은 행복을 느낄 만한 일들이 많습니다. 저희는 범위한정기술이라는 방법에 따라 삶의 영토를 극도로 축소하고, 외부의 소식이나 영향을 최소화했습니다. 범위한정기술은 현상학에서는 생활세계라는 개념으로도 나타나는데, 앎과 지각을 성립시키기 위해서 일단은 삶의 범위를 한정하는 것이 우선순위라는 인식의 기법입니다. 이전에는 세상 소식이나 지구촌 소식, 과학기술의 발전 등 저의 삶과는 전혀 상관없는 정보성 대화가 많았지만, 이제는 연구실 고양이 이야기며, 아내의 일상사며, 저의 연구과제 이야기 등 저희 두 사람의 삶과 관련된 이야기가 주를 이루게 되었지요. 사실 어쩌면 정보성 대화는 삶과는 무관한 이야기들인지라 듣거나 말할 때는 재미있지만, 사실은 삶에 큰 영향을 주지 못하는 것이 대부분입니다. 대신 연구실이라는 생활반경으로 한정된 영역에서 나누는 이야기는 굉장히 풍성하고 다양하고 삶과 직접 상관이 있습니다. 요리나 발효, 뜸, 수지침 등 생활의 지혜라고 할 수 있는 중요한 팁, 고양이가 좋아하는 캣글라스 키우는 이야기, 어제 쓰던 책에서 재미있던 구절, 세미나에서 만난 사람들의 특이한 이야기들, 연구실 고양이들의 일상사, 가족과 친구에 관련된 사건 등이 저희 두 사람의 이야깃거리고, 우리의 앎=삶=함의 범위는 작은 영토에서 이루어졌습니다.

어떤 사람은 작은 행복이 찾아오는 이유를 궁금해합니다. 삶이 비루하고 뻔하기 때문에 같은 장소에서 여러 시간 앉아 있으면 답답하지 않느냐는 것입니다. 사실 제가 삶에서 느낀 부분은 우리의 작은 욕망이 우주, 생명, 자연의 방향성과 일치하는 순간에 느끼는 것이 바로 행복이지 않나 하는 생각입니다. 근대철학자 스피노자에게는 '영원성'이라는 개념이 그것이지요. 즉, 자신의 욕망이 타인의 욕망과 어우러질 수 있는 공감대를 형성하고, 자신의 욕망이 생명의 욕망과 합일되고, 자신의 신체변용과 욕망이 우주와 자연의 변용과정과 일치함을 느낄 때 영원성이라는 합일의 순간이 찾아옵니다. 그리고 스피노자가 말한 지복, 즉 행복이 찾아오지요. 제가 느끼기에는 그것이 작은 행복이냐 큰 행복이냐는 것은 그렇게 중요한 문제는 아니라는 사실입니다. 이를테면 고양이가 울어 대서 찾아가 물을 먹이고 밥을 먹이고 화장실을 비워 주고 그런 다음 고양이가 배를 보이고 발라당하면서 좋아하면 작은 행복이 슬며시 찾아옵니다. 고양이의 욕망과 저의 배려와 욕망이 합일되는 순간이기 때문입니다.

저의 작은 세계를 마련해 놓고 그 속에서 작은 일들의 변화를 관찰하는 것은 굉장히 흥미로운 습관입니다. 물론 발견주의를 통해서 생활 속 작은 행복을 느끼는 일에는 분명 한계가 있습니다. 대신 더 큰 공동체와 접촉하고, 그 안에서 판을 짜고, 배치와 관계망을 형성하고, 반복을 설립하는 등의 구성주의가 작은 행복에서 필수적인 것도 사실입니다. 들뢰즈의 발견주의와 가타리의 구성주의가 오묘한 조화를 이루는 앙상블인 것은 사실입니다. 그러나 저는 가타리의 구성주의가 우리 시대에서 갈수록 더 절실해지고 있다는 점을 느낍니다.

행복은 외부에서 우발적으로 찾아오지 않습니다. 대신 우리가 만든 배치와 관계망에서 만들어지고 생성되고 창조됩니다. 그러한 배치와 관계망은 우리 자신의 욕망, 즉 우리 안의 생명과 자연을 자연스럽게 수용하고 조우하는 질서이기도 합니다. 그런 점에서 작은 행복은 미세하고 다양한 욕망이 어우러져서 만들어지는 특이점입니다. 그렇기 때문에 저는 큰 행복을 기다리는 것이 아니라 작은 행복을 만들어 내는 데 노력해 왔다는 점을 제 자신의 삶의 여정에서 재발견합니다.

행복을 뒤로 미루지 말자

행복을 뒤로 미루는 사람의 특징은 오늘을, 바로 현재를 살지 않는다는 점입니다. 지금-여기의 현실을 나중으로 미루고 더더군다나 그것을 미래에 도래할 목표로까지 생각하는 사람이 있습니다. 물론 작은 행복이 만들어지거나 찾아온 순간도 더러 있겠지만, 더 큰 행복과 목표에 종속시켜 버려 작은 행복쯤은 아무 일도 아니라는 듯이 지나쳐 버리는 경우가 그것입니다. 그러나 작은 행복의 순간에 감정 표현을 하고, 그것을 공유하고, 삶의 의미와 기억의 계기도 만드는 것이 중요합니다. 큰 기대치를 가진 사람은 작은 행복 정도야

별거 아니라는 듯이 지나치고 무시해 버립니다. 이를테면 제 아내는 고양이들이 똥과 오줌만 잘 싸도 환한 미소를 지으며 기뻐하고 행복해합니다. 저는 하루에 쓸 분량의 글을 마무리하고 저녁 때 퇴근하면서 작은 행복을 느낍니다. 또한 아내와 제가 잠들기 전에 도란도란 얘기하다 보면 내일이 기다려지고 행복한 꿈을 꾸게 됩니다. 생각해 보면 작은 행복은 소득이나 명예, 재산, 부, 지위와는 무관한 것 같습니다. 작은 행복은 교감하고 교류하고 공감하는 일련의 삶의 영토에서의 정동이자 감정인 셈이지요.

후배나 제자 가운데 작은 행복에서 희망과 꿈을 찾지 못하고, 큰 목표에 연연하다가 좌절과 비애, 침울함으로 살아가는 친구가 있습니다. 그들 대부분이 어떤 큰 목표를 성취하기 위해서 현재의 시간을 회수하고, 현재의 욕망과 삶을 뒤로 미룬 경우입니다. 힘들고 지쳐서 연락한 후배의 전화를 듣다 보면, 고독하고 외로운 삶인데도 동시에 차도남 스타일의 삶을 좋아하는 친구들이 많다는 점을 느낍니다. 그런 양가적인 측면이 특이하기도 했지요. 작은 행복은 각박하고 바쁜 일상 중에 시원한 사이다처럼 쿨한 만남으로 찾아온다고 생각할 수도 있지만, 삶의 작은 영토에서 이루어지는 내 안의 생명과 자연에 주목할 필요가 있다는 생각도 듭니다. 이를테면 식물과 동물, 자연과 어우러져 자신 안의 생명과 자연인 욕망이 합일되는 것도 가능하다고 전망해 봅니다. 자신

의 욕망을 억제하는 것은 결국 작은 행복을 억압하는 결과
를 낳겠지요. 그렇게 되면 외롭고 고달픈 삶이 지속될 수밖
에 없지요.

자신의 삶과 일상의 작은 행복을 뒤로 미루면 마치 큰 행
복이 '짠' 하고 나타날 것만 같습니다. 그리고 무언가의 해방
과 혁명을 꿈꾸는 열렬한 활동가도, 작은 행복을 포기하고
앞으로 도래할 큰 행복의 이상향을 쫓는 이도 종종 보입니
다. 그리고 작은 행복을 마치 비루한 일상이 갖는 스토리나
소시민의 행복으로만 여기는 경우도 있죠. 그러나 큰 행복은
더 이상 도래하지 않는 사건일지도 모릅니다. 기다림은 부질
없는 믿음의 알리바이에 불과할지도 모르지요. 어떤 이론가
는 논증과 추론능력을 통해서 큰 행복이 결국 찾아올 수밖
에 없다는 유토피아 이론이나 과학적인 합법칙성임을 증명
하고 그 자체에서 행복을 느끼기도 합니다. 그러나 큰 행복
을 위해서 작은 행복을 만들고 발견하는 것을 뒤로 미루면
결국 자신의 실존이나 삶의 영토, 생활세계는 굉장히 축소되
고 쪼그라들 겁니다. 그래서 똑딱거리는 비루한 일상을 언
제 벗어나고 도주할지를 가늠하는 삶이 되어 버립니다. 그러
나 주위를 둘러보고 자신을 구성하는 많은 사람을 둘러보면
작은 행복은 언제든 가능하고, 이미 가까이에서 여러 색깔과
화음으로 도처에서 발아하고 있는 지금-여기의 사건임을
알 수 있게 됩니다. 그리고 우리는 작은 행복이라는 우주, 생

명, 자연과 합일하는 순간을 통해서 영원해질 수 있는 것입
니다.

날마다 파티를!

파티가 따로 있나요? 밥 한 끼도 파티고, 간식시간도 파티
며, 차나 하다못해 물 한 잔 마시는 시간도 파티지요. 아내와
함께하는 일상을 한 단어로 규정한다면 저는 파티라고 표현
하고 싶습니다. 이런저런 얘기를 하면서, 함께하는 매일매일
의 시간은 정말 강렬한 파티와도 같습니다. 물론 술을 마시
며 제법 파티다운 파티를 할 때도 있지요. 술 마실 때는 이런
저런 핑계를 대면서 결국 2~3일에 한 번씩은 둘이서 술잔을
주거니 받거니 하지요. 일상이 파티의 연속이니 재미와 흥이
나기 마련입니다. 그 이유는 간단합니다. 우리 부부가 식사
나 차 마시는 등 작은 파티를 벌이는 것은 출근을 위한 준비
동작에 불과한 것이 아닙니다. 동시에 무슨 일을 해내기 위
한 수단이나 도구가 결코 아닙니다. 즉, 그 자체가 목표입니
다. 밥 한 끼 맛있게 먹고 차 한 잔 맛있게 마시는 일이 목표
가 되니, 배를 두드리며 커피 한 잔 마시는 것도 파티가 됩니
다. 그래서 작은 행복이 우리 자신의 삶에 깃들어 있는 것이
겠지요.
 물론 저에게 큰 목표가 없는 것은 아닙니다. 기후변화, 생

명권, 생태민주주의, 협동조합 등 이름만 들어도 몇 년 이상 공부해야 할 과제가 눈앞에 산적해 있습니다. 그래서 작업실에서 공부하거나 글을 쓸 때는 엄청나게 몰두해서 작업을 할 수밖에 없습니다. 그런 생활이 7년째나 됐지만, 저는 일상이 늘 파티였고 축제였다고 생각합니다. 아내와 저의 배치와 관계망에는 재미있는 설정이나 역할놀이, 별명이 있는 관계망, 아이나 동물, 여성으로 목소리 변조하기, 말도 안 되는 ―아내가 아재개그라는 혐의를 두고 있는― 하이코미디, 딴소리와 잡설의 천국 건설하기 등 파티에나 어울릴 법한 재미와 흥이 깃들어 있기 때문입니다. 아내는 점점 개그의 눈높이가 높아져서 저의 웬만한 개그에는 눈도 깜짝하지 않습니다. 그리고 저는 유머, 개그, 코미디를 개발하기 위해서 고심하고 연구하는 유머개발자이자 개그연구자이기도 합니다.

작은 행복은 매우 부자연스럽고 낯선 상황을 파안대소의 웃음으로 바꾸는 유머와 해학, 낙관의 능력에 있다고 생각합니다. 제가 보기에 작은 행복은 90퍼센트는 만들어지고, 10퍼센트는 발견됩니다. 그리고 만들어지는 것 중에서 99퍼센트는 실패하지만 1퍼센트는 성공해서 아내의 배꼽을 잡게 만들지요. 단 1퍼센트를 위한 노력이 작은 행복의 비밀이라고 할 수 있습니다. 행복은 다가오는 것이 아니라 만들어지는 것이고, 큰 행복을 위해서 지금-여기의 작은 행복을 미루는 것이 아니라 작은 행복을 키우고 돌봐서 큰 행복으로 발전시키는 것에 달려 있다고 봅니다. 이렇게 얘기하다 보니 행복전도사가 된 기분도 드는군요.

　저는 지금-여기에서 행복하기를 두려워하지 말라고 꼭 말하고 싶습니다. 그리고 생활의 소소한 일상을 잘 살펴보면 작은 행복을 느낄 부분이 굉장히 많습니다. 고달픈 일상, 비루한 삶, 똑딱거리는 생활을 변화시키기 위해서 우리는 주변 사람들과 자연, 생명과 함께해야 합니다. 그때 작은 행복은 슬며시 찾아와 미소 짓게 만들 것입니다.

3부

생명,
더불어 살아가는 기쁨

먹는다는 것은
무엇일까

동물보호잡지를 만들며

처음에는 그 어려운 학위논문도 썼는데, 무크지 하나 만드는 게 뭔 대수냐 하는 생각을 했지요. 동물보호무크 〈숨〉과의 만남은 그렇게 가볍게 시작되었습니다. 일주일 중 하루를 재택근무하면서 인터뷰, 번역, 연구조사 등의 작업을 하며 콘텐츠를 차곡차곡 쌓아 두기 시작했습니다. 연구실에서 하는 작업인지라, 대부분 편집부 내부의 소통은 메신저로 이루어졌습니다. 그런데 기획 작업이 끝나갈 즈음 갑자기 구제역 사태가 터졌습니다. 동물이 물건이 되고, 동물이 병원체가 되고, 동물이 숫자가 되는 것을 느꼈습니다. 폭설이 내린

날, 편집부 사무실에 찾아가 동물보호잡지의 구제역 판을 만들어야 하지 않느냐며 담당자와 오랜 시간 회의를 했습니다. 눈은 속절없이 내리는데, 차가운 땅에 묻혀야 하는 뭇 생명의 고통이 가슴에 애절하게 다가왔습니다. 그렇게 동물보호 무크 〈숨〉의 3집 구제역 판이 시작되었습니다.

　동물을 먹는다는 것이 결국 공장식 축산업이라는 기형적인 구조에 자신의 삶을 의존하는 것이고, 결국 구제역 사태와 같이 엄청난 살처분 상황을 방조하는 것과 마찬가지라는 생각이 들었습니다. 저희 연구실은 금요일 하루 동안은 동물보호잡지와 관련하여 뚝딱뚝딱 공방과도 같은 작업을 해 나갔습니다. 사실 동물보호운동은 제가 결심한 채식의 유의미성을 규명하는 것이기도 했지요. 저는 페스코에도 미치지 못하는 가장 낮은 단계의 채식을 하면서도, 한국 사회의 동물상황을 깊게 공감하고 있던 터라 아주 쉽게 동물보호운동에 동참하고 지지할 수 있었습니다. 사실 저는 냉면을 좋아하기 때문에 완전한 채식이라고 할 수는 없지만, 그래도 나름 채식을 하려고 노력해 왔습니다. 사실 아내가 도와주지 않았다면 이 역시도 불가능했지요. 아내는 저의 채식을 지켜 줄 요량으로 만난 이후부터 줄곧 고기를 식탁에 올리지 않았던 것입니다.

이장집을 만나다

2011년 동물보호무크 〈숨〉의 구제역 판을 만들 때 경기도 파주 인근의 이장집을 접속했습니다. 버스를 여러 번 갈아타고 그곳을 찾았습니다. 농장에는 흑돼지 축사가 있었는데, 놀랍게도 흙 목욕을 할 수 있는 얕은 개울이 있고, 흑돼지가 꿀꿀거리며 널찍한 축사를 부지런히 뛰어다니고 있었습니다. 이장님은 풀을 뜯어다가 돼지에게 주었는데, 돼지가 가장 좋아하는 음식이라는 것입니다. 거기에 있는 흑돼지는 감정이 풍부해 보였습니다. 아기 돼지 한 마리가 재롱을 떨 듯 제 바지에 몸을 비볐습니다. 참 귀여웠죠. 특히 거세를 하지 않아서 자연교미를 하고, 무리를 지어서 돌아다니기 때문에 그들만의 언어가 있다고 합니다. 저는 조용히 돼지를 관찰하고 이장님과 풀을 주면서 이런저런 얘기를 나누었습니다. 엄마 돼지와 아기 돼지가 함께 누워서 서로 교감하는 모습이 참 좋았습니다.

이장님을 만난 이후 구제역은 전국적으로 더 심하게 확산되었습니다. 그러던 어느 날 이장집에서 흑돼지를 살처분하라는 통보를 받았다고 다급하게 연락이 왔습니다. 동물보호시민단체 카라의 활동가들이 현장으로 뛰어갔습니다. 아기 돼지와 엄마 돼지가 구제역 사태의 희생물이 되는 순간이었습니다. 활동가들의 반대와 야유, 항의에도 이장집의 흑돼지 살처분은 기계적으로 진행되었습니다. 저는 동영상으로 그

장면을 보면서, 철모르는 아기 돼지가 마치 놀이처럼 자신이 살처분될 트럭으로 올라가는 모습에 눈물이 핑 돌았습니다. 그렇게 이장집의 모든 돼지는 살처분되었습니다. 그리고 활동가들은 이장님과 부둥켜안고 울었습니다.

동물을 먼 길 보내는 심정은 부모가 아이를 떠나보내는 것과 같습니다. 그렇게 그해 구제역은 많은 생명을 죽음으로 내몰았고, 저는 우울과 침묵, 슬픔의 겨울을 보냈습니다.

동물보호무크 〈숨〉 구제역 판 작업이 마무리될 즈음에 이장집에 다시 전화를 걸었습니다. 이장님의 아드님이 전화를 받았는데, 지방의 흑돼지를 다시 데려와서 지금은 활기 넘치고 장난기 많은 아기 돼지가 참 많이 태어났으니 보러 오라는 것입니다. 구제역 살처분 트럭에 오르던 아기 돼지의 모습이 떠올랐습니다.

구제역은 2010년부터 2012년까지 수많은 생명의 죽음을 초래했는데도 완전히 해결하지 못해 여전히 살처분이 반복되고 있습니다. 공장식 축산업을 유지한 채 청정국가 자격을 획득하려는 경제논리가 작동하면서, 살처분이라는 극단적인 조치를 반복하는 것입니다. 동물보호무크 〈숨〉에서는 백신 정책에 많은 지면을 할애했습니다. 공장식 축산업이라는 기형적인 구조에서 더 이상 구제역 청정지역을 만들 수 없는 조건일 때, 그때 가장 유력한 방법, 생명을 죽이지 않고도 문제의 해결책을 찾을 수 있는 방법이 백신정책이기 때문입니다. 무엇보다도 공장식 축산업에 기반한 육식문화에 대한 대대적인 변화 역시 필요한 상황인 것도 사실입니다. 저는 최근 생활협동조합의 동물복지축산 육류를 찾는 소비자가 늘고 있다는 소식을 들었습니다. 물론 채식이 최선이지만, 그래도 동물복지축산을 찾는 것은 제 값 주고, 제대로 알고, 조금씩, 적게 육식하는 마중물이 될 것이라고 생각합니다.

최근에는 조류독감 때문에 달걀 품귀현상이 밥상에서 벌어지고 있습니다. 좁고 습하고 어둡고 바람도 통하지 않고 태양빛도 없는 공장식 양계에서 살아가는 생명이 가벼운 감기에도 전멸하는 상황입니다. 공장식 축산업에서 벗어난 식탁을 차리는 것이 매우 중요한 이유가 바로 거기에 있습니다. 죽음의 구덩이에 몰아넣고 숨도 못 쉬게 만들어 살처분하는 것은 끔찍한 홀로코스트와 같습니다. 마치 나치가 만든 죽음의 수용소처럼 동물에게는 자신이 살아갈 수 있는 최소한의 권리조차 주지 않고, 경제논리에 따라 살처분을 반복하는 공장식 축산업 시스템을 다시 생각해 볼 시점입니다. 제가 찾아 간 이장집, 그곳에는 작은 생명이 있었고, 살아가기 위한 발버둥과 놀이와 재롱, 의지, 활력이 넘쳐흘렀습니다. 그곳에서 아기 돼지의 장난을 다시 보고 싶은 오후입니다.

비덩 채식의 전말

2007년 봄이었습니다. 당시에는 채식이 그렇게 많이 확산되지 않아서 간혹 채식인을 만나던 시절입니다. 마치 수행자, 외계인, 별종, 특이체질인 사람을 보듯이 하던 때였지요. 어느 순간 저는 가장 낮은 단계의 채식을 하겠다고 결심했는데 딱히 이유가 있는 것은 아니고, 고기를 먹는다는 것에 의문을 품기 시작했기 때문입니다. 채식하는 선배 한 분을 찾아가 만나 보기도 했지만, 그것이 직접적인 동기가 된 것은 아니지만 영향을 받은 것은 사실입니다. 그리고 그날 일기에 채식결심이라고 써 두었지요.

며칠 후 아내와 두 번째 데이트를 했는데, 당시 용산역에서 만나 식사와 술을 같이 할 수 있는 식당을 찾아 들어간 곳이 하필이면 감자탕 집이었습니다. 감자탕에서 감자만 골라먹고 국물도 먹는 시늉을 하면서 아내에게 채식을 한다고 말했지요. 나중에 듣고 보니 아내에게는 채식하는 사람들이 대부분 굉장히 까칠하고 계몽적일 거라는 선입견이 있었다고 합니다. 그런데 육식에 대해서 그렇게 공격적이지도 않고 관대한 제 모습에 후한 점수를 주었다고 합니다. 사실 저는 채식을 시작한 지 일주일도 안 된 상황이라서 두루뭉술한 태도를 취한 건데 아내의 눈에는 채식을 오래 한 사람이 도통해서 아주 관대한 태도를 보이는 것처럼 느꼈나 봅니다.

그 후로 저는 줄곧 아내의 전폭적인 지지와 노력에 힘입어 가장 낮은 단계의 채식을 이어가고 있지요. 이름하여 비덩, 다시 말해 덩어리 고기는 안 먹는 채식을 의미합니다. 비덩 채식은 제가 냉면을 너무 좋아하기 때문에 할 수밖에 없습니다. 어떤 사람은 저에게 냉면육수를 좋아하는 것은 육즙을 빨아먹는 것과도 같다고 얘기했죠. 그래서 저의 비덩 채식은 채식이 아니라고까지도 말합니다. 막상 채식을 시작한 후 회식 자리를 가면 굉장히 소외되는 것을 느낍니다. 고기 이외에 반찬이라고는 김치뿐인 회식 자리에서 소주에다 김치를 먹기란 참 곤욕스러운 일이 아닐 수 없습니다. 그래서 동창들과 만날 땐 일부러 중앙 자리에 앉아 "나 채식하고 있어" 하고 힘주어 말하기도 합니다. 그때 동창들이 채식이 건강에 좋다더라, 공장식 축산업의 현실이 참 비참하더라 얘기하면 저는 속으로 흐뭇해하면서도 조용히 듣고 있지요. 하지만 그 후로도 동창들은 모임이나 회식을 고깃집으로 잡았고, 저는 점점 동창들의 회식이나 모임을 피하게 되었습니다.

아내는 저의 채식을 지켜 주기 위해서 10년 동안 고기반찬이 전혀 없는 밥상을 차려 주었습니다. 한번은 아내가 생협에서 친환경축산 인증 고기를 사서 김치찌개를 만든 적이 있는데 제가 거의 먹지 않자 그것도 그만두었지요. 그러나 우유, 달걀, 어류를 먹는 채식이다 보니 먹을 것은 꽤 풍족했습니다. 그러던 어느 날 아내가 굴비를 구워서 다섯 마리를 나란히 접시에 놓아 두고 밥을 먹으라고 불렀습니다. 그런데 제 눈에는 굴비가 아이들처럼 나란히 누워 있다는 느낌이 들었습니다. 그래서 밥을 먹으면서 "굴비가 아이처럼 느껴져서 먹기 어려울 것 같아" 하고 말했지요. 그러자 아내는 마침내 폭발하고 말았습니다. "내가 굴비를 다 해체해서 줄게. 이제는 해체된 어류만 먹으면 되잖아!" 하면서 굴비를 조각조각으로 만들었습니다. 그 이후 저희 밥상에는 제대로 원형이 남아 있는 생선은 찾아보기 어렵게 되었지요.

고기를 먹지 않으면서 변한 것은 참 많습니다. 녹색당에 가입했고, 생명권을 연구하기도 했으며, 생태주의 사상을 삶의 지침으로 삼았습니다. 저의 작은 변화는 주변에도 영향을 많이 주었습니다. 저는 딱히 '채식을 해야 한다'고 강변하지도 않고 정당성을 강조하거나 내세우지도 않는데, 이따금 후배나 친구가 채식을 몇 개월 정도 하다가 그만두었는데, 다시 시작한다고 말했습니다. 사실 저한테 얘기할 이유도 없는 상황인데, 나름 채식을 하면서 제 생각을 한 모양입니다.

저는 채식이 의무나 당위나 책임과는 거리가 있다고 생각합니다. 그렇다고 취향이나 기호라고도 생각하지 않습니다. 또 채식이라는 개인적인 실천만으로 공장식 축산업이라는 육식문명을 모두 끝장낼 수 있다고 보지도 않습니다. 그러나 채식은 과정적이고 진행형적인 작은 실천 중 하나임에는 분명합니다. 그래서 저의 채식을 지켜 주려고 노력하는 아내가 환경운동가보다 낫다고 생각한 적이 많습니다. 아내는 고기를 먹기는 하지만 자신을 위해 고기를 사지 않고 다른 사람과 식사하는 자리에서 먹게 될 때 거부하지 않는 정도의 채식을 합니다. 본인이 힘들지 않고 지킬 수 있는 선이라면서 말이지요.

유전자조작 농산물의 그늘

비덩 채식을 하면서 더욱 마음에 걸린 것이 바로 농산물도 다국적 농업기업의 손아귀에서 놀아난다는 점입니다. 한국의 농업자립도는 23퍼센트, 그중 쌀 자급률 20퍼센트를 빼면 나머지 농산물은 3퍼센트에 불과합니다. 채소와 농산물은 대부분 다국적 농업기업의 손아귀에 놓인 것이라고 보면 됩니다. 문제는 이 농산물이 대부분 유전자가 조작되었다는 점입니다. 저는 망연자실한 느낌이 들었습니다. 우리나라는 유전자조작 농산물 의무표기제도가 없기 때문에, 어떤 것이 유전자조작 농산물인지도 모르는 상황입니다. 그래서 우리 식탁은 다국적 농업기업 손아귀에서 놀아나는 상황이지요.

아내와 저는 생활협동조합과 가까운 농협슈퍼를 이용하거나 생산자직거래와 인터넷으로 음식물을 삽니다. 그러나 먹거리 안전이 위협당하는 현실에서 생활협동조합은 최후의 보루와도 같습니다. 그래서 결사소비, 연대소비, 윤리적 소비라는 거창한 얘기를 하지 않더라도 안전한 먹거리에 대한 필요와 욕구는 생협 매장을 자주 방문하게 만드는 이유이기도 합니다. 특히 아이와 함께 사는 가정이라면 생협에서 아이가 먹을 안전한 먹거리를 찾는 것은 당연한 일이겠지요. 최근 아내는 생산자직거래 형태의 구매방식에 눈을 떴습니다. 그래서 맛있고 안전한 먹거리를 생산자에게 직접 구매하기도 합니다.

아내와 제가 마트를 찾지 않는 이유는 마트에서 판매하는 농산물 대부분이 다국적 농업기업의 그늘 아래 있기 때문입니다. 값이 싸더라도 안전하면 괜찮지만, 며칠을 상온에 놔둬도 싱싱하기만 한 농산물과 과일을 보면 문제가 있다는 생각이 들기 마련입니다. 마트를 끊고 나서는 대부분 생협 매장이나 동네 슈퍼에서 충당하고 그마저도 부족하면 인터넷에서 최소한의 물품을 생산자직거래로 해결합니다. 그런데도 '무엇을 먹어야 하나?' 하는 생각이 들 때가 참 많습니다. 아이를 키우는 가정이라면 그런 생각이 더 들 수밖에 없겠지요. 제가 아는 지인은 상자꾸러미를 받아서 그것만으로 살아갑니다. 그의 방법은 알 수 없는 채소나 요리 방법을 모르는 농산물은 일단 다 쪄서 쌈을 싸서 먹거나 된장에 찍어먹는 형태로 밥상을 디자인한다고 합니다. 그렇게 몇 년을 지내고 있는데도 건강하고 활력과 에너지가 넘치는 것을 보면 건강하고 안전한 먹거리로 상자꾸러미도 좋은 방법이라는 생각이 들더군요.

생명을 먹는다는 것

먹는다는 것은 물질, 영양, 에너지, 유전자, 바이러스, 박테리아 등을 교환하는 것과 같습니다. 그래서 어떤 것을 먹는다는 것은 우리 몸의 물질이나 성분, 유전자, 바이러스를 만드는 과정입니다. 겉보기에는 그럴 듯한 음식이 사실은 인간에 악영향을 끼치는 경우도 많습니다. 그래서 어떻게 생산한 것이며, 어떤 과정으로 유통하며, 어떤 방식으로 가공하는지가 굉장히 중요합니다. 자신의 건강을 챙기는 것은 개인적인 의미로만 머무는 것이 아니라 지구의 건강, 인류의 건강, 생명의 건강을 챙기는 것으로 연결됩니다. 그래서 꼼꼼히 따지고, 마치 선거에서 한 표를 주는 것과 같이 소비를 해야 하는 이유이기도 합니다.

우리나라의 소비자를 호구고객, 다시 말해 '호갱'이라고 칭하는 이유도 사실은 소비행위에 대한 섬세한 노력과 실천이 미비하기 때문입니다. 시중에 유통되는 유전자조작 농산물과 공장식 축산업에 기반한 육류 등은 지구환경을 오염시킬 뿐만 아니라 우리의 건강도 위협하는 매우 위험한 먹거리입니다. 그래서 가정주부가 나서고, 농민이 나서고, 시민이 나서서 먹거리 안전에 대한 이슈를 끊임없이 문제제기하고 있는지도 모르겠습니다.

특히 생명을 먹는 것에는 섬세한 관심과 노력이 반드시 필요합니다. 한 평의 땅도 허락하지 않는 공장식 축산업의 열악한 조건 속에서 생명이 아프고, 생명이 생명답게 살지 못하고, 생명이 고기 만드는 기계로 취급되는 것은 매우 불행한 현실입니다. 이 모든 조건과 환경을 바꾸려면 소비를 향유나 가십거리로 여기는 것이 아니라 미학, 윤리, 결사, 연대 등으로 보는 관점의 전환이 필요한 상황입니다.

예전에 고등학교 방학 때 시골에 있는 친구 집에 놀러 간 적이 있습니다. 친구가 반갑게 맞이해 주었고, 닭 한 마리를 잡아 주겠다고 했습니다. 저는 닭을 잡는다는 의미를 잘 몰랐기 때문에, 그러마고 말하고 뒤뜰에서 주위를 살펴보고 있었습니다. 그런데 친구가 앞마당에서 닭을 붙잡아 도살하는데, 저는 그렇게 비통하고 힘든 닭의 비명은 처음 들었습니다. 닭은 죽지 않으려고 발버둥 치면서 세상에 존재하지 않는 참혹한 소리를 냈습니다. 제가 아무렇지 않게 닭을 먹겠다고 한 한마디 선택이 한 마리의 생명에게는 얼마나 가혹하고 절박한 상황을 만드는지를 체감했습니다. 그리고 내내 가슴 한편에서는 즐겁게 뛰어 다니던 닭 한 마리가 그려졌지요.

이런 이야기를 왜 하는가 하면, 우리는 생산, 도살, 유통으로부터 떨어져 있어, 그저 고기 한 덩어리로만 생각하지만 사실은 그것이 생명이었다는 점을 말하고 싶어서입니다. 그리고 생명에 대한 애절한 배려와 연민이 우리 인류문명과 지구환경을 살릴 수 있는 작은 시작점이 될 수 있기 때문입니다.

이제 우리는 먹는다는 것을 가장 절실하고 치열하게 고민할 시점입니다. 특히 생명을 먹는다는 것은 더 말할 필요도 없습니다. 그리고 문명의 전환기와 이행기에 서서 생명이 만들어 낼 거대한 혁명, 이른바 떡갈나무 혁명을 응시할 시점입니다. 변화의 시작은 작지만, 한 톨의 도토리가 만들 울창한 떡갈나무처럼 돌이킬 수 없는 변화의 시작점이 될 수 있으니까요.

우리는 연결되어 있을까
분리되어 있을까

생태계 전체를 생각한다는 것

예전에는 자연을 그대로 놓아두면 마치 우리 몸의 털이 자라듯 저절로 잘 살거나 유지될 것이라고 생각했지요. 그것을 자연주의 사상이라고도 부릅니다.

제가 30대 초반을 보길도에서 지낼 때입니다. 어느 날 작은 돌멩이로 유명한 해변을 들른 적이 있습니다. 그곳에는 정말로 예쁘고 빛깔도 다양한 돌멩이가 많았습니다. 그래서 저는 돌멩이 몇 개를 열심히 골라서 가지고 나올 요량으로 살펴보고 있었습니다. 그런데 갑자기 마을 주민으로 보이는 할머니 한 분이 다가와서 제게 "돌멩이 가져가지 마. 저 옆에 좀 봐" 하고 화난 어투로 말하시는 겁니다. 그래서 바로 옆을 살펴보니 벌거숭이 바위가 드러난 해변의 모습이 보였습니다. 할머니의 얘기에 따르면 처음에는 돌멩이를 몇몇이 가져가다 점점 늘어나 수천 명이 되고 수만 명이 되자, 해변이 황폐해지기 시작했고 점점 돌멩이들이 사라지고 있다는 것입니다. 저는 자연이 문명의 외부에 주어져 있는 것이 아니라, 문명의 내부에 들어와 있어서 파괴되지 않도록 돌보고 보호해야 한다는 걸 그때 깨달았습니다. 엄밀히 말해 현 시점에서 자연주의는 생태주의가 아닙니다.

녹색당을 만들기로 의기투합한 활동가들이 초록정치연대라는 조그만 공동체에 모였습니다. 대개는 시민단체 소속이거나 농민이거나 사회활동가입니다. 그들 중에서 생명운동을 하는 분들이 있는데, 어느 한 분이 전체론(Holism)을 얘기한 적이 있습니다. 그때는 어렵게만 느꼈는데 생각할수록 심오한 의미를 알게 됐지요. 얘기인즉슨 자연과 생명, 사물은 생태계라는 연결망으로 작동하고, 부분이라고 생각하는 개체 속에도 전체가 들어가 있다는 것입니다. 그래서 우리 마음이 어디에서 생겨난 것인지를 생각할 때 연결망을 먼저 살펴야 한다는 것입니다. 저는 서서히 전체론의 매력에 빠져들었습니다. 그래서 대학에서 전체론을 강의할 요량이었고, 드디어 기회가 찾아왔습니다.

2007년 서울의 모 대학에서 한 학기 동안 〈생명과 자연보호)라는 수업을 맡아 강의를 했습니다. 저는 학생들에게 전체론의 심오함을 설파했습니다. 학생들은 대부분 잘 이해가 안 간다는 반응이었지요. 우리 생태계와 인류, 생명, 사물이 연결되어 있다는 느낌을 잘 전달하지 못했고, 이론은 그저 이론이고, 수업은 그때뿐이었죠. 제가 말한 어려운 개념은 그냥 혼잣말이 되어 버렸습니다.

그러다가 학기말 즈음에 태안에서 유조선 허베이스피릿호의 기름유출 사고가 났습니다. 저는 학생들과 함께 버스를 타고 태안으로 갔습니다. 그리고 하루 종일 기름띠를 제거하는 작업을 했습니다. 처음에 학생들과 저는 엄청난 환경재난 앞에서 망연자실했지만, 최선을 다해서 제거작업에 동참했습니다. 뒤풀이 자리에서 리포트와 기말고사를 없애겠다고 말했는데, 그제야 학생들과 연결된 느낌이 들었습니다. 학생들이 무척 환호하고 저도 덩달아 기분이 좋았기 때문입니다. 그 후 한참 동안 잊고 지내다가 태안에 대한 다큐멘터리를 보았는데 참 깨끗하고 아름다운 해변이 펼쳐졌습니다. 작은 노력 하나하나가 구슬 꿰듯 이어져 인간 띠가 되고 자연을 살렸다는 사실에 뿌듯했습니다. 그제야 제 자신도 비로소 연결망의 의미를 이해하게 되었습니다.

개체인가, 연결망인가

생명의 신비로움과 경외감을 느끼는 순간 제 자신도 풍부해진다는 느낌을 받습니다. 슈바이처 박사의 생명에 대한 경외가 저의 어린 시절 화두이기도 했습니다. 그래서 생명을 살리는 일에 언젠가 동참하겠다는 의지와 생각이 있었습니다. 그래서 몇몇 사람들이 동물보호센터를 만들겠다고 나설 때 저도 동참했지요. 그런데 어떤 생태주의자가 동물보호운동은 개체중심주의의 한계가 있다고 발언했습니다. 저는 전체론적 시각에서 부분 속에 전체가 담겨 있다고 생각했기 때문에, 그 발언의 의미가 무엇일까를 오랫동안 고민했지요. 그 발언이 전달하려는 의미는 한 생명을 바라보고 돌보고 보살핀다는 것은 한 생명에 대한 정과 사랑과 돌봄, 정동이 극대화하여 오히려 다른 뭇 생명과 생태계를 외면한다는 것입니다. 그래서 동물보호운동을 개체중심주의라고 비판하는 사람은 노숙인을 외면하고 강아지를 안고 가는 중산층 이상의 귀부인이 동물을 키우는 사람이라는 왜곡된 이미지를 갖고 있다는 것을 발견했습니다. 물론 저도 아직 풀지 못한 아포리즘은 '악인과 자신이 키우던 강아지가 동시에 물에 빠졌을 때 누구부터 구할 것인가?' 하는 것입니다.

개체로서의 생명은 연결망 없이는 살아갈 수 없습니다. 동시에 연결망의 시너지효과는 바로 개체로서의 생명이기도 합니다. 그래서 개체와 연결망은 대립한다기보다는 동전의 양면과 같다고 생각합니다. 베이트슨의 말처럼 모종의 복잡성이 마음을 수반한다는 점은 분명해 보입니다. 우리 마음은 바로 복잡한 연결망의 산물이며, 기계의 마음, 생명의 마음, 인간의 마음은 바로 이러한 배치와 관계망의 산물이라고 생각합니다. 저는 공동체와 생태계가 산출해 내는 마음을 지도처럼 그려 나가는 것을 참 좋아합니다. 그 마음의 지도에 생명과 자연의 발자국이 담겨 있기 때문입니다. 또한 동시에 생명과 자연이 연결되고 접속되는 경우의 수들이 만들어 내는 무한한 조합이기 때문입니다.

예전에 프랑스 철학자 펠릭스 가타리의 『미시정치』를 읽는 저희 세미나 팀이 5·18기념재단으로부터 지원금을 받은 적이 있습니다. 그 기금을 어떻게 쓸 것인지에 대해서 사람들이 아이디어를 내놓았는데, 별별 아이디어가 다 나왔습니다. 조그마한 기금에도 사람들이 연결되고 접속되는 배치와 관계망은 참으로 다양하고 심지어 무한하기까지 했습니다. 저는 그때 공동체는 유한한 자원으로도 배치와 관계망을 달리하면 무한한 시너지를 발휘할 수 있다는 가능성을 보았습니다. 그것이 바로 '유한자의 무한결속'의 상태를 의미한다고 생각했지요. 그러나 기금을 집행하고 회계처리의 순간이 다가오자 모든 아이디어와 꿈과 연결접속의 시너지는 대부분 모래알처럼 사라졌습니다. 모든 것이 계산 가능한 것으로 바뀌고 그 자원과 부가 외부에 의존하는 상태로 바뀌었기 때문이지요. 그리고 얼마 지나지 않아 세미나 팀은 거의 와해되었습니다. 저와 단 한 사람만 남았지요. 그리고 이 두 사람이 6개월 동안 세미나를 독대 형태로 이어갔습니다. 그때 저는 공동체의 회계가 전적으로 외부에 의존하면 안 된다는 사실을 깨달았습니다. 즉, 외부에서 회계집행이 끝나면 자생력이 없는 공동체는 와해되기 때문입니다.

저는 공동체를 설명할 때 이런 얘기하기를 좋아합니다. 서로 연결되어 있는 나무 50그루가 이룬 숲이 항상성이 강할까? 따로 떨어진 가로수 100그루가 항상성이 강할까? 조금이라도 눈치가 있는 사람이라면 대부분 50그루 나무로 된 숲이라고 대답하겠지만, 그렇습니다. 생태계는 부드러운 내부 환경을 조성하여 외부 환경에 맞설 수 있는 능력이 있지요. 그런데 생명 역시도 외부와는 닫힌 내부 환경을 조성하여 항상성을 띱니다. 칠레의 인지생물학자 바렐라는 이것을 작업적 폐쇄성이라고 말합니다. 작업적 폐쇄성은 외부의 투입과 산출에서 독립된 자기생산(autonopoieis)의 내부 작동을 의미합니다. 공동체 역시 일정하게 닫힌 내부 관계망과 배치를 갖고 있어서 외부와 선택적으로 관계하는 내부 작동이 있어야 합니다. 그 공동체의 내부 작동을 순환과 재생, 반복으로 설명하는데 저도 그런 구도에 동의합니다. 공동체는 사람이 숲과 같이 연결되어 있어서 그 내부에 자원-부-에너지를 순환하고, 사랑-정동-욕망을 재생하고, 삶과 일상을 반복합니다. 그런 점에서 생태, 생명, 생활의 작동원리는 각기 차원을 달리 하지만 유사한 작동원리를 갖고 있는 셈이지요.

우주선 유형의 삶, 분리의 정당화

이러한 생태, 생명, 생활의 일정한 닫힘, 즉 작업적 폐쇄성과는 전혀 다른 분리와 닫힘의 영역이 있습니다. 그것의 기원은 형이상학의 전통과도 관련되어 있습니다. 즉, 세계, 영혼, 신에 대한 궁극에 대해서 왜 그런지를 묻다 보면 현실세계와 동떨어진 이상적인 질서를 설정하기 때문입니다. 왜(why)라는 본질과 이유를 묻는 것이 남성적이라면, 어떻게(How)라는 작동을 묻는 질문은 여성적입니다. 왜냐하면 사물, 상황, 인물의 본질에 대한 대답은 가부장제 질서가 가진 고정관념과 궤를 함께하기 때문입니다. 형이상학은 플라톤의 이데아론으로 완성됩니다. 즉, 원형이며 이상적인 원본이 현실과 분리된 채 존재한다는 생각이 그것입니다. 그러한 사상은 곁과 가장자리, 주변에 있는 감각, 몸, 욕망, 정동, 돌봄이라는 여성적인 질서와 분리된 남성만의 이성과 논증, 추론, 관념, 소유의 질서입니다. 특히 이러한 남성적 세계관은 현실과의 분리를 추구하며, 이상화된 질서를 현실과 따로 설정하려고 합니다. 즉, 진리란 현실과의 접촉과 감각 속에 있는 것이 아니라 논증과 추론능력을 가진 엘리트의 머릿속에 분리되어 있는 것입니다.

여기서 추첨제 민주주의를 생각할 필요가 있습니다. 추첨제 민주주의의 시작은 고대 그리스 아테네의 직접민주주의입니다. 그것의 사상은 모든 사람에게 진리가 전제되어 있기 때문에, 가위바위보나 제비뽑기로 대표나 관료를 뽑아도 상관없다는 생각입니다. 하지만 당대의 철학자 플라톤은 이집트 파라오의 철인정치를 연민하면서 진리란 논증과 추론능력을 가진 엘리트의 전유물이 되어야 하며 감각적인 현실과 분리되어 있기 때문에, 엘리트 독재가 필요하다는 철인정치를 주장합니다. 그는 그리스에서 융성한 민주주의의 정반대편에 위치한 이집트 파라오의 절대왕권을 흠모한 것이지요. 이런 사상은 오늘날 대중은 무지하며, 진리는 엘리트만의 것이라고 말하는 통속적인 생각과 다를 바가 없습니다. 그런 통속적인 생각을 하는 사람은 추첨제 민주주의가 인간과 민중에 대해 지나치게 낙관하는 동화 같은 것이라고 비하하기 마련이지요. 그러나 현재 한국에서 운영하고 있는 국민참여 배심원제도를 생각할 필요가 있습니다. 추첨으로 국민 가운데 배심원을 뽑아서 운영하는데도 사실 그 어떤 유능한 판사의 판결보다 합리적으로 잘 운영되고 있기 때문입니다. 그런 점에서 추첨제 민주주의는 동화 같은 이야기가 아니라 보다 합리적인 방법 중 하나가 될 것이라는 생각도 듭니다.

전 세계 곳곳에서 분리주의, 폐쇄경제, 고립주의를 모토로 한 파시즘이 똬리를 틀고 있습니다. 최근 트럼프 행정부의 정책과 브렉시트 현상이 그것입니다. 이들은 지구적 책임과 연결망으로서 지구촌의 의무를 다하지 않고, 자국의 이익만을 추구하며, 난민이나 이주민을 내쫓겠다는 의도를 공공연하게 드러냅니다. 제가 여기서 강조하고 싶은 것은 이들이 구사하는 분리라는 개념은 바로 남성적인 질서이자 플라톤의 이데아를 떠받치고 있는 현실과 분리된 질서에서 연유한다는 점입니다. 이러한 개념적 구도는 역사적으로 뿌리가 굉장히 깊습니다.

또한 우리 주변의 1인 가구가 보여 주는 우주선 유형의 삶의 형태 역시 이러한 분리에 기반합니다. 역사적이고 미시와 거시를 아우르는 분리라는 개념은 사실상 파시즘의 최후의 보루와도 같습니다. 자연, 생명, 사회, 공동체가 서로 연결되어 있고, 관계를 맺어야 한다는 지극히 당연한 전제를 부정하고, 자기 혼자의 이익과 자기 혼자의 삶, 자기 혼자의 기득권을 놓지 않겠다는 것이지요. 이런 점에서 문명의 전환기에 나타난 파시즘은 생태계 위기와 생명 위기 시대에 자기 혼자 살아보겠다고 나서는 그런 사람과도 같습니다. 아마이 정도면 자기 혼자 살자고 화성으로까지 도망갈지도 모르겠습니다.

1인 가구의 삶

저도 분리 유형의 1인 가구로 산 적이 있습니다. 모든 일이나 하나의 결단으로 이루어지고, 상의하거나 의논할 사람도 딱히 없는 개인이 책임지는 삶이지요. 대학을 졸업한 이후였습니다. 저는 회사를 다니면서 고시원에서 살았습니다. 라면 하나 끓여 먹을 여유도 없을 만큼 바쁜 시절이었습니다. 동분서주하며 거래처와 회사와 현장을 오가다가 고시원에 와서 잠만 잤습니다. 고시원은 다닥다닥 붙어 있는 방마다 많은 사람이 오가는 곳이기는 하지만, 서로에 대해서 전혀 모르고 알 필요조차 없는 공간입니다. 저는 그때 분리로서의 삶을 경험했습니다. 친구들도 대부분 직장으로 회사로 다들 바쁜 시기라 연락이 뜸할 수밖에 없었지요. 저는 제 자신의 문제를 상의할 한 사람도 없이 거의 2년을 보냈습니다. 고독, 외로움, 피로감, 스트레스 등으로 엉망이 되어 얽혀 있었지요.

그러고 나서 저는 깨끗이 그 생활을 청산합니다. 아무래도 도주였다고 생각할 수 있을 것입니다. 고향으로 내려가 마을 사람들과 술 마시고, 들판과 산과 바다에서 노래하고, 대학원 준비를 핑계로 공상이나 상상으로 하루를 소일하고, 잠이 오면 자고, 놀고 싶으면 놀러 가는 삶을 살았습니다. 잉여의 삶이라고 여길 수도 있지만, 지금 생각하면 참 잘했다는 생각이 많이 듭니다.

분리된 삶은 참으로 남성적인 삶의 형태입니다. 책임, 의

무, 당위, 가치 등 남성적인 질서가 그것이니까요. 프랑스 철학자 미셸 푸코의 『성의 역사 3 - 자기 배려』에는 자기통치, 자기연마라는 개념이 등장합니다. 즉, 고대 그리스 사회에서 연유한 남성만의 질서는 자기를 통치해야 남도 통치할 수 있는 개인책임이 극대화한 특징을 보인다는 것입니다. 잘 생각해 보면 자기통치는 자기계발, 자기관리라는 논리와도 일맥상통합니다. 결국 접속, 연결, 접촉 등의 관계망에서 분리된 개인이 스스로 책임지고 관리하는 것을 찬양하는 것에 불과합니다. 그리고 신자유주의라는 상황은 이렇듯 사회책임, 공공책임, 공동체책임을 와해하고 해체한 채 개인책임으로 모든 것을 해결하려는 특징을 보입니다. 그러나 개인이라는 개념은 근대에 이르러서야 모든 사람에게 적용된 지극히 역사적인 개념입니다. 그리고 그 배후에는 화석연료라는 에너지권력이 있습니다. 과거라면 말 20필, 노예 20명이 해낼 일을 화석연료가 만들어 내는 에너지와 그것으로 작동하는 전자제품이 해내고 있기 때문입니다. 이렇듯 개인이 에너지와 자원을 쥐락펴락할 수 있을 때, 공동체와 자연생태계와 같은 연결망에서 벗어난 개인만의 분리된 공간을 연출할 수 있습니다.

그리고 1인 가구는 자본주의와 신자유주의가 추구하는 바가 극대화한 형태라고 할 수 있습니다. 생명과 자연, 공동체의 연결망에서 분리된 개인은 겉으로는 차도남/차도녀와 같이 쿨한 삶을 추구하는 것 같지만, 특유의 비루함과 외로움, 고독의 절규, 절망스러운 독백 등이 특징이지요. 저는 1인 가구로 살던 시기의 삶을 제 인생에서 가장 비극적인 때라고 규정합니다. 그러나 반전은 늘 있습니다. 그 생활을 벗어난 이후에 저는 마을 주민과 게스트하우스를 운영하는 고향 형님과 엄청난 주량을 자랑하며 술을 먹는 것으로 그것을 상쇄했기 때문입니다. 저는 동네에서 알아주는 술고래이자 춤꾼이자 노래꾼이 되었습니다. 들이며 산이며 바다에서 먹는 술은 잘 취하지 않는다지요. 그리고 공동체와 자연과 생명과 연결되어 있다는 느낌에 행복해집니다. 새와 바람과 구름, 마을 사람과 친구들과 젊은 시절의 한때를 행복하게 지낼 수 있어서, 그래도 저는 행운아라고 생각합니다.

생태민주주의를 위하여

최근 생태민주주의를 공부하다가 개헌을 논의하는 사람과 만날 기회가 있었습니다. 헌법 개정에서 생명권과 미래세대의 권리 명시는 이 시대의 쟁점이 될 수밖에 없지요. 그러나 놀랍게도 개헌 논의를 하는 시민단체는 대부분 권력구조 개편에만 관심이 있지, 생명권이나 지속가능성은 나중으로 미루려고 합니다. 지금 현재를 사는 사람을 생각하기에도 힘든데 아직 태어나지 않은 웬 미래세대의 권리냐는 의견도 있고, 인간이 생존하기도 힘든데 웬 생명권이냐는 의견도 있었지요. 그런 것은 나중에 고려해도 늦지 않는다는 것입니다. 하지만 그것은 지난 19대 대선을 치르는 과정에서 차별금지법 제정을 요구하는 성소수자의 발언에 참여자들이 외쳤던 "나중에, 나중에!"라는 단어가 떠오르는 대목이 아닐 수 없습니다. 그래서 저는 생태민주주의를 보다 적극적으로 준비해서 사방에 알려야 한다는 생각을 더 했습니다. 등대는 0.1퍼센트의 땅뙈기로도 나머지를 모두 밝힐 수 있다는 생각에서입니다.

생태민주주의는 지구, 자연, 생명, 공동체, 사회를 연결망으로 바라보는 시각에서 출발합니다. 특히 문명의 외부에 자연과 생명이 존재하던 시절이 끝난 것은 분명합니다. 동물과 식물과 자연은 인류문명의 생태보존구역, 야생동물보호구역, 자연보호구역 등으로 보존해야 하는 상황이니까요. 그런 점에서 외부에서 돌발적으로 찾아오는 자연과 생명의 우연성이 중요한 시기는 거의 끝났습니다. 자연과 생명의 경우의 수는 최소화하여 문명 내부로 들어와 있는 상황입니다. 그 대신 문명 스스로 내부에 있는 자연과 생명인 욕망, 정동, 사랑을 통해서 특이점(singularity)을 설립하는 것이 중요해졌습니다. 즉, 예전에는 그대로 놔두면 다 잘되던 시기가 있었지만, 지금은 의도적으로 판짜기를 하고, 부드러운 정동을 부여하고 돌보고 살림을 하는 등의 노력이 들어가지 않으면

깡그리 죽어 버립니다. 그렇기 때문에 인간이라는 특이점이 해야 할 일이 굉장히 많습니다. 따라서 인간을 배제하고 괄호 치고 암적인 존재로 규정하는 모든 논의는 생태주의와는 거리가 멉니다. 최근에 불고 있는 4차 산업혁명의 논의에서 포스트휴먼 담론 등은 생태민주주의가 갖고 있는 사상과 정반대편에 있다고 보아야 할 것입니다.

생태민주주의의 화두로 특강이나 세미나, 저술 등을 기획하고 있는 저로서는 앞으로 더 바빠질 모양입니다. 생명 위기 시대가 코앞까지 와 있음에도 우리가 어떻게 대처하고 슬기롭게 태도를 취해야 할 것인지 작은 아이디어와 단서 등을 전혀 구체화하지 않았기 때문입니다. 오죽했으면 분리주의라는 파시즘이 발호하고 권력을 점취하는 상황까지 왔을까 하는 생각도 듭니다.

지구와 생명과 공동체는 연결되어 있기 때문에, 저 한 사람의 특이점은 새로운 작업과 실천의 토대가 되리라고 생각합니다. 그래서 좀 더 친절하게 구체화하려고 연구와 기획에 더 적극적으로 집중하려고 합니다. 그렇게 저의 연구가 연결되어 있는 공동체와 사회, 지구촌을 도미노처럼 전환할 하나의 마중물이 되지 않을까 하는 희망을 꿈꾸는 여름날 오후입니다.

생명은
유일무이한 존재일까

대심이 집을 나가다

"연구실에 대심이가 안 보여!"

아내와 저는 다급하게 차를 몰고 연구실로 향했습니다. 아내는 연구실에 CCTV를 달아 놓고 퇴근 후 집에서도 고양이들이 잘 있는지 지켜보곤 하는데, 그날따라 대심이가 보이지 않는다는 것입니다. 그래서 가슴을 졸이면서 연구실에 가 보니, 연구원들도 망연자실하며 대심의 실종을 알렸습니다. 아마 어젯밤 택배가 오갈 때 슬쩍 도망친 것 같다고 말이지요. 저희는 아주 절박하고 애달프게 연구실 주변 골목을 샅샅이 뒤지며, 대심이를 부르며 찾기 시작했지요. 대심이는 연구실이 이곳으로 이사 오기 전 당산동 주변에 살던 길냥입니다. 마당에 사료를 먹으러 오던 단골손님이었는데 그만 정이 들어 버렸지요. 나중에는 아예 연구실 문 앞에 둥지를 틀고 저희가 출근하기를 기다리며 봄, 여름, 가을, 겨울을 함께 보낸 고양이입니다. 대심이를 들일 요량으로 우유로 유인해서 연구실 안으로 들어오게 했습니다. 그런데 아내의 발아래에서 대심이가 잠이 드는데, 아내의 발등에서 심장이 콩닥콩닥 뛰는 걸 느꼈다고 합니다. 그래서 아내는 작은 생명의 숨소리와 심장 뛰는 소리에 감동해서 대심이를 연구실 안으로 들였습니다. 아내에게는 첫 고양이였지요. 그 이후부터 대심이는 언제 길냥이던 시절이 있었냐 싶게 저희 연구실의 터줏대감이 되었답니다.

그런 일이 있은 지 4년이 지난 오늘, 대심이가 돌연 연구실을 나가 버렸고 저희는 문래동 골목골목을 헤매고 돌아다니며 대심이를 애타게 찾게 된 것입니다. 시간은 두 시간, 네 시간, 여섯 시간 자꾸 흘러갔습니다. 고양이 탐정을 부르려고 알아보기도 했습니다. 이대로 영영 대심이를 못 찾을 것 같다는 생각이 자꾸 들었지요. 골목을 헤매던 아내를 만나면 서로 부둥켜안고 울었습니다. 이미 실내생활에 익숙해진 대심이가 황량한 바깥 생활에 얼마나 고생할지 두려웠습니다. 더 놀라운 일은 아무리 생각해도 대심이의 얼굴이 떠오르지 않는다는 점이었지요. 주변 사람들이 대심이와 닮았다고 연락을 해 와서 달려가 보면 닮았지만 아주 다른 길냥이가 발견되기 일쑤였습니다.

대심이, 대심이는 도대체 어디로 가 버린 걸까요? 대심이를 찾아다니던 사람들이 무더위와 피로감 때문에 다시 연구실에 모였습니다. 고양이를 잘 아는 사람들의 의견을 종합한 결과, 대심이는 멀리 가지 않았을 것이며 석양이나 일출 때 움직이기 시작할 것이라고 예상했습니다. 그래서 초저녁에 다시 출동했지요. 아내는 "대심아, 대심아" 하면서 골목을 천천히 걸어갔습니다. 그런데 연구실 건물 바로 앞 골목에 세워 둔 리어카 뒤에서 절규에 가까운 애타는 대답이 들리는 겁니다. "냐옹, 냐옹, 냐옹." 그것도 근처 다방에서 일하는 분이 듣고 저희에게 알려주었습니다. 동네 사람들은 낡은 리어카에 쌓여 있는 목재며 쓰레기를 치우기 시작했습니다. 그리고 대심이가 까맣게 검댕을 묻힌 채 겁에 질려서 뛰쳐나왔습니다. 우리는 대심이를 붙잡았고, 그제야 환희와 경탄의 웃음을 지었습니다. 그 일이 바로 몇 달 전 일인데도 바로 어제 일만 같군요.

세상에 단 하나밖에 없는 존재

사랑하는 사람에게서 아이를 발견하는 것은 즐거운 일입니다. 아내에게 '꿍꿍이'라는 아이 이름을 붙여 주고, 이따금 아내가 자고 있을 때 그 아이의 미소를 상상합니다. 때로는 아내가 아이 목소리로 변조해서 얘기를 하는데, 그때마다 하고 싶다는 것은 대부분 들어줍니다. 상대방이 세상에 단 하나밖에 없는 존재임을 안다는 것은 소중하고, 아주 소중하고, 이루 말할 수 없을 만큼 소중한 느낌입니다. 그렇기 때문에 아내라는 유일무이한 존재를 다른 사람과 비교해 본 적이 없고, 평가해 본 적이 없습니다. 아내가 가진 삶의 깊이와 잠재성을 끊임없이 발견하면서, 그 속에서 생명의 위대함과 경외감을 느낍니다. 그런 점에서 저는 아주 가까이에 있는 아내를 뻔하게 보거나 일정한 모습으로 단정 지은 적은 한 번도 없습니다. 아내의 색다른 면모와 마음의 깊이를 가늠하는 것이 저에게는 일상입니다. 이따금 아내가 가진 인내력의 한계를 알기 위해서 시키는 일을 안 하고 딴청 피울 때도 있지만 대부분 장난이고, 되도록 아내의 지시에 따라 일사불란하게 살림을 같이 하는 편입니다. 심지어 아내에게 한 번도 화나 짜증을 낸 적이 없기 때문에, 주변 사람들이 신기하게 생각하기도 합니다.

그런데 딱 한 번 짜증을 낸 적이 있습니다. 그것은 놀랍게도 결혼식을 올리기 바로 며칠 전의 일입니다. 워낙 세상물정에 어두운 신랑과 결혼하는 터라 아내는 매일매일 결혼예복 맞추랴, 주례신부님과 면접하랴, 천주교에서 주최하는 교육받으랴, 예식에 쓰일 꽃이며, 사진이며, 신혼여행지를 알아보느라 무척 바빴습니다. 저는 약간 멍하게 그 상황을 받아들인 것 같습니다. 그래서 아내가 짜준 스케줄을 소화하는데도 힘에 부쳤지요. 그런데 그날은 왜 그랬는지 모르겠습니다. 성당에 면접 보러 가는 길에 저는 아내에게 "너무 일정이 많은 거 아니야" 하면서 토라져서 짜증을 냈습니다. 그때가 처음이자 마지막입니다. 그때 제우스만이 불벼락을 내리꽂는 것이 아니라는 사실을 깨달았습니다. 아내는 저를 열중쉬어, 차렷을 몇 번 시키듯이 야단을 쳤고, 저는 조용히 반성의 의자에 앉았지요. 그리고 그때 이후로 8년 동안 짜증을 낸 적이 없습니다.

짜증을 한 번도 내지 않은 이유가 아내의 야단 때문만은 아닙니다. 아내의 얼굴에서 세상에서 가장 작은 아이를 발견하고, 늘 그리워하고, 도와주고 싶고, 함께하고 싶은 마음이 생겼기 때문입니다. 세상에 누구와도 비교할 수 없고 바꿀 수 없는 단 한 사람, 그 유일무이성을 늘 느끼고 살았지요. 아내는 이따금 말합니다.

"우리 중 누군가가 아프다면 우리는 어떻게 해야 할까?"
저도 막막해집니다. 서로에게 기대고 살아가는데 한 사람이 아프다는 것은 우리가 기댈 곳, 마음과 몸이 의지할 곳을 잃는 것이기 때문입니다. 그래서 아내와 함께 웃고, 함께 밥 먹고, 함께 쉬고, 함께 대화하는 그 시간들 순간순간이 항상 소중하다고 생각합니다. 이미 나이가 많이 먹어 버렸는지, 제 친구들과 선생님들 중 이미 떠나가 버린 분도 있습니다. 무지개다리 너머에 무엇이 있을지 모르겠지만, 아내와 함께하는 이 순간순간의 시간이 절박하고 소중하고 가슴에 깊게 와 닿습니다.

단 한 번뿐인 실존의 시간

"난 이번 생에서는 틀렸어."

이런 얘기를 하는 젊은이가 많다고 합니다. 저는 지금-여기 살아가는 이번 생에서 최선을 다하자는 것이 좌우명이지요. 가난하더라도, 실패가 많더라도, 기회가 적더라도 하나하나 삶과 일상과 일을 만들어 보자고 다짐하며 살고 있습니다. 제가 그런 생각을 품고, 글을 쓰고, 공부를 하고, 사람들과 함께 세미나를 하는 이유는, 제가 갖고 있는 삶과 시간의 유한성이 아주 극명하게 드러나기 때문에 더욱더 그렇습니다. 삶의 시간이 끝없이 펼쳐져 있는 것이 아니라 주어진 몇 십 년으로 한정되어 있기 때문에, 열심히 무언가를 하여 유한한 시간 동안의 의미와 가치를 찾고자 최선을 다하는 것입니다. 그것은 소득과도 무관하기 때문에, 돈을 주든 안 주든 토론회나 세미나의 현장에서 최선을 다하게 됩니다. 그것이 유한한 실존이 던지는 몸부림이며 춤사위와도 같은 생명의 몸짓이라고 생각합니다.

사르트르는 "실존은 본질에 앞선다"고 말했다지요. 본질로서의 '~은 ~이다'라고 단정 내리는 것은 아주 쉽습니다. 그러나 살아가고, 살아갈 의지와 삶의 현장을 만들어 내고, 삶의 영토를 풍부하게 만드는 것은 늘 본질의 문제가 아니라 자신에게 주어진 삶의 현장, 삶의 시간, 즉 실존의 문제지요. 제가 고등학교 때 사르트르를 좋아한 이유는, 세상의 부조리한 상황에서 삶이 겪어야 할 무망함과 덧없음, 허무를 이겨 내는 것이 현실참여이자 실존의 참의미라고 생각했기 때문입니다. 고등학생 주제에 저는 제법 철학을 깊게 공부하는 학생이었고, 사르트르의 『실존주의는 휴머니즘이다』라는 책을 옆구리에 끼고 다니면서 입시에 지친 고등학생들 틈에서 철학적 사색과 삶의 위대함을 설파하고 다녔지요. 그래서 저를 교주나 종교에 빠진 사람 같다고 기억하는 친구도 있습니다.

일본의 영화감독이자 배우인 기타노 다케시는 일본 주간지 〈슈칸포스트〉(2011.4.) 인터뷰에서 "후쿠시마 지진은 2만 명이 죽은 하나의 사건이 아니라 한 명이 죽은 2만 개의 사건이 벌어진 것이다"고 말했습니다. 즉, 여러 사람이 겪은 하나의 사건이 아니라 한 사람, 한 사람이 겪어야 했던 각각의 사건이라는 것입니다. 여기서 한 사람은 하나의 세계, 하나의 우주, 하나의 대륙에 필적할 지위를 갖습니다. 마찬가지로 세월호 침몰 사고로 죽어간 304명 사망자의 의미는, 304명이 사망한 하나의 사건이 아니라 한 사람이 죽음이라는 상황에 직면한 304개의 사건을 의미합니다. 그들 한 명 한 명은 영화 수십 편으로도 부족할 만한 사연과 스토리가 있을 것입니다. 그래서인지 프랑스 철학자 쥘 들뢰즈도 "한 사람의 죽음은 하나의 세계의 소멸과도 같다"는 말을 남겼지요.

여기서 한 사람의 삶과 실존의 의미를 누구도 침해할 수 없고 가장 존엄한 권리로 여길 필요가 생깁니다. 그것은 인간만의 삶과 실존만이 아니라 신체와 삶을 가진 모든 존재, 즉 동물, 식물, 벌레, 미생물, 자연 등의 영역으로까지 확장할 필요가 있습니다. 이른바 생명권 시대의 개막이 바로 이런 점에서 도래한 셈이지요. 생명권 시대의 개막은 통속적인 문명의 비루하고 똑딱거리는 시간에서 벗어나 삶과 생명의 창조발화의 시간, 즉 실존의 시간을 재건할 계기라고 할 수 있습니다. 그것은 지금 한순간의 찰나가 우주적 시간에서 단 한 번밖에 주어지지 않는 순간이라는 점을 깨닫는 것을 의미합니다. 생명권은 단조로운 일상을 구성하는 자본주의문명을 종식시키고, 모든 찰나마다 경탄과 경외, 행복이 찾아올 수 있는 시간의 수평선을 그릴 것입니다. 그것을 들뢰즈는 차이 나는 반복의 시간, 그래서 후렴구의 화음으로 가득 찬 시간으로도 묘사했지요. 결국 생명권 시대의 개막은 우리의 삶의 의미와 실존적인 차원을 재건하고 부활시키는 결정적인 계기가 될 것입니다.

유한성을 문득 깨달았을 때

박사과정을 공부할 때 가끔 학부 때 함께한 동아리방에서 책을 읽었습니다. 동아리방에서 내다보이는 학교 외부 건물에서 S선배가 잡지를 만들고 있었습니다. 벚꽃이 남산을 덮고 있던 어느 날 그분께 연락을 드렸습니다. 함께 벚꽃구경 가자고 말이지요. S선배는 남산을 흰빛으로 물들인 벚꽃을 보고 아이처럼 좋아했습니다. 우리는 남산 길을 저녁까지 헤매고 돌아다녔지요. 술 한잔 마시면 좋았겠지만, 선배는 마감 때문에 다시 잡지사에 들어가야 해서 우리는 아쉽게 헤어졌습니다.

몇 달이 지난 가을날, 지인에게 연락이 왔습니다. 그 S선배가 많이 아프다고, 말기 암이라는 얘기를 들었습니다. 저는 걱정이 많이 돼서 용기를 내어 전화해 봤습니다. S선배는 웃으면서 많이 아프니 한번 병실에 찾아오라고 했습니다. 저는 무슨 얘기를 해야 할지, 무슨 표정을 지어야 할지 잘 몰라서 찾아가는 것을 계속 주저했습니다. 한 번은 꼭 가야 한다고 생각했지만, 저는 준비가 되어 있지 못했습니다. 그 아름다운 만남이 불과 몇 달 전인데, 돌연 떠나보내야 한다는 것이 저를 주저하게 만들었지요. 그리고 이런저런 생각을 하고 있던 며칠 후에 연락이 왔습니다. 그 선배가 돌아가셨다고, 저는 조용히 울었습니다.

일 년이 지난 후 S선배의 친구들, 더 정확히 말하면 제 누님과 돌아가신 S선배의 남자친구, 그리고 친동생처럼 아끼던 후배가 만나서 술을 마시는데 나오라며 저에게 연락이 왔습니다. 저는 낡은 양복을 차려 입고 그 자리에 나갔습니다. 다들 취해 있었고, 여러 이야기가 나왔습니다. S선배가 친동생처럼 아끼던 후배가 바로 지금 제 아내입니다. 아내는 초저녁잠이 많아서 그날 술자리에서 연신 고개를 떨구며 졸고 있었습니다. 그날 많이 취한 아내를 제가 데려다 주었지요. 돌아가신 S선배의 후배이기 때문에 더 좋은 감정이 들었습니다. 일찍 출근해야 하니 모닝콜을 해달라는 아내의 한마디에 잠을 안 자고 밤을 꼴딱 새우고 나서 전화를 스무 통이나 했습니다. 아내는 웬 이런 사람이 있나 싶었겠지요. 그리고 우리의 결혼식 날, 돌아가신 선배의 남자친구이신 형님이 구수한 전라도 사투리로 "막 허락도 없이 만나더니, 결혼해 부렀어, 도둑놈"이라고 뒤풀이 자리에서 술회하셨지요. 그리고 피로연에서 술에 거나하게 취해서 "바람 피우면 내가 직접 야삽으로 묻어 버리겠다!"고 호통치기도 했습니다.

그리고 이제 그 선배님이 돌아가신 지 10년이 넘었습니다. 다시 그 멤버들이 모여서 S선배가 좋아하는 매운 닭발, 소주, 담배 등을 앞에 두고 도란도란 먹고 마시고 대화했습니다. 사실 S선배는 저에게는 아주 잠깐 동안의 기억으로 남아 있지만, 아내와는 추억이 많아서 아내가 늘 S선배 이야기를 합니다. 저는 그때마다 벚꽃이 흐드러지게 핀 남산에서 아이처럼 웃던 S선배를 생각하곤 합니다. 우리의 삶은 유한하기 때문에, 보이는 것보다 보이지 않는 것을 많이 남기고 홀연히 떠나가나 봅니다. 저와 아내는 긴 시간 동안 S선배라는 보이지 않는 실로 이어져 있는 느낌입니다. 그리고 그 끈은 점점 스토리를 만들고, 실존을 만들고, 최선을 다하는 찰나의 순간을 만드는 두터운 끈이 되고 동아줄이 되고 인연이 되었지요.

생명평화의 시간, 실존의 작동에 주목하자!

하이데거는 "될 대로 살지, 뭐" 하는 속인(Das Man)의 삶을 벗어나 현존재(dasein)라는 끝과 유한성을 깨닫는 삶의 중요성을 역설했다지요. 그래서 흔히 '내려놓지 못한 사람'과 '내려놓은 사람'으로 분류하기도 합니다. 그런데 내려놓은 사람이라고 불리는 실존에 대한 응시와 자각을 갖고 있다는 것에서 우리는 한 발자국 더 나아가야 한다고 프랑스 심리치료사 펠릭스 가타리는 말합니다. 즉, 실존을 깨닫는 것에서 멈추는 것이 아니라 실존적인 자각이 만들어 내는 다채로운 작동에 주목하자는 것입니다. 그렇기 때문에 우리는 실존에 멈추는 것이 아니라 실존에서부터 시작해야 합니다. 내려놓은 사람들이 나서서 '뜻과 지혜와 아이디어와 실천력을 가진 우리 중 어느 누군가'를 만드는 것, 즉 '주체성 생산'의 밑

거름이자 판을 조성해야 합니다. 그렇기 때문에 실존의 작동은 판짜는 사람, 공동체를 재건하는 사람, 주체성 생산을 도모하는 사람으로 더 전진 배치해야 합니다. 그런 점에서 실존의 참의미에서 머물던 실존주의적인 맥락을 이제야 넘어서게 됩니다.

저는 최근에 스마트폰 글씨가 안 보이는 것을 이상하게 생각했습니다. 그리고 점점 책 한 권을 읽는 것이 어려워지는 것입니다. 그래서 저의 의지부족, 노력부족, 책임부족으로 여기고 샤워를 열댓 번 하고 책과 대면했지요. 그런데 나중에 안 사실은, 그것이 의지나 노력의 문제가 아니라 노안이 와서 그런 것이었습니다. 공부를 한다는 것도 어쩌면 한때의 열정이지 않나 하는 무망한 느낌도 들었지요. 그러나 이제 저는 배치에 약간의 변화를 가하려고 합니다. 누군가에게 공부를 시키고, 책을 읽히고, 토론을 유도하는 사람으로 저를 재배치하는 것이지요. 그래서 사람들을 모아서 책을 쓰게 만들고 수정과 첨삭, 편집을 하고 있습니다. 사실 제가 혼자서 책을 쓰고 읽는 것이 한계가 있다는 유한성을 자각한 후에 시작한 일입니다.

지금 연구실 한 구석에서 대심이가 늘어지게 낮잠을 자고 있습니다. 하품도 거하게 하고, 밥을 게걸스럽게 먹고, 한 번 힘줘서 똥도 푸지게 싸는 대심이의 일상이 저에게는 행복한 삶의 척도입니다. 대심이는 세미나하는 자리에도, 책을 읽는 자리에도, 글을 쓰는 자리에도 꼭 옆에 앉아 있거나 곁에서 잠을 잡니다. 아내는 "대심이에게 심부름 시켜도 잘할 것 같아" 하고 말하기도 하지요. 생명평화의 세상은 멀리 있지 않습니다. 낮잠을 푹 자고 있는 대심이에게 이 무더운 여름 오후가 생명평화의 시간입니다. 그리고 저의 삶과 실존의 영원성은 생명과 자연과 함께하는 단 하나밖에 없는 순간과 합일할 때 가능합니다. 그래서 저는 말하고, 쓰고, 읽고, 듣고 하는 모든 일을 생명과 자연의 행위 중 하나라고 생각합니다. 대심이 옆에서 글을 쓰고 있다는 것이 참 행복합니다. 그리고 대심이가 세상에 단 하나밖에 없는 존재라는 점에서 저에게 넌지시 말하고 있는 생명평화의 약속에 귀 기울이게 됩니다.

나비와 꽃은
서로 대화할까

나비가 꽃을 만났을 때

올봄에 정독도서관에서 특강을 한 적이 있습니다. 늘 저 혼자 강단에 오르는 게 상례지만 이번에는 아내와 함께했지요. 아내와 제가 공동으로 쓴 책을 중심으로 한 강의였거든요. 그 강의에서 저는 '되기(becoming)'라는 개념을 주저리주저리 설명했습니다. '되기'는 프랑스 철학자 들뢰즈와 가타리의 개념으로, 상대방의 입장에 서서 사랑하고 신체를 변용시킨다는 점에서 동양의 역지사지易地思之의 원리와도 같습니다. 그 두 사람은 동물 되기, 아이 되기, 장애인 되기, 부랑아 되기, 여성 되기 등의 소수자 되기를 말합니다. 여기서 저는

'되기'는 '이기(being)'가 아니라 과정적이고 진행형적인 사랑이자 신체 변용(affection)이라고 설명했지만, 청중은 별로 이해하거나 동의하는 것 같지 않았습니다. 급기야 청중 중에 한 사람이 "다른 사람일 수 없으면서도, 어떻게 그 사람이 되는 것이 가능하냐?"며 질문을 퍼부었죠. 저는 대답이 군색해서 장애인 되기는 장애인이 아니면서도 장애인을 사랑할 수 있는 능력이고, 노숙인 되기는 노숙인이 아니면서도 노숙인을 사랑할 수 있는 능력이라고 말했지요. 그러나 질문자는 현장투신이라는 1980년대의 실천 활동과 같이 현장에서 하나된 존재이지 않고서 어떻게 되기를 할 수 있겠냐며 회의적인 반응을 보였습니다. 저는 어떤 사례를 들어 설명할 수 있을까 고심했습니다.

그런데 갑자기 좌중에서 흑기사가 등장했습니다. 아마도 그분은 난처한 저에 대한 '되기'를 했던 분 같습니다. 강단의 앞쪽에 앉아 계시던 어르신 한 분이 조용히 말을 꺼냈지요.

"사자와 소가 사랑하면 어떤 일이 벌어질까? 사자는 고기를 소에게 주겠지. 그러나 소는 사자에게 풀을 줄 것이야. 사자와 소는 서로를 사랑하기 때문에 서로에게 주는 것을 그만두지 않겠지. 되기는 그런 소와 사자 간의 사랑의 상황이지 않을까? 나비가 꽃을 만날 때도 그렇겠지!"

그 순간 저는 무릎을 탁 치며 어르신에게 공감했습니다.

"맞아요. 저와 아내의 관계도 그런 것 같아요."

그러자 좌중은 아주 빵 터져서 웃었지요. 청중의 눈에는, 저와 아내의 관계가 평행선을 달리는 그런 사이라고 느꼈나 봅니다. 되기란 이루어질 수 없는 사랑과도 같이 이질적이고 낯선 존재들이 던지는 사랑의 절박한 몸짓이라는 생각이 그때 들었습니다.

저는 집으로 돌아가면서 어르신이 들려준 되기의 철학을 곰곰이 생각했습니다. 예전에는 통일성, 동일성, 통합, 합일 등을 추구하는 경향이 참 많았습니다. 그러나 요즘처럼 차이와 다양성이 만개한 상황에서 차이 나는 존재끼리 어떻게 하면 사랑을 할 것인지가 핵심적인 문제라는 생각이 들었습니다. 어르신이 말한 소와 사자의 사례처럼 예전에는 사랑을 상대방과의 합일과 통합이라고만 생각했는데, 이제는 사랑도 서로의 편차와 차이가 만들어 내는 하나의 예술작품과도 같아 보입니다. 보통의 사랑 전선에 이상이 생기는 이유는, 서로에 대한 차이를 화음으로, 미학으로, 예술로 창조행위로 만들지 못하는 것에서 비롯합니다. 저는 그날 아내와 함께 강단에 올라 특강을 했는데, 강단에 난생 처음 오른 아내의 미세한 떨림과 긴장한 모습을 보고, 역지사지의 애틋함을 느꼈습니다. 아내와 잊지 못할 추억 하나가 만들어지는 느낌이었지요. 그날을 말하면 아내는 손사래를 치면서 다시는 기억하고 싶지 않다고 하지만, 제게는 오히려 아내의 인간미가 느껴지고 사랑이 깊어진 순간이었습니다.

뜻에 따른 것이 아니라 전염된 것

20대 초반, 술자리마다 다 쫓아다니던 시절이었지요. 술자리에서 만나 친해진 선배나 친구도 많습니다. 특히 대학 신입생 환영회 이후로 새롭게 뭉친 친구들이 이유도 없이 함께 우르르 몰려 다녔지요. 그날은 개학 후 4·19 기념집회가 있었습니다. 술자리에 함께한 신입생 친구들이 대거 참여하는 자리였지요. 옆 친구보다 앞으로 나가려 하다 보니 엉겁결에 난생 처음 짱돌이라는 것을 던져 보았고, 최전방까지 나가 보기도 했습니다. 집회가 끝나고 선후배들은 술 한잔 하면서 4·19 기념집회에 나간 이유를 얘기했습니다. 물론 저와 친구들은 하나같이 '친구 따라 강남 갔다'는 얘기밖에 못할 처지였습니다. 그런데 저와 친구들은 제법 그럴 듯하게 집회 참여의 의미와 실천의 당위성을 얘기했습니다. 게다가 비까지 추적추적 내려 분위기에 취하고, 술에 취하고, 함께하는 자리에 취해서 끝없는 이야기꽃을 피웠지요. 의협심이나 모험심, 역사적 의미까지 조금 가미되니 저희는 정말 재미있게 하루 동안 생긴 일을 얘기했습니다.

그렇게 대학 생활을 보내던 중 1991년 강경대 사태가 터졌습니다. 취업이며 공무원시험, 학점 등에 신경 쓰기 바빠 여기저기 흩어져 있던 그때의 친구들이 다시 모였습니다. 지금은 교수가 된 당시의 조교님이 철학과 전체의 출석을 체크했습니다. 총 100명 정원에 92명이 참여했지요. 저희는 다시 모인 용사가 되어 예전처럼 모험담을 늘어놓았습니다. 무슨 일이 생길 때마다 저희는 다시 모였다 흩어졌다를 반복했습니다.

최근에는 2016년 촛불집회에서 다시 만났죠. 이번에는 저마다 아내와 아이들 손을 꼭 잡고 함께 모이니 전보다 사람이 많아졌습니다. 다들 내일 출근해야 해서 술자리는커녕 뒤풀이도 제대로 못했지만, 4·19 기념대회에서 처음 거리로 나서던 그때가 생각났습니다. 사실 우리는 이데올로기나 의지, 커다란 뜻에 따라 모인 친구들이 아닙니다. 그냥 친구가 좋아서 함께 움직이면서, 역사와 함께하고, 사회와 함께했습니다. 우리는 서로에게 전염되어 움직이고, 서로를 감염시킨 사이입니다.

전염이라는 것이 참 재미있는 현상입니다. 마치 술자리 하나가 생기는 원리와도 같습니다. 대학에는 과마다 동아리마다 비가 내리면 무조건 술 마시는 우주회雨酒會라는 모임이 꼭 하나씩 있게 마련입니다. 주당들은 비가 내릴 때마다 서점이나 단골 술집에서 무리짓기를 합니다. 그 무리의 배열은 늘 바뀌지만, 주당은 주당을 알아본다고, 밤새 술 마시는 것은 변함이 없지요. 술 마시는 주당 친구들과 만나는 것은 무언가에 전염되어 있는 사람의 모습과도 같습니다. 주당 친구들과 만나는 과정에서 다양한 주제의 이야기가 나오게 마련입니다. 역사와 철학, 우주와 세계, 여행, 시위, 아르바이트 등 세상만사가 술안주가 되어 술자리를 달굽니다. 그러나 주제가 무엇이든 간에 술을 거나하게 마신다는 점은 똑같지요. 그리고 밤이 깊어지다 못해 새벽녘이 되어 쓰레기차가 바쁘게 움직일 즈음에야 각자 집으로 돌아가곤 했지요. 그때는 각출이라는 개념도 없었습니다. 친구가 아르바이트나 과외해서 돈을 받았다고 하면 그날은 그 친구가 쏘는 날이고, 제가 집에서 용돈이 올라왔다고 하면 그날은 제가 쏘는 날이었습니다. 술자리에서 한 달 용돈 전부를 날리는 날인데도 우리는 마치 광신도와 같이 서로에게 전염되어서 술값을 냈지요. 그런 열정은 아마 다시 찾아오기 어려울 것입니다.

무리 주변이 나의 배치

영원한 주변인일 수밖에 없는 사람이 있습니다. 제가 만난 주변인 중에는 성소수자, 도인, 장애인, 정신장애인, 탈학교 아이들 등이 있습니다. 특히 도인인 K선배와의 만남이 참 재미있었습니다. 대학 시절 친구들의 잇단 구속과 수배 소식을 듣고 우울과 침울, 사기 저하에 빠졌을 때 우연히 그분을 만났습니다. 무슨 도를 닦는다고 해서 기인인가 보다 생각했는데, 이야기를 나눌수록 특이한 사람이라는 생각이 들어 도인이라는 자기소개가 그런대로 수긍이 갔습니다. 그 선배는 저의 우울감을 금방 읽어 내고 독특한 호흡법과 운동법을 알려주면서 매일 실천하라고 했습니다. 당시 저는 불면의 밤을 보내고 술에 절어서 살았는데, 그 선배님 말씀 따라 삼시 세끼를 챙겨먹고 자기 전에 호흡법을 하고, 운동요법에 따라 몸을 부지런히 움직였지요. 한 3개월 정도를 하니, 놀랍게도 모든 것이 다시 평화로운 일상으로 돌아왔습니다. 그냥 그 선배 얘기를 믿었고 진실로 들었을 뿐입니다. 도인이던 분은 우리 사회의 주변과 가장자리에 있는 사람들의 지혜를 전달해 주었습니다. 그리고 그때 저는 주변부를 살피는 습관이 생겼습니다.

생태사상에는 '가장자리효과'라는 개념이 있습니다. 들과 산이 만나는 곳, 육지와 바다가 만나는 곳 등 가장자리가 가장 강렬도가 높아서 생명이 잉태되는 곳이라고 말합니다. 그래서인지 저는 대학에서 강의할 때, 강의실 주변이나 가장자리에 앉아 있는 친구들을 관찰하는 것을 좋아합니다. 이러한 가장자리효과는 공동체에서도 적용됩니다. 공동체에도 중심에서 활약하는 사람이 있는가 하면, 주변에서 얼쩡거리면서 간혹 추임새를 넣거나 딴소리를 하는 사람도 있습니다. 제가 공동체와 접촉할 때, 주변과 가장자리에 있는 사람과 대화하는 것을 좋아하는 이유는, 그들이야말로 그 공동체를 풍부하고 다양하게 만드는 사람이라고 생각하기 때문입니다. 그래서 저는 회의보다 뒤풀이에 강한 사람을 좋아합니다. 사실 공동체 회의 시간에는 이성과 합리성이 중심이 되어 사람들이 발언하지만, 뒤풀이 자리에서는 욕망, 감각, 몸 등이 살아움직이면서 발언하기 시작하기 때문입니다.

주변인, 소수자, 마이너리티, 별종 등의 사람을 만나면, 세계에 대한 독특한 인식방식, 삶에 대한 독특한 철학, 만남을 하나의 사건으로 여기는 시간 등이 돌연 나타납니다. 그때 저는 그들의 이야기를 경청하는 것이 정말 좋습니다. 그 모임이나 토론회, 회의에 대한 전혀 다른 시각이 주변에서 제출되기 때문입니다. 물론 다수결로 결정되는 회의 자리에서 그들의 '딴소리'는 대부분 10퍼센트 미만의 득표를 얻고 그 날부로 역사의 뒤편으로 사라져 버리곤 하죠. 생각하면 정말 아쉬운 일이 아닐 수 없습니다. 그래서 저는 다수결이 아닌 전원합의제가 소수의견을 존중하는 유력한 방식이라고 생각합니다. 합의 내용 자체보다 합의를 이끌어내는 과정에서 다양한 의견을 듣고 나누고, 옆 사람을 보다 깊이 이해하면서, 결국 사회와 공동체가 그만큼 성숙해지기 때문입니다. 결국 다수결은 '최대 다수의 최대 행복'을 위한 소수의견의 묵살이라는 공리주의나 효율성의 틀에서 한 치도 벗어나지 못합니다. 전원합의제, 그것도 모든 사람에게 발언권을 주는 자리가 민주주의적인 의사결정 과정에서 핵심이라고 생각하는 것은 또 다른 이유도 있습니다. 바로 관료 시스템이라는 자동주의적인 맥락에 따르지 않고, 민주주의라는 자율주의적인 맥락이 그때서야 구성된다고 생각하기 때문입니다. 그런 점에서 관료체계나 시스템의 입장에 선 사람은 저를 '비효율의 화신'이라고도 부르곤 하지요. 그런 점에서 저는 영원한 주변인인지도 모르겠습니다.

소수자 되기, 세상의 재창조

소수자인권에 관심이 확산되면서, 자연스레 소수자 되기도 덩달아 관심을 끌었습니다. 그러나 소수자인권에 대한 논의는 정치적으로 올바름이 있다는 확신과 당위, 믿음이 있기 때문에 계몽주의적인 발언에 따라 논의되는 경우도 많습니다. 또한 소수자를 사회적 약자나 피해자로 보는 시각도 노정하고 있습니다. 더더군다나 차이와 다양성이라는 이름 아래 숨어 들어와 있는 마초, 인종주의자, 파시스트의 소수자 코스프레도 문제겠지요. 그런데 소수자라는 특이점이 많을수록 우리 사회는 다양해지고 풍부해집니다. 왜냐하면 사회 역시 생태계와 같이 다양할수록 생명이 잘 살아갈 수 있기 때문입니다. 그런 점에서 펠릭스 가타리의 말처럼 공동체가 소수자에 대한 사랑을 통해서 풍부해지고 충만해지고 다양해지기 때문에 "어떤 의미에서 우리는 소수자를 발명해야 한다"는 말이 가슴에 와 닿습니다. 소수자 되기는 마음속 한편에 자리 잡은 사랑과 돌봄의 부드러움과 따뜻함과도 같다는 생각도 듭니다.

우리는 완전히 색다른 생각과, 색다른 사회와, 색다른 세상을 만들 수 있는 능력이 있습니다. 바로 그것이 소수자 되기라는 역능이 갖는 오묘하고 신비로운 능력이라고 할 수 있습니다. 우리의 사랑은 사랑할수록 사랑의 능력이 증폭되고, 우리의 다름은 차이와 다양성의 다름으로부터 완전히 색다른 다름을 만들 수 있는 생산적이고 창조적인 다름입니다. 그런 점에서 소수자 되기는 수많은 사건과 특이점을 만드는 창조행위일 수 있습니다. 이를테면 노숙인에 대한 사랑과 돌봄이 노숙인 무료배급소, 노숙인잡지, 노숙인시설, 노숙인인문학학교 등을 만들어 내는 것만 보더라도 그렇습니다. 이러한 특이점은 노숙인이 선택할 수 있는 경우의 수를 늘려 나가면서 그들의 자율성을 높여 나갈 수 있는 현실적인 방법입니다. 즉, 사랑할수록 우리는 그가 선택할 수 있는 경우의 수 하나하나를 늘려 나가는 것입니다.

"모두가 소수자다"라고 말하는 분도 있습니다. 물론 어떤 사람도 모든 면에서 다수자일 수 없으며, 누구나 약간씩은 소수자의 요소를 갖고 있는 것도 사실입니다. 그리고 자신의 소수성을 잘 들여다보면 소수자를 사랑할 수 있는 능력이 자신 안에 있다는 것을 발견하게 됩니다. 그래서 스피노자는 '삶의 내재성'을 말하지 않았던가요? 문제는 소수자 되기라는 사랑의 행동으로 나서는 것에 달려 있습니다. 그때 소수자 되기는 세상을 재창조하는 색다른 원천이 될 것입니다.

〈철학공방 별난〉의 세미나 구성원들이 소수자 되기를 공부하면서 몇 가지 실험을 한 적이 있습니다. 한번은 세미나 과정에 아이가 등장하여 아이 되기를 한 적도 있고, 의도적으로 목발을 짚고 거리에 나서서 장애인 되기를 체험한 적도 있으며, 노숙인과 한판 토론의 난장을 만들어서 인문학을 함께 공부하면서 노숙인 되기를 한 적도 있습니다. 그런데 그런 소수자 되기에서 우리는 더 많은 것을 배우고 경험하고 우리 자신이 풍부해진 느낌을 많이 받습니다. 소수자는 삶의 진실을 알고 있고, 삶과 죽음의 경계와 실존의 의미를 알고 있으며, 세상과의 관계 속에서 지혜를 갖고 있습니다. 들뢰즈와 가타리의 소수자 되기는 그저 개념이 아니라 실천적인 과정이며 삶의 미래진행형입니다.

생명의 공생진화, 비평행적 진화

들뢰즈와 가타리 두 사람이 함께 쓴 『천 개의 고원』(2001, 새물결)에서는 말벌과 오르키데 난초의 비평행적 진화를 말합니다. 오르키데 난초는 말벌의 꽁무니처럼 생긴 꽃으로 말벌을 유혹하여 모의성교를 하게 하는 과정에서 수분을 한다고 합니다. 들뢰즈와 가타리는 서로 전혀 상관없는 존재들이 만나 색다른 질서를 만드는 것을 '코드의 잉여가치'라고 말합니다. 문래동의 예술가와 마을 사람이 문화예술을 꽃

피우자 어느 날부터 전혀 상관없는 임대업자들이 동네를 들썩이며 집값을 올리기 시작했습니다. 이른바 젠트리피케이션Gentification 현상인데, 저는 이 속에서 코드의 잉여가치가 가진 빛과 그림자를 함께 보았습니다. 코드의 잉여가치는 자본이 자신과 전혀 상관없는 공동체의 시너지를, 이를테면 집단지성, 골목상권, 장소성, 특이성, 다양성 등을 탐할 때 나타나는 색다른 상황을 의미하기도 하니까요. 그러나 다른 한편으로는 서로 이질적이어서 전혀 상관없다고 여겨지는 생명과 사물, 공동체, 사회조직에서 서로의 차이 속에서 시너지효과가 발생하는 경우도 매우 많습니다.

생물학자 린 마굴리스는 생명과는 아무 상관이 없어 보이는 바이러스와 박테리아 등이 생명에 침투해서 생명의 체세포를 구성하는 진핵세포와 미토콘드리아 등이 되었다고 말합니다. 즉, 외부의 미생물이 생명과 공생해서 생명 자체의 구성요소를 만든 것입니다. 이것을 '공생진화론'이라고 말합니다. 생명의 원리는 공생과 상생에 달려 있습니다. 경쟁과 비용편익 계산에 따라 서로 싸우는 것이 아니라 협동하고 공생하고 상생하는 것이 생명입니다. 그런 점에서 가장 최적의 진화, 우월한 종이라는 개념은 환상이자 신화에 불과합니다. 생명은 대체로 적응하며 다양성과 경우의 수에 따라서 서로 협동해서 생존하고 생활합니다. 그리고 그 공생의 방법은 바로 이질적이고 차이 나는 것 사이에서의 우발적인 만

남과 시너지, 전염 등의 효과에 따른 것입니다.

들뢰즈와 가타리의 비평행적 진화와 린 마굴리스의 공생 진화처럼 꽃과 나비는 사람들 간의 의사소통과 다른 방식으로 대화하고 감응하고 교감합니다. 어쩌면 고양이를 만져서 고양이가 골골골거리는 것도 대화의 한 가지 방식일 수 있습니다. 각각의 생명은 다양성의 일부로서 하나의 경우의 수가 되어 서로를 지지하고 도우면서 살아갑니다. 그런 점에서 저는 다양성과 차이의 특성을 가진 생태계와 공동체의 하나의 경우의 수 중 하나가 되어 상생과 공생의 삶을 만들어야겠다는 생각이 들었습니다. 비교우위나 경쟁이나 비용편익, 효율성 등이 갖는 문명의 허깨비와 같은 논리를 넘어서 서로 돕고 협동하고 서로 돌보고 지지하는 과정이 중요하다는 생각이 듭니다. 그 작은 실험무대인 〈철학공방 별난〉은 실패도 많고 발전도 더디지만 꾸준히 사람들과 연대하고 협동하는 배치이며 자리입니다. 우리는 아주 다양해져야 합니다. 우리는 다른 삶, 다른 사상, 다른 사회, 다른 공동체를 만들어야 합니다. 그 판 위에서 춤추고 노래하고 함께 즐길 생명 평화의 그때를 위해.

생명순환은
영원할까

똥의 순환과 농업

어릴 적 시골에서 살던 저는 거름을 잔뜩 지게에 지고 흥얼
흥얼 노래를 부르며 길을 가던 농부를 자주 만났지요. 당시
새마을운동이다 뭐다 해서 지금은 유독성 발암물질로 밝혀
진 슬레이트로 지붕을 올리던 시절이었지만, 초가집을 고수
하고 똥을 거름으로 삼던 고집스러운 농부들이 간혹 있었습
니다. 저의 친구 중에는 그런 완고한 부모님과 함께 살면서
도시에 대한 선망과 호기심 등을 강하게 드러내는 아이가
있었습니다. 잡지에서 찾아낸 사진 몇 장을 보여 주고 이런
데서 살겠다고 말하는 식입니다. 아직도 기억나는 순간은 농

사가 끝나 산더미처럼 쌓여 있는 짚더미 위에 친구들과 올라가서 춤도 추고 노래도 하고 즐겁게 하루를 보내던 시간입니다. 그러나 얼마 지나지 않아 농촌은 순식간에 변하기 시작했습니다. 농부의 자녀는 대부분 도시로 떠나가고, 농촌은 도시에 물질적으로나 심리적으로 종속된 식민지나 다름 없는 상황이 되었지요. 그때 똥으로 거름을 만들던 그 많던 농부도 지금은 어디론가 사라지고 없습니다.

아내가 직장을 그만두고 제 연구실로 함께 출근하면서 가장 먼저 한 일은, 레알텃밭학교라는 도시텃밭프로그램에 등록한 것입니다. 그 이후 스티로폼 상자를 주워 모아 상자텃밭을 만들어서 연구실 앞마당에 두었습니다. 처음에는 뭔 일인가 싶어서 지켜보기만 했지요. 그런데 아내는 흙을 담고 물을 주고 씨앗을 심고 연구실과 마당을 부지런히 왔다갔다 했지요. 상추며 토마토며 가지 등 식물의 새싹이 상자텃밭의 흙 위로 빼꼼히 고개를 내밀었습니다. 참 신기했지요. 그런데 아내가 저에게 비료가 필요하다면서, 페트병에 오줌을 누어서 발효시켜야 한다고 그 원리를 한참 강의했습니다. 저는 난처했지만 조용히 경청했고 시키는 대로 했습니다. 그 이후 계속 비료생산을 독려했고, 저는 아내의 지시에 따라 오줌을 모았습니다. 제 오줌을 먹고 울창하고 푸르딩딩하게 자란 식물을 바라보는 재미가 꽤 쏠쏠했습니다. 특히 상추는 밥상마다 쌈을 싸먹는데도 다음 날이면 그만큼 또 자라 있어서 놀라웠습니다.

연구실이 문래동으로 이사한 다음에도 아내는 문래 도시텃
밭에 부지런히 신청했지요. 시골에서 쓰는 두엄이나 거름은
아니지만, 유기비료도 뿌리고 씨앗이며 모종을 심으니 며칠
후부터 수확을 해도 될 정도로 쑥쑥 자라 있었습니다. 1.8평
(약 6제곱미터) 정도의 텃밭에서 갑자기 엄청난 양의 채소를 공
급받으니 저희는 누군가가 우리에게 주는 선물이라는 생각도
들었습니다. 순환의 과정은 경이로웠습니다. 그것은 자본주의
의 성장, 도시의 성장, 부의 성장 과정과는 전혀 다른 의미가
있습니다. 급기야 저희가 프로젝트며 책 쓰는 일로 바쁘다 보
니 텃밭에 나갈 시간이 여의치 않자 어머니까지 텃밭 관리에
나섰습니다. 우리 가족은 도시의 농부였습니다. 우리가 먹다
남으면 다른 사람에게 선물로 주기도 했지요. 석양이 질 무렵,
텃밭의 잡초를 뽑다가 허리를 쭉 펴면 붉게 타오른 태양이 참
아름답습니다. 이 모든 게 다 태양과 땅과 바람과 비의 선물
이지요. 자연의 순환은 참 놀라운 것입니다.

폐지를 모으는 할머니

도시의 자원순환은 골목이나 거리 곳곳에서 이루어집니다.
그중 폐지를 주워 모으는 노인들이 참 많습니다. 저희는 박
스나 종이가 생기면 꼭 연구실 인근의 태양슈퍼 할머니에게

가져다 드립니다. 할머니는 박스를 가지런히 정리정돈하고, 고맙다며 라면 하나 끓여 주려고 하시지만 저흰 공손히 거절하고 겨우 빠져나옵니다. 태양슈퍼 할머니는 폐지를 모아 그 여윳돈으로 길냥이에게 밥을 해주는 일상을 보내십니다. 한번은 길냥이가 슈퍼 앞에 모여 있길래, 자세히 보니 된장국에 김치 몇 개, 갓 지은 쌀밥을 비벼서 준 것을 맛있게 먹고 있었습니다. 그래서 동네 사람들이 사료를 모아서 주기도 하지만, 폐지를 모아서 번 돈으로 길냥이 밥을 주는 재미가 참 좋으신가 봅니다. 연세도 많고 관절도 아프지만, 폐지를 가득 싣고 가시는 슈퍼 할머니의 뒷모습을 보면 길냥이들이 굶지는 않겠다 싶어 참 기분이 좋습니다.

최근 대학생들이 폐지 줍는 할머니와 할아버지에게 수레를 무상으로 지급하고, 대신 수레에 광고를 노출하게 하는 사업을 한다는 얘기를 들었습니다. 한 활동가는 우리 사회에 할머니들 같은 친환경주민이 어디에 있겠냐며, 빈민이라는 개념 대신 친환경주민이라는 개념을 쓰자고 제안하기도 했지요. 자원 재활용과 순환의 과정은 도시의 순환에서 필수적이지만, 재활용품 가격은 현재도 현실화되어 있지 않은 상황입니다. 최근에 새 정부가 들어가면서 빈 병 가격의 현실화가 이루어진 것은 환영할 만한 일입니다. 그리고 상품을 생산한 기업이 자원재생과 순환을 책임지는 제도는 더욱 강력하게 시행해야 할 항목입니다. 분리수거의 생활화가 1세대

도시순환의 슬로건이었다면, 이제 가격을 현실화하여 분리수거가 돈이 되고 생활에 이득이 되는 2세대 도시순환으로 이행해야 할 시점입니다.

어느 날 저희 집 가까이에 사시는 부모님 댁에 갔는데, 잘 정돈된 박스와 신문, 종이뭉치를 발견했습니다. 그래서 어머니께 물어보니, 어머니도 역시 운동 삼아서 폐지를 모아 고물상에 갖다 주는 일을 하신다는 것입니다. 저희가 함께 폐지를 바리바리 들고 고물상에 가 보았습니다. 고물상에서는 바로 무게를 재고 아무 말 없이 몇 천 원의 돈을 건넸습니다. 사소한 재활용 습관이 부모님 용돈이 되는 순간이었습니다. 그 이후 다 쓴 이면지나 신문, 박스 등이 사소하게 보이지 않았습니다. 약간 마음에 걸리는 부분은 폐지를 너무 많이 모아서 어머니께서 옮기는 데 무리가 되면 어쩌나 하는 생각입니다. 그러나 어머니는 집에서 나온 것 이외에는 모으지 않는데도 이렇게 많다고 말하십니다. 부모님 댁에서 나오는데 현관에 세워둔 작은 손수레 하나가 참 기특하게만 느껴졌습니다. 그렇게 도시의 순환이 우리 가정에서도 이루어지고 있었습니다.

순환과 진보 간의 세계관 충돌

진보, 특히 자본주의적 진보와 구별되지 않는 속류화한 진보를 표방하는 사람들이 주변에 꽤 있습니다. 지구의 한계, 성장의 한계, 신체의 한계를 인정하지 않고, 늘 어제보다 나은 물질적 풍요를 생각하며 살아가는 이들이지요. 그러나 저성장 사회가 유지되면서 이러한 생각은 오히려 낡은 것이 되었습니다. 유한성을 승인하지 않으면서 무한한 발전과 성장의 미래를 생각하는 사람에게는 성장이 멈추거나 더뎌진 현재의 상황이 참 불만족스럽고 못마땅한 상황일지도 모르겠습니다. 예전에는 물질적인 성장을 추구하는 것이 진보였고, 유한성을 승인하며 순환과 재생을 생각하는 것이 보수였습니다. 그래서 어떤 사람은 진보정당을 좌파로 녹색정당이나 생태정당을 우파로 배치해야 한다고 말하기까지 합니다. 결국 적녹연정에 대한 아이디어는 적색과 녹색의 만남을 통한 균형과 조화, 조율이라는 점에서 중요합니다.

특히 기술진보는 진보적 세계관에 대한 가장 큰 알리바이를 제공하는 것이기도 합니다. 언젠가 친구와 술을 한잔 하는데, 그 친구가 이런 얘기를 합니다.

"예전과 달라진 게 무엇일까? 조선시대, 고려시대, 삼국시대 우마차를 자동차가 대신 했다고 변한 걸까? 밥 먹고 사는 것에 무슨 변화가 있다고, 출근하고 일하는 것에 무슨 차이가 있다고, 내가 예전 삶과 유사한 현재의 삶을 뺄셈을 하다 보니, 남은 건 스마트폰 달랑 하나뿐이더라고!"

저는 기술의 한계는 삶과 생활방식을 바꾸는 표층적인 부분과는 관계하지만, 삶 자체와 그것의 내용을 바꾸지는 못한다는 사실을 그때 알았습니다. 이를테면 지구의 기후변화가 초래하는 문제를 기술로 모두 해결할 수 있을까요? 오히려 탄소중독적인 삶과 문명 자체에 문제제기가 필요한 시점입니다.

또한 블랙박스처럼 그 안에서 무슨 일이 벌어지는지를 알지 못하면서 버튼만 누르면 자동으로 작동하는 가전제품과 같은 기계장치는 소수의 전문가에게만 유리한 조건이라는 생각이 들었습니다. 더욱이 인공지능과 로봇과 같이 그 안에서 무슨 일이 벌어지는지 전혀 알 수 없는 기계장치의 대두는 문제의 심각성을 더해 갑니다. 왜냐하면 기술과 기계장치가 사회와 공동체의 통제권에서 벗어나려고 하기 때문입니다. 자본이 인간마저도 뺄셈을 하고 대신 인공지능을 채택하려는 상황입니다. 그런 점에서 기술진보가 모두 다 선인 것이 아니며 따라서 적정한 기술 수준으로 제어할 필요성도 여기서 생깁니다. 즉, 과학이나 기술은 공동체와 사회의 통제권 아래에 있어야겠지요. 그래야 비로소 기술문명이 인류와 공동체, 사회에 기여한다는 본래의 목적에 가까워질 것입니다.

고대 애니미즘으로 복귀?

독일 철학자 발터 베냐민은 이미 화석이 되고 폐허가 된 오래된 과거를 뒤져서 미래의 소재로 삼자고 말합니다. 그 말인즉슨 과거의 유물이 된 아케이드 건축물 속에도 미래를 구성할 꿈, 희망, 배치, 아이디어, 영감 등이 존재한다는 것입니다. 그래서 생태마을 라다크를 연구한 헬레나 노르베리 호지의 '오래된 미래'라는 말도 이상하지 않구나 하는 생각도 들었습니다. 문제는 시간을 총동원해야 하는 것인지도 모르겠습니다. 지금-여기-가까이에 삶을 배치하고, 미래세대의 권리를 현재로 끌어당기고, 오래된 미래를 현재로 끌어당기는 등 시간을 총동원해서 생명위기 시대에 대처해야겠구나, 하는 생각이 그것입니다. 특히 오래된 미래라 불리는 과거의 것들 속에서 미래의 씨앗을 찾는 일은 흥미진진합니다. 그중에서도 증여와 선물을 주고받던 시절의 순환적 질서를 생각하면, 여러 가지 상상력이 마구마구 동원됩니다. 특히 사물에 영적인 힘, 즉 하우Hau가 깃들어 있다는 마오리족 사람들의 생각은 고대 순환사회에서 보이는 사물영혼론의 흔적을 발견할 수 있습니다.

생태계에서는 모든 것이 순환합니다. 지구의 세 가지 순환이 질소순환, 산소순환, 탄소순환이듯이 생태계에서는 순환에 따라 흘러가는 과정 이외에는 없다고 할 정도로 모든 것이 순환합니다. 눈에 보이지 않는 사랑, 정동, 욕망의 순환도 물질-자원-에너지의 순환을 따라 함께 움직입니다. 그러한 생각은 고대 애니미즘 사회에서의 사물이 살아 움직인다는 사상, 즉 애니미즘과도 통합니다. 사물이 죽어 있거나 텅

비고 딱딱한 것이 아니라 순환과정에서 살아 움직이는 것입니다. 그러나 근대의 합리적인 사상은 사물 주위와 경계에 희뿌옇게 어려 있는 탈경계적인 사랑, 정동, 돌봄, 욕망 등을 제거하기 시작했습니다. 이것은 이것이고, 저것은 저것이지 이도저도 아닌 것은 필요 없다는 생각이지요. 근대이성의 영향 아래에서 사물은 고정되고 확실한 실체라고 생각되었고 경계도 분명해졌습니다. 그런 다음 사물은 증여와 호혜, 사랑과 돌봄 등의 흐름에 따라 살아 움직이는 것이 아니라, 등가교환에 따라 명확한 양적 척도에 따라 움직이는 것이 되었습니다. 이에 따라 자본주의는 사물을 경계가 확실하고 지독히 고정된 것으로 만들었습니다.

이러한 순환적 세계관을 말하면, 일부 종교인은 발끈합니다. 흙에서 나서 흙으로 돌아간다는 말은 인생과 의미와 영성과 신이 없다는 것입니다. 그래서인지 불교인은 해탈을 말하며 발끈하고, 기독교인은 사랑을 말하며 발끈합니다. 그리고 애니미즘적 세계관, 순환의 세계관은 낡은 것이라고 말합니다. 이를테면 부엌에 조왕신이 살고, 오래된 물건에 도깨비가 어려 있으며, 깊은 숲에 정령과 요정이 놀고 있다는 생각을 말하는 것은 세속 종교와는 지극히 다른 노선임에는 분명합니다. 그런 점에서 순환사회의 애니미즘은 현존 종교와 자본주의 질서가 탈주술화, 근대화, 합리성의 사회 등을 명목으로 기를 쓰고 내쫓고자 했던 '신비'임에는 분명합니다.

아내와 제가 홍성의 풀무마을로 귀촌하려고 집을 알아볼 때입니다. 기후변화 이후에 식량에 대한 위기감도 그러하고, 도시에서 아득바득 사는 것도 그러하고, 조용히 글 작업하면서 자연의 순환과 하나 되고 싶은 마음도 그러하여 집이며 땅을 알아보러 다녔습니다. 또한 풀무마을 공동체의 매력에 흠뻑 빠져 있던 것도 그 이유 중 하나입니다. 자연의 순환과정과 함께하면서 자연과 더불어 살고 싶었습니다. 우리 부부가 회의와 토론을 하는 과정에서 다시 한 번 들렀을 때, 충남지역에는 엄청난 가물과 물 부족이 지속되고 있었습니다. 마을 사람들의 걱정이 이만저만이 아니었습니다. 자연의 순환 중에서 물의 순환에 이상이 생겼을 때 어떤 생명도 살아갈 수 없다는 점을 알게 되었습니다. 기후변화는 풀무마을을 피해 가지 않았습니다. 환경파괴적인 자본주의에서 이만큼 떨어져서 지속가능한 삶을 살고자 노력하는 사람들도, 결국 기후변화의 거대한 흐름에서 자유롭지 못하다는 사실에 저희는 좌절했습니다. 하지만 곧 마음을 다잡았지요. 우리 부부는 도시에서 최선을 다해 생태주의 사상을 정립하고 앞으로 올 생명위기시대에 대처하자고 말하며, 귀농귀촌을 조금 뒤로 미루기로 했습니다.

아내는 요새 고양이를 위해 베란다에 캣글라스를 키우고 있습니다. 작은 농사지만 상자 하나하나마다 계획을 세워 가며 주도면밀하게 움직입니다. 이제는 상자텃밭이나 도시농부, 귀농귀촌의 꿈과 희망은 우리가 함께하는 연구와 글쓰기 작업으로 들어와 있습니다. 그러나 이전처럼 생명의 순환, 생명이 태어나서 자라고 열매를 맺는 과정에 감동하는 마음은 여전합니다. 우리는 생명의 순환이 성장주의와 자본주의라는 폭주기관차를 멈추게 할 마스터키라는 점을 여전히 해답으로 갖고 있습니다. 풍요의 시대가 끝나고 성장이 멈춰지고 더뎌지자 사람들은 성장주의를 향수와 낭만의 시대로 기억하고 있습니다. 그러나 그러한 패러다임이 완벽하게 끝나야 할 시점입니다.

영원성으로 진입하는 지역순환사회

1976년 일본의 사회학자 쓰루미 가즈코는 당대 일본 사회를 지배한 성장주의, 근대화, 개발주의 등에 문제의식을 느낍니다. 이에 따라 '내발적 발전'이라는 순환사회와 대안경제의 모델을 제시합니다. 내발적 발전은 골목상권을 유심히 관찰하더라도 드러납니다. 미장원에서 만 원을 쓰면, 그 미장원 주인이 철물점에 가서 만 원을 쓰고, 그 철물점 주인이 슈퍼에 가서 만 원을 쓰고, 그 슈퍼 주인이 목욕탕에 가서 만 원을 쓰는 등 만 원은 원가 그대로 가치를 갖는 것이 아니라 순환하면서 만 원 이상의 시너지 효과를 발휘한다는 것이지요. 그러나 만약 마트 같은 곳에서 만 원을 쓰면, 순환하던 자원과 부는 돌연 멈춰지고 지역을 빠져나와 유통대기업의 배만 불립니다. 이처럼 내발적 발전전략은 마을, 공동체, 협동조합 등 지역순환경제에 기여하는 색다른 주체성을 호출합니다. 이에 따라 지역에서 순환하는 자원과 부, 로컬푸드, 지역화폐, 지역상품 등을 극대화했을 때 지역 전체가 잘 살게 되는 것은 분명합니다. 그리고 그러한 순환의 시너지에 따라 경제성장 없이도 모두 행복해지는 것이지요.

성장과 순환이 충돌하는 것은, 우리가 사는 생활권에서도 잘 드러납니다. 요즘 저희 집 주변 골목상권은 완벽하게 폐허가 되었습니다. 대신 화려한 디자인의 유행 상품을 유통하는 편의점이 자리 잡고 있습니다. 인근 전통시장은 화석이 되었습니다. 규모도 축소되고 시장의 명맥만 겨우 유지하고 있지요. 대신 가까이에 대형마트의 SSM(기업형 슈퍼마켓)이 곳곳에 들어섰습니다. 보기에는 동네가 더 현대화하고 발전한 것 같지만, 사실은 골목상권이나 전통시장에서 일하던 동네 사람들은 더 가난해졌습니다. 제가 아내와 골목상권을 살려야 한다며, 동네 안경점을 들른 것은 지난해 여름입니다. 그런데 디자인이며 가격, 서비스가 만족스럽지 않았습니다. 처음에는 좋은 거래처를 하나 뚫어서 약간 비싸더라도 동네에서 사야겠다고 아내에게 말하고 갔지만, 약간 힘이 빠져서 돌아왔습니다. 지역순환경제의 혈맥이 끊겨 있는 상황에서 골목상권의 상인들은 더 피폐해지고, 더 예민해지며, 더 신경질적으로 바뀌는 상황이라는 점을 느꼈습니다.

기후변화가 본격화하는 현 시점에서 생명순환, 탄소순환의 한 축을 담당해야 할 공동체의 역할은 어느 때보다 중요합니다. 특히 유기농업이 갖는 중요성은 더 이상 강조하지 않더라도 분명합니다. 대량생산을 위해 화학비료와 농약을 이용해 농산물을 재배하는 관행농법처럼 화석연료를 사용하는 농업은 지속가능하지 않습니다. 오히려 유기물 순환에 입각한 농업이 지속가능하며, 자연과 생명, 사물의 무한한 순환으로까지 얘기될 수 있습니다. 결국 오래된 과거의 것이라고 치부한 것들이 문명의 전환기를 맞아 다시 미래의 가능성과 지속가능성을 위한 중요한 소재로 다시금 부상하고 있습니다.

저희 부부의 귀농귀촌 계획은 가족회의 때마다 한 번씩 나오는 주제입니다. 귀농귀촌에 대한 끝없는 이야기와 토론, 정보공유와 탐색 등이 저와 아내의 일상에 자리 잡고 있습니다. 또한 저희에게 더 중요한 순환은 늘 정동, 돌봄, 사랑의 순환입니다. 그 순환의 시너지 속에서 지금 생명이 자라고 울고 웃고 노래하고 있습니다.

4부

아이,
문명이 되돌아갈 존재

아이들은
어떻게 놀이를 할까

놀이터에서 사라진 아이들

어제는 저녁 11시 넘은 시간에 아파트 놀이터에서 어떤 중학생이 줄넘기를 하더군요. 저희 집이 1층이라 한여름 밤에 휙휙휙 팔딱팔딱팔딱 하는 소리는 고스란히 베란다를 넘어서 방 안으로 들어왔습니다. 잠이 막 들려는 참이었는데, 일어나서 놀이터를 유심히 살펴보았지요. 아마 늦은 시간까지 게임을 하다가 운동을 나왔나 봅니다. 최근 아파트 놀이터는 텅 비어 있는 공간입니다. 왜냐하면 미세먼지와 무더위 때문에 사람들이 전혀 찾지 않기 때문입니다. 예전에는 아파트 단지에 사는 아이뿐 아니라 주택가의 아이까지 모여서 시끄럽게 놀이를 했지요. 공, 줄, 미끄럼틀에서 꺄르르 웃으며 달려 다녔지요. 시끄럽지만 활력이 넘치고 난리법석이지만 나름 규칙이 있었습니다.

오늘은 아이들의 놀이에 대해서 얘기해 볼까 합니다. 놀이 하면 아이가 먼저 떠오르는데, 아이들보다 놀이의 특성을 잘 보이는 것이 동물, 그중에서도 어린 동물이 있습니다. 북극에서 촬영한 영상 중에 개가 줄에 매여 있는데, 굶주린 북극곰 한 마리가 접근하는 장면이 나옵니다. 이제 그 개는 죽겠구나 생각했는데, 웬걸, 북극곰이 으르렁거리는데도 개가 장난을 거는 겁니다. 그러자 북극곰과 개는 서로 부둥켜안고 한동안 장난에 몰두합니다. 그 후 북극곰은 여러 번 다시 찾아와서 개와 장난을 쳤다고 합니다.

어릴 적 제게는 모든 것이 장난감이었습니다. 들이며, 산, 돌, 줄, 나뭇조각 등이 모두 게임 기능을 장착한 것처럼 여겼습니다. 구슬치기, 딱지치기, 비석치기, 공치기, 오징어, 얼음땡 등 공터만 있으면 아이들이 우르르 몰려다니며 놀이에 몰두했습니다. 저는 집에 있는 모든 종이를 딱지를 만드는 데 사용하다가 어머니께 야단을 맞기도 했습니다. 그리고 딱지 한 무더기를 따서 가지고 오면 얼마나 배가 부르고 뿌듯한지 모릅니다. 물론 놀이에도 이기고 지는 승부가 있고, 지켜야 할 규칙이 있으며, 하지 말아야 할 선이 있습니다. 하지만 생각해 보면 놀이에 있는 금은 금기나 터부, 사법적 처벌과는 거리가 멉니다. 살짝 밟고 지나가도 발견만 되지 않는다면 요행히도 놀이에 계속 참여할 수 있으니까요. 또한 놀이에서는 죽었다 살았다는 죽음과 삶의 경계가 놓여 있지만, 그것은 진짜 죽음이 아니고 놀이의 설정 중 하나에 불과합니다. 부활은 늘 놀이 안에서 가능했지요. 그러한 많은 아이가 골목에서 사라졌습니다. 심지어 텅 빈 놀이터는 조용하기만 합니다. 그때의 아이들은 다 어디에서 무엇을 하고 있을까요?

놀이는 아무것도 생산하지 않는다

놀이는 어쩌면 무상한 것일 수도 있습니다. 몇 시간 동안 온 힘을 다해 전념해도 노동으로 간주되지도 않고 돈이 되는 것도 아니기 때문이지요. 그래도 아이들은 재미를 위해, 오로지 재미만을 위해 모든 힘과 에너지와 활력을 놀이에 쏟아 붓습니다. 그리고 엄청난 에너지가 발생합니다. 그래서 아이들은 에너자이저들이지요.

제 후배인 놀이연구자 J씨는 동아리활동을 하면서 동고동락을 했습니다. 이따금 그 친구와 같이 얘기하면서 놀이에 대한 그의 생각을 듣는 것이 참 재미있습니다. 그의 놀이 방식은 규정된 놀이모델을 제시하지 않고 끈이나, 깡통, 칼, 자, 종이 등이 놓인 곳에서 아이들과 함께 그냥 앉아 있는 것에서 시작합니다. 아무것도 하지 않고 말이지요. 그러면 아이들은 엄청난 지루함 때문에 엉덩이를 들썩거리다가 급기야 의자를 박차고 일어나 오락가락 서성인다고 합니다. 놀이 선생인 J씨는 뭐를 하라고 시키지도 않는답니다. 아이들은 지루해서 주변에 놓인 물건에 손을 대기 시작합니다. 그리고 오리고 만들고 조립하고 연결하는 등의 공작활동을 시작합니다. J씨는 능청스럽게도 그 과정을 지켜보고 아이들이 뭐 하나 하면서 관찰하며 돕기만 합니다. 조금만 지나면 아이들은 온갖 놀잇감을 만들어서 뛰어다니고, 비명을 지르고, 몰려다니고, 만들고, 창조합니다. 그의 지론은 지루함이 놀이의 전제고, 지루함이 자율성의 전제라는 것이지요. 사실 이런 어수선한 놀이를 진행하면, J씨를 제외한 다른 선생님들은 제지하느라 진땀을 뺍니다. 그러나 J씨가 원한 바는 바로 그것이지요.

J씨는 고정된 놀이 모델을 의도적으로 제시하지 않는 것으로 여러 놀이를 창조하고 횡단하도록 유도합니다. 이에 따라 놀이시간 동안 수십 가지의 다른 놀이가 창조되고 바뀌고 사라집니다. 그러나 규칙이 전혀 없는 것은 아닙니다. 고도로 자유롭지만 동시에 고도로 조직된 규칙이 있는 것이 놀이이기 때문이지요. 아이들은 금방 자신만의 규칙을 만들고, 수정하고, 다시 없애고, 또다시 만드는 과정을 반복합니다. 심지어 공터에서 깡통에 구멍을 뚫고 나무를 집어넣은

후 모닥불을 지펴 라면이나 감자를 조리해 먹는 과정도 훌륭한 놀이일 수 있습니다. 모든 것이 놀이이기 때문에, 굳이 놀이의 규칙을 선생님이 제시할 필요가 없습니다. J씨는 그저 조력자일 뿐이지요. 예를 들어 목공을 하는데, 칼을 쓰는 위험한 일을 아이들이 하면 아이들에게 일부러 칼의 위험성 등을 얘기하면서 제지하는 척합니다. 하지만 칼을 쓰지 못하게 막지는 않습니다. 그런 스릴을 느낀 친구는 칼을 조심히 다루면서도 재미를 느낍니다.

J씨가 작년 여름 캠프를 마치고, 저희 연구실에 찾아왔을 때입니다. J씨와 저는 들뢰즈와 가타리의 개념인 '하나의 모델에 집중하는 몰mole'과 '여러 모델을 횡단하는 분자(molecular)'의 개념을 놓고 오랜 시간 얘기를 나누었습니다. 그래서 내린 결론은, 일과 의미 모델이 몰적인 것이라면 놀이와 재미 모델은 분자적인 것이라는 점입니다. 우리는 서로 깊은 공감대를 형성했습니다. 또한 이것을 노동 모델과 활동 모델 간의 비교로도 생각해 봤습니다. 이를테면 선생님이 어떤 놀이모델을 미리 제시해 버리면, 그 놀이모델 이외에는 생각할 수 없기 때문에 몰적인 형태로 나타난다는 것입니다. 특히 선생님이라는 지위가 아이들에게 가르치는 사람이라는 권력적인 위치를 차지하고 있다면 더더군다나 그렇게 될 위험이 큽니다. 그래서 아이들이 어떤 모델 없이 스스로 모델을 만들고 바꾸는 것이 놀이의 원칙이라고 할 수 있습니

다. 그날 이야기를 마치고 J씨는 손수 나무를 깎아 만든 피리를 선물로 주고 갔습니다. 저는 이따금 놀이의 원리가 지루함이었다는 점을 생각할 때마다 그 피리를 불곤 합니다. 지루함을 잊게 하고 상상력을 불러일으키는 마술피리라는 생각도 하면서 말이지요.

호모루덴스, 놀이의 목적은 무엇일까?

요한 하위징아Johan Huizinga는 호모루덴스, 즉 놀이하는 인간이라는 개념을 창조합니다. 그에 따르면 인간은 세 가지로 불릴 수 있습니다. '만드는 인간(Homo Faber)', '생각하는 인간(Homo Sapiens)', '놀이하는 인간(Homo Ludens)'이 그것입니다. 그는 놀이는 놀이 그 자체가 목적일 뿐 다른 목적이 있는 것이 아니라고 말합니다. 놀이 속에서 울고, 웃고, 이기고, 지고, 싸우고, 화해하고, 경쟁하고, 협동하는 등의 모든 행위는 놀이 자체가 끝나면 재미있는 기억으로만 남습니다. 호모루덴스 개념은 이런 모든 인간과 동물의 행위의 이면에 있는 본질을 말하는 것 같습니다. 저는 여기다 애니멀루덴스라는 개념을 붙이기를 좋아합니다. 동물도 아이들 못지않게 놀이를 매우 좋아하니까요.

해석학자 가다머Gadamer(Hans-Georg)는 『진리와 방법』(2012, 문학동네)에서 놀이 자체가 예술의 본질이며, 놀이과정에서 사람들 사이에서 간주관성(inter-subjectivity)의 특징이 드러난다고 말합니다. 즉, 너와 나 사이에서 너도 아니고 나도 아닌 어떤 제3자가 출현한다는 것이지요. 예를 들어 사람들 사이에서 웃음이 번지는 것은 너와 나를 특정하지 않고 우리 중 어느 누군가로부터 시작됩니다. 사실 중세 때부터 지속된 '두 명부터 공동체인가? 아니면 세 명부터 공동체인가?' 하는 논쟁에서 서구철학은 두 명부터일 것이라고 간주해 왔습니다. 왜일까요? 가다머가 얘기한 너와 나 사이에서 너도 아니고 나도 아닌 어떤 제3자가 출현해서 세 명을 구성하기 때문은 아닐까요?

그 생각이 발전해 가다머와 같은 철학자는 2자 관계 내부에 있는 제3자로서의 간주관성이 있다고 생각합니다. 그것은 사이주체성으로도 불리며, 두 사람 간의 관계를 보다 역동적이고 생산적으로 만드는 개념입니다. 다시 말해 간주관성은 둘 사이에서 소통과 놀이, 관계 맺기, 접촉 등의 과정에서 나타나는 '우리 중 어느 누군가'입니다. 그래서 놀이를 할 때 마치 두 사람 속에 또 다른 누군가가 있는 것처럼 생각할 때가 많습니다. 가다머의 생각처럼 놀이는 주체와 객체, 자아와 대상이라는 구분을 사라지게 만드는 경향이 있습니다. 이에 따라 마르틴 부버Martin Buber의 『나와 너』(2001, 문예출판사)에서의 생각처럼 '나'와 '그것'의 관계, 즉 자아와 대상의 관계가 아니라 '나'와 '너'라는 수평적인 관계, 더 나아가 간주관성이라는 창조적이고 예술적이고 생산적인 측면을 회복하는 것이 놀이행위 자체일 수 있습니다.

저는 갑자기 아내와의 관계가 떠올랐습니다. 아내와 저는 서로 별명을 부르고, 모든 일을 놀이처럼 해냅니다. 그래서 인지 아내와 저 사이에 제3자가 있는 것처럼 생각되기도 하고, 서로를 뻔하게 보지 않게 되었지요. 매일매일 새로운 주체성이 튀어나오다 보니 삶에 놀이적 요소를 조금 가미했을 뿐인데도, 삶에 청량제가 생기고, 활력소가 생기며, 놀이 같은 관계로 재탄생합니다. 아내와 저는 노래와 춤, 놀이와 함께하면서, 우리 중 어느 누군가가 생긴 것처럼 살아가는 것 같습니다. 그리고 저는 이따금 음성을 변조해서 대화하기도 하고, 패러디가 대부분인 하이코미디―아내는 아재개그라고 하는―를 구사하기도 합니다. 그러한 저희 부부의 놀이적 설정이 생활의 고달픔과 힘듦을 잊고, 재미있고 활력 있는 삶을 만드는 구성요소라고 할 수 있습니다. 그런 점에서 저희 부부의 관계는 〈철학공방 별난〉이라는 공동체의 토대이자 기본 판이라고 할 수 있겠지요.

게임을 어떻게 볼 것인가

놀이이론가 로제 카유아Roger Caillois는 『놀이와 인간』(1994, 문예출판사)에서 놀이의 구성요소를 '운', '어지러움', '경쟁',

'모방'으로 봅니다. 사실 이러한 구성요소는 산업사회 초기의 골목놀이에서는 통합되어 나타나고 아직 기능적으로 분화되지는 않았겠지요. 그런데 이 통합된 놀이를 근대 문명은 잘게 쪼개어 기능화합니다. 즉, 운은 도박으로, 어지러움은 놀이기구로, 경쟁은 스포츠로, 모방은 연극과 영화로 기능적인 형태를 갖춥니다. 특히 최근 전통놀이를 완전히 대체하고 있는 온라인게임은, 이러한 기능을 매뉴얼화하여 더 세분화하고 기계화하기에 이릅니다. 마치 병원놀이를 하면 공터가 병원이 되고, 감옥놀이를 하면 골목이 감옥이 되는 등의 상상력에 기반한 가상성 역시도 가상공간 내부의 화려한 배경이나 세련된 디자인으로 대체됩니다. 이에 따라 놀이가 갖고 있는 상상력 대신 가상현실의 화려한 디자인이 대신할 때, 놀이는 창조성과 생산성을 잃게 됩니다.

제 후배 중에 게임을 유난히 좋아하는 친구가 있습니다. 심지어 마우스 클릭을 너무 많이 해서 손목인대가 늘어날 지경이라고 합니다. 그가 고립된 채로 있는 자신의 집에서 사람도 안 만나고 하루 여덟아홉 시간을 게임에 몰두한다는 말을 듣고, 과연 어떻게 그런 열정과 에너지, 시간이 있는지 궁금하기도 했습니다. 사실 저 역시 청년 시절에는 게임을 매우 좋아했습니다. 대학원을 다니면서 공부 때문에 게임을 포기하기는 했지만 말입니다. 그래서 학위논문을 마치고 아내와 스타크래프트를 하러 PC방에 손잡고 놀러 간 적이 있습니다. 그런데 폭탄이 터지고 죽고 싸우는 모든 화면이 너무 화려해서 눈이 너무 아팠습니다. 그래서 아내를 힐끔 보니 아내도 눈이 아프다고 합니다. 저와 아내는 황급히 PC방을 나왔습니다. 아무래도 게임을 하기에는 체력이며 시력이며 나이라는 한계가 걸려 있어서 불가능하다는 생각이 그때 들었습니다.

그래서 저는 들뢰즈가 이미지도 생명이라는 철학을 전개했듯이, 게임하는 친구들에게 "네가 죽인 괴물도 생명이야!" 하고 말하는 것을 좋아합니다. 그러나 게임에서 제 아바타가 장렬히 전사하는 것을 체험하는 것이 두렵거나 공포스러운 것은 아닙니다. 왜냐하면 게임은 놀이가 갖고 있는 모든 요소가 폐지될 수밖에 없고 유한하고 그 자리에서만 유효하다는 것을 잘 보여 주기 때문입니다.

게임에 빠져든 청소년에게 기성세대는 우려의 목소리를 냅니다. 그래서 무조건 게임시간을 줄이거나 아예 게임에 접근하지 못하도록 하는 걸로 해결하려고 하지요. 그러나 그들이 게임 이외에 선택할 배치가 없는 상황도 생각해 봐야 할 것입니다. 청소년은 학교나 학원에 다녀와서 놀 수 있는 공간이 없고, 놀 친구도 게임에서 만나며, 마을이나 공동체와 이웃이 없는 상황과 대면해 있습니다. 그러한 배치에 따라 자연스럽게 게임 이외에는 선택할 여지가 없는 셈이지요. 그래서 저는 청소년에게 게임을 하지 말라고는 못하겠습니다.

대신 게임을 하되 적당히 자신이 제어할 수 있는 수준에서 하라고 말합니다. 제가 최근 게임을 살펴보니 중독성이 매우 강한 재미있는 게임이 대다수라는 것을 알게 되었습니다. 그러나 게임에 몰두하는 청소년을 야단칠 것이 아니라 친구, 이웃, 가족, 공동체 등에서 분해되고 분열된 현 문명의 문제점을 생각해 볼 필요가 있습니다. 그리고 배치를 다시 하여 게임 밖의 다른 놀이를 할 수 있는 상황과 장소, 친구를 마련하는 것이 더 중요합니다. 따라서 그들이 보다 다양하게 선택할 경우의 수 하나하나를 청소년에게 제공해야 한다고 생각합니다.

의미와 재미 사이

자본주의는 '~은 ~이다'라고 고정된 의미로 단정 내릴 수 있는 것만이 중요하며, 그 이외에는 모두 와해되고 해체된 상태로만 있을 뿐이라고 말합니다. 결국 책상은 책상이기 때문에 팔릴 수 있는 상품이 되는 원리죠. 그냥 넓고 평평한 나무판이라고 부른다면 상품화하기 어려웠을 테지요. 특히 법과 제도, 관료시스템 등은 의미의 논리에 따라 조직되어 있기 때문에, 다른 규칙이 있을 것이라고 상상하지 못합니다. 그런데 놀이는 의미의 논리가 아니라 재미의 논리에 따라 유연하게 횡단할 수 있고 고도로 자유로우면서도 고도로 조직된 규칙을 보여 줍니다. 그런 점에서 프랑스 심리치료사 펠릭스 가타리는 의미와 일의 논리를 기표(signifiant)라고 하고 재미와 놀이의 논리를 도표(diagram)라고 말합니다. 도표 개념은 자유로운 놀이에도 고도로 조직된 규칙이 있다는 점을 말하기 때문에, 자유가 아닌 자율이라는 개념이 왜 중요한지를 말하고 있습니다.

공동체에서 활동하다 보면 의미 있는 일이라고 해서 열심히 하다 보면 시간이 갈수록 점점 재미가 없고, 재미있어서 한 일은 종종 의미가 없는 것으로 간주되기도 합니다. 그 둘 사이에서 길을 잃기도 하지요. 그래서 의미와 재미 사이에서 균형을 찾는 일이 매우 중요합니다. 더욱이 학교, 군대, 감옥, 시설 등에서의 일상은 대부분 의미가 있는 일들로 디자인되어 있어서 그 속에 있다 보면 숨이 턱턱 막힐 것 같습니다. 여기서 우리는 공동체가 재미로 시작했다가 의미가 생겨 일이 되는 횡단적인 측면을 바라볼 필요가 있습니다.

결국 의미와 재미는 적절히 균형을 이루어야 할 것입니다. 아이들은 분명 호모루덴스의 모습을 제대로 보여 줍니다. 순전히 재미에 따라 놀고 즐기고 노래하고 춤춥니다. 기존 계몽주의 전통은 이런 아이들의 신체와 마음을 결박하고 의미모델로 훈육하는 질서였습니다. 그러나 이런 교육방법은 오늘날의 학생인권이나 미래세대의 권리에 위배되는 것은 분명합니다.

어릴 적에는 놀이가 세상의 전부여서 늘 놀이를 기다리며 설레었습니다. 그래서 하루가 아주 짧고 강렬하고 모험으로 가득한 이유는 바로 놀이 때문이었습니다. 하지만 세상이 다 놀이처럼 돌아간다면 어떨까요? 어떤 사람은 그것을 매우 위험한 것으로 간주할 수도 있습니다. 그러나 놀이의 활력과 에너지가 이 단조롭고 비루한 일상을 만드는 문명의 해독제라는 생각도 해봅니다. 어릴 때처럼 아이의 마음으로 살아가는 사람이 있을까요? 자신이 공부하는 목적이 아이의 마음으로 돌아가기 위해서인 사람이 있을까요? 혹여 있다면 그것은 세상을 풍부하고 다양하게 만들 특이점인 것은 분명합니다. 놀이하는 아이로 가득차고 뜨겁고 강렬한 골목과 거리가 생각나는 오후입니다.

아직 태어나지 않은
아이들을 위해 무엇을 할까

앞으로 다가올 기후변화의 상황

아내와 차를 마실 때 어김없이 등장하는 주제가 앞으로 태어날 아이들, 지금 태어난 아이들이 겪어야 할 상황이 얼마나 혹독하고 비참할지에 대한 것입니다. 아내는 지금 현재를 살아가는 사람들에 비해 그 아이들은 굉장히 어렵고 험난한 길을 걸을 것이라며 침울해하고 비통해합니다. 저는 이마에 손을 올리고, 난처해하며 어쩌지, 하는 생각에 잠시 말을 끊고 침묵으로 향하지요. 저처럼 성장주의 시대의 끝자락이라고는 하지만 성장의 단물을 체험한 기성세대로서, 지금 현존하는 아이들의 미래와 앞으로 태어날 아이들의 미래는 암담

하기 이를 데 없습니다. 제게 만약 아들딸이 있다면 기성세대를 믿지 말라고 꼭 얘기하고 싶습니다. 미래세대를 이야기하면 전망상실, 비관, 침울, 불안이 저희 부부의 티타임 시간을 지배할 때가 많습니다. 저희 부부에겐 아이가 없지만, 기후변화 시대에 직면할 아이들 얘기만 나오면 늘 침묵이 감도는 어색한 시간이 지속되어 버리지요.

사실 저희 부부는 후원단체를 통해 제3세계 어린이를 후원하는데 느끼는 바가 참 많습니다. 이를테면 제3세계 어린이를 후원하는 품목을 보면 먹는 거, 입는 거, 예방접종, 학용품 같은 아주 기본적인 것이지만, 아이에게는 큰 힘이 된다는 점에서 한편으로는 다행이라는 생각이 들면서 동시에 이런 기본적인 것도 충족되지 않는 현실에 가슴이 아픕니다. 특히 제3세계의 소식을 아는 어느 선생님의 말에 따르면, 후원을 받는 아이와 그렇지 못한 아이들 사이에 〈도시 쥐와 시골 쥐〉의 우화처럼 약간의 위화감이나 부러움 등이 교차한다고 합니다. 저희가 후원하는 아이는 방글라데시 지역에 사는 아이인데, 미취학일 때 나중에 커서 도둑을 잡는 경찰이 되겠다고 저희에게 편지를 썼지요. 몇 년 후 초등학교에 들어가서 이번에는 의사가 되겠다고 또 편지를 보내왔습니다. 그 아이의 이국적인 사진을 볼 때마다 저희는 그 아이가 기후변화에 직면해서 겪어야 할 상황이 더 걱정이 됩니다. 대개 기후변화가 초래하는 재앙은 제3세계 가난한 민중에게 먼저 들이닥치곤 하기 때문이지요. 이를테면 시리아 사태 직전에 5년 동안의 가뭄과 물 부족 사태가 초래한 전대미문의 상황이 그렇습니다. 테러리즘의 발호와 내전의 발발, 주권질서의 붕괴 등은 기후변화가 직간접적인 원인이었지요. 그런 뉴스를 들으면 시리아에 사는 아이들이 얼마나 열악하고 혹독한 상황에 직면해 있는지 걱정이 듭니다.

헌법에서의 미래세대 권리

대한민국 헌법 제1조 2항에 명시한 '대한민국의 모든 권력은 국민으로부터 나온다'는 구절은 매우 유명합니다. 그런데 국민에 대한 유권해석이 늘 현재를 살아가는 사람으로만 제한하는 것이 맹점입니다. 그래서 이참에 개헌을 할 때 국민의 범주를 미래세대와 생명까지 포함시키자는 목소리가 강력하게 나오고 있는 상황입니다. 사실은 소수파의 의견이고 생명운동, 공동체운동, 협동운동하는 분들이 시민단체와 개헌단체에 개입해서 목소리를 높이고는 있지만, 아직 역부족인 상황입니다. 미래세대의 권리를 이야기하기엔, 아직 현재 우리의 권리도 제대로 지켜지지 않고 있다는 의견이 주된 근거입니다. 이를테면 현재 정부의 추가경정예산은 분기별 예산으로 짜여 있어서 현 시점의 몇 개월만을 겨냥하지요. 그래서 미래세대를 위한 기금을 준비해야 한다는 생각은 전혀 논리적이지 않는 일처럼 느낄 수밖에 없습니다. 하지만 독일 헌법에서는 '미래세대의 자연의 권리를 보장할 것'이라고 간단히 언급한 구절이 생명권과 미래세대의 권리를 보장하는 구절로 유권 해석되는 상황입니다. 저희도 헌법의 본문이 아니라 부칙이라 하더라도 생명권과 미래세대의 권리는 반드시 언급해야 할 상황에 있습니다.

자본주의는 내부에 미래의 구매력을 이자로 만들어서 미래를 차압하는 시스템을 갖고 있습니다. 즉, 미래를 흥청망청 다 현재에 써 버리는 것이지요. 그래서 빚진 사람은 현재를 살지만 미래를 차압당한 사람들이라고 할 수 있지요. 그런 왜곡된 미래관은 자본주의의 성장시스템을 맹목적인 것으로 만들었고, 금융시스템을 확대하여 빈곤을 가속화했습니다. 지금 미래세대의 권리를 헌법에 명시한다는 것은 자본주의가 갖고 있는 성장주의와 신자유주의에 제동을 걸 유력한 권리영역을 명시하는 것과 같습니다. 그리고 정부정책과 민주주의 역시 현재의 민중과 국민만을 대상으로 하는 것이 아니라 미래의 아이들까지 생각하는 것으로 바뀌어야 할 시점입니다. 우리가 미래세대를 위해 조금 아끼고 덜 쓰고 나누는 것은 자본주의적인 축장의 의미와는 완전히 다른 것입니다. 더더군다나 미래는 다가올 현재이기 때문에, 미래를 준비하는 것은 굉장히 중요한 의미가 있습니다. 이제 민주주의는 아직 태어나지 않는 미래세대를 생각해야 합니다. 그때

민주주의는 시간을 횡단하는 색다른 정치형태로 다시 태어날 것입니다.

참혹한 현실 속의 미래세대

대학에서 강의하다 보면 젊은이들의 상황을 가감 없이 들을 기회가 있습니다. 특히 바로 눈앞에 취업과 일자리, 노동이 제거된 상황이 기다리는 졸업반의 얘기는 가슴 깊이 와 닿습니다. 청년들은 "아르바이트하면서 취업준비하고 있어요" 하거나 "공무원 시험 준비하고 있어요" 등 비슷한 말을 하면서 고개를 숙이거나 딴소리로 넘어가지요. 제가 대학을 다닐 때만 하더라도 취업은 그렇게 어려운 상황이 아니었고, 대부분 골라서 좋은 직장을 가는 데 목적이 있었습니다. 심지어 당시 조교가 취업원서를 가지고 있어서, 학과 사무실에 자주 들르던 학생들에게 취업 기회가 많이 생긴다는 얘기가 있을 정도였습니다. 그러나 이제는 상황이 무척 달라졌습니다. 일자리가 거의 없는 상황, 비정규직이 대다수인 상황, 알바와 직장이 구별되지 않는 상황을 듣고 있노라면 가슴이 먹먹하고 답답해집니다.

앞으로 저성장사회로 진입하면 젊은이들이 취업 기회조차 갖지 못하는 상황은 점점 더 심화할 것입니다. 4차 산업혁명이라는 얘기를 듣다 보면, 이제 사람이 할 일을 인공지능이나 로봇이 대신하는 시대가 다가오는 것을 느낄 수 있습니다. 아마 10년 이내로 웬만한 일자리는 대부분 사라지겠지요. 더더군다나 기후변화 시대가 함께 다가온다는 점이 더 심각한 문제입니다. 이제 불평등 차원을 떠나 생존의 상황이 문제로 다가올 것입니다. 기회의 풍요 속에서 산 기성세대는, 기회의 빈곤 속에 살고 있는 청년세대와 나아가 기회의 소멸 속에 살게 될 아이들을 잘 이해하는 편이 아닙니다. 그래서 꼰대라는 얘기도 그냥 나오는 말이 아닙니다. 사랑도 사치가 되고, 결혼도 사치가 되고, 출산도 사치가 되는 그런 시절입니다. 잘게 나뉘어서 1인 가구로 현 시대에 직면한 현 세대의 젊은이들이 겪는 어려움은 실로 참혹하다고 표현할 만큼 열악한 조건입니다. 이에 대해서 기성세대와 사회는 어떻게 공감하고 대응해야 할까요? 한국 사회는 더 섬세하게 새로운 세대의 삶의 조건과 생활양식, 미래전망을 고려해야 할 것입니다.

서울시와 성남시에서 청년 기본소득 정책이 나왔을 때, 저는 아주 흥분해서 아내에게 얘기했습니다. 아직은 비록 소수이지만 이 제도가 확대되면 더 많은 이가 지원을 받고 혜택을 받을 것이라는 점에서 안도감이 들었고 상상력이 생겼습니다. 사실 앞으로 4차 산업혁명과 기후변화 시대를 맞이하여 기본소득이 최소한의 삶의 조건을 만들 유력한 정책이라는 생각이 들었습니다. 인간이 생산과 시장에서 더 이상 필요 없어진 색다른 상황은 다가올 현실입니다. 그런 현재의 시점에서 기본소득은 단순히 시장에서 구매력을 갖춘 소비자를 만든다는 점 때문만이 아니라 예술, 창조, 과학의 밑거름이 될 것입니다. 결국 기계류의 발전에도 큰 기여를 할 것이 분명합니다. 그렇게 되면 오히려 반전의 상황이 가능할 수도 있습니다. 기본소득이 거대한 위기 상황을 기회로 만들 색다른 토대가 될 수도 있다는 것이지요. 그뿐 아니라 과학기술, 예술창조, 대안적 삶이 발흥하고 꽃 피게 될지도 모르겠습니다.

유행이던 지속가능한 발전 개념

2000년 초중반 레스터 브라운이 제안하고 유엔환경위원회가 채택한 '지속가능한 발전' 개념이 한국 사회에도 유행이었습니다. 저도 그 개념에 열광했지요. 미래세대의 필요와 욕구를 고려한 현재세대의 욕망을 규정하는 내용이 참 마음에 들었습니다. 결국 눈에 보이지 않는 미래세대의 권리도 고려한 것이라는 생각 때문입니다. 그러나 그 당시 현실에서 지속가능한 발전 개념은 통속화하고 속류화하기 시작했습니다. 그저 현존 질서가 현재의 성장 자체를 유지하고 지속시키기 위한 슬로건으로 전락하고 만 것이지요. 지속가능한 발전이라는 슬로건은 기업의 영리활동을 정당화하고, 미화하기 위한 슬로건 중 하나가 되면서 활동가의 관심에서 멀어졌습니다. 이에 따라 지속가능한 약탈이 아니냐, 역성장으로 정확히 표기하라는 요구 등도 만만치 않은 상황입니다.

지속가능한 발전에 대한 문제제기는 더글러스 러미스가 『경제성장이 안 되면 우리는 풍요롭지 못할 것인가』(2011, 녹색평론사)에서 언급한 발전(development) 개념에 대한 비판에서도 발견할 수 있습니다. 발전은 봉투, 싸매는 것이라는 의미를 가진 envelope에서 유래한다고 합니다. de는 벗어나다의 의미지요. 그러므로 봉투 모양의 꽃망울이 개화하고 벌어지는 것과 같은 형상이 거기서 등장합니다. 즉, 미개에서 문명으로, 야만에서 계몽으로 변화하는 것을 의미합니다. 그러나 제3세계 사람을 미개나 야만으로 보고, 제1세계 사람을 문명으로 보는 사고는 문제가 많습니다. 그러한 문제점에도 불구하고, 발전이라는 개념은 성장과는 달리 양적인 척도가 아니라 질적인 척도를 갖고 있습니다. 그리고 성장처럼 실물적이고 외양적인 것이 아니라 내포적이고 관여적인 특징도 있습니다. 그래서 최소한 성장이라는 개념을 대신하는 발전 개념은 일말의 긍정성을 갖고 있다고도 볼 수 있습니다.

언젠가 '지속가능한 발전' 개념을 주제로 세미나를 하고 있을 때입니다. 사람들 사이에서 문제제기와 비판이 오갔습니다. 현재 지구는 아예 지탱 가능하지 않다는 얘기며, 지속이 현재 산업의 지속이냐는 의문이며, 왜 발전을 선진국 모델로 향하게 하느냐 등 비판의 목소리는 끊이지 않았습니다. 저는 조용히 듣고 있었지만, 적어도 미래세대의 권리를 명시하려면 지속가능한 발전을 전략적으로 수용할 필요가 있다고 말했습니다. 그날의 설전이 있은 이후 10년이 지났는데, 이제는 개헌 논의나 민주주의 논의에서 미래세대의 권리가 누락되는 것은 안타까운 일이 아닐 수 없습니다. 그때 지속가능한 발전이 그렇게 유행하던 시절에 동조하고 고무되고 찬양하던 사람들이, 지금은 정작 민주주의 개념에조차도 미래세대의 권리를 넣는 것을 주저하는 상황이니까요. 적어도 지속가능성을 받아들였던 사람이라면 미래세대의 권리에 긍정하는 반응을 보여야 합당할 것입니다. 그래야 그 자체로 정말로 사회와 공동체가 발전했다고 비로소 말할 수 있겠지요.

미래는 오래 지속된다

프랑스어 문법에는 미래진행형이라는 시제가 있습니다. 과거진행형과 현재진행형은 그런대로 표현하고 이해할 수 있는 영역인데, 미래진행형은 도무지 이해가 안 가는 대목입니다. 미래진행형은 지속되는 미래, 지속가능한 미래라고 재번역할 수 있는 문법입니다. 저희는 아직까지 과거와 현재만이 지속되지 미래가 지속된다는 개념은 생소합니다. 그러나 삶 속에는 미래가 들어와 있습니다. 지금 흥청망청 쓰다 보면 미래는 지속불가능합니다. 지금 재생 불가능한 자원을 마음껏 쓰면 미래는 지속불가능합니다. 그래서 '미래는 오래 지속된다'는 프랑스 철학자 알튀세르의 문구는 현재에도 과거에도 없는 미래적 시간의 지평, 지속가능한 미래를 바라보는 색다른 시각임에는 분명합니다.

세상에는 여러 유형의 사람이 있습니다. 그런데 시간의 도식으로 파악하다 보면 과거를 사는 사람이 있고, 현재를 사는 사람이 있으며, 미래를 사는 사람이 있다고 분류할 수도 있습니다. 여기서 너무 빨리 책을 내 버린 철학자, 미래를 미리 보여 준 철학자가 바로 스피노자가 아닐까 합니다. 스피노자는 사실상 요즘 들어도 하나도 낡은 것이 아닌 생각을 피력합니다. 욕망, 사랑, 신체변용, 무의식 등 스피노자에게서 미래적인 개념을 발견할 수 있습니다. 스피노자의 진정한 문제는 너무 빨리 태어난 것이 아닐까 하는 생각이 들기도 하는 대목입니다. 그리고 미래진행형이라는 개념에 가까운 철학과 마주할 때는 기분이 참 좋습니다. 행복한 상상, 다가올 미래의 도래, 미래세대의 목소리 등이 저에게 속닥거리는 느낌이 드니까요.

한 아이가 아장아장 걷고 있다

영화 〈칠드런 오브 맨Children of Men(2006)〉에서는 한 아이의 탄생이 인류에게 얼마나 큰 희망의 등불이 될 수 있는지 잘 보여 줍니다. 생협에서 4년째 진행해 온 인문학 세미나에 거의 매번 엄마를 따라오던 아이가 있었습니다. 돌도 채 지나지 않아 포대기 속에서 울던 아이는 어느새 자라서 세미나 자리를 뛰어다니며 이제는 유치원에 다닌다며 뽐내기도 합니다. 한 아이가 있다는 것이 뭐 그리 대수냐고 벌써부터 얘기하는 사람도 있을 것입니다. 한 아이는 우리 협동조합의 인문학세미나 자리에서 종횡무진하며 미래의 현존을 말하는 존재입니다. 세미나를 하는 사람들은 아이가 울고 웃고 뛰고 춤추고 비비고 부수고 하는 모든 행동이 공부하는 것과 긴밀한 관련이 있다고 생각합니다. 우리 사이에는 미래의 시간이 도래했고, 그것이 한 아이로 현현했습니다. 아이가 커가는 과정 속에서 우리의 지혜는 성숙되어 갔고, 관계는 발효되어 갔습니다. 아이는 무언가를 말하려는지 자꾸 칭얼대고 소리를 지르고 만지려고 합니다. 그 모든 것은 미래가 우리 안에 이미 도래해 있다는 메시지였지요. 그 아이는 세미나의 특이점이었습니다. 세상의 진실은 아이가 이미 알고 있다는 점을 알려주는 특이점이고, 미래를 제거한 현재가 얼마나 위선적인지를 알려주는 특이점이며, 논증과 추론 능력을 가진 엘리트가 아닌 모든 사람에게 진리가 전제되어 있다는 점을 알려주는 특이점이었습니다. 우리는 아이에게 많은 것을 배웠습니다.

아이는 시간의 윤곽선 위로 무언가 미래를 그리려는 것만 같았습니다. 그게 무엇이었을까요? 저희는 그것이 궁금했습니다. 그래서 직접 손에 펜을 쥐어 주었지만 그 미래적인 단서는 드러나지 않았습니다. 자꾸 할 말이 있다고 미래가 전달하는 메시지를 말하려는 것 같았습니다. 그러나 우리는 아이가 갖는 반복과 아이가 갖는 흐름의 강렬도에 감응하려고 노력했습니다. 자꾸 웅얼거리고 우리의 세미나 자리의 강렬도와 온도와 밀도에 감응하고, 리듬과 화음에 감응하여 웅얼거림과 무언의 춤사위와 기묘한 동작을 보이는 아이가 사실상 세미나의 시작과 끝, 전제와 결론 모든 것이었습니다. 그리고 세미나가 몇 년째 지속되자 아이는 이제 드디어 말을 하기 시작했지만, 우리가 듣고 싶은 그런 말은 아직 듣지 못했습니다. 과연 우리가 기대한 그 말은 무엇일까요? 아이라는 미래와 함께한 시간은 모두 대답을 갖지 않는 문제 제기처럼 비밀로 간직되었습니다.

미래세대의 권리는 현존 문명의 대답이 아니라 문제제기입니다. 2세부터 6세까지의 아동을 관찰해 보면 그들이 얼마나 색다른 질문을 던지는지 금방 체감할 수 있습니다. 그 비밀은 삶과 생활과 세계를 뻔하게 보지 않고, 새로운 것으로 받아들일 때 갖는 색다른 미래적 잠재성과 깊이, 심연과의 접속입니다. 또한 아이들의 시간, 미래진행형적인 시간, 지속가능성의 시간은 현존 문명이 갖는 선형적인 시간관을 정면으로 거스르는 것이기도 합니다. 그렇기 때문에 앞서 말한 지속가능한 발전 전략은 바로 미래의 시간인 아이라는 특이점과 접속하지 않는 채 전개되었기 때문에, 어른들이 말하는 공염불이나 주문, 슬로건처럼 속류화되었지요. 우리는 이제 도처에 있는 미래, 아이들의 시간의 윤곽선을 지도처럼 그려 내어 지속가능성에 대한 색다른 구도를 잡아야 할 시점에 있습니다. 그런 점에서 모두가 영원히 아이인 시간이 앞으로 도래할지도 모르겠습니다.

혁명(revolution)인가
역행(involution)인가

아이 되기의 시간

아내와 함께 살면서, 저는 아이가 된 적이 참 많습니다. 아이처럼 토라지기도 하고, 짜증을 내거나 떼를 쓰고, 장난을 치거나 음성을 변조하고, 몰래 숨거나, 춤을 추었지요. 저는 아내에게 고양이와 동급이지만, 말을 하는 동물이나 아이 정도의 지위를 갖고 있습니다. 귀여움을 대가로 무한한 보살핌을 받는 대상이랄까요? 다른 분도 저처럼 아내 앞에서, 애인 앞에서, 여자 친구 앞에서 아이가 된 기억이 꽤 있을 것입니다. 사랑을 통한 아이 되기는 역행하는 시간과 접속하는 것입니다. 오늘 할 이야기가 아이 되기에 대한 부분이라서 그것을 염두에 두면 참 좋을 것 같습니다.

아이 되기는 유치해지고 유아적으로 바뀌는 것이 아니라 아이가 되어 부드럽고 발랄하고 용감하고 모험심 넘치며 웃음이 끊이지 않는 것입니다. 유치한 것은 오히려 어른의 질서이지요. 문명은 성인-남성-정상인에게 유아적이고 유치한 틀을 부여하고 있어서, 그 안에서 무언가 기득권만 조금 생기면 잔뜩 무게를 잡고 유치하게 굴지요. 이를테면 상사와 함께하는 직장 회식 자리를 살펴보면 마치 골목대장 놀이를 하는 것 같습니다. 반면 아이는 다른 사람을 더 생각하고, 배려하고, 사랑하는 그런 주체성입니다.

저는 아내와 연애할 때, 아이 캐릭터를 잔뜩 개발해서 상황마다 한 아이씩 출현시켰지요. 각각의 특성이 있는 아이는 해당 상황에 슬기롭게 대처하고 곧장 사라졌습니다. 그중 한 아이의 캐릭터는 아내에게 높은 점수를 받아서 현재까지 잘 유지되고 있습니다. 그 아이는 노래하고 춤추는 재기발랄한 아이지만, 그리 착하지 않은 아이라서 요행을 바라는 측면도 있고, 잔머리를 굴려 요리조리 피하기도 잘하고, 변명과 거짓말에 능한 캐릭터입니다. 처음에는 무척 착하고 순수한 캐릭터도 많이 등장했지만, 그때마다 아내의 반응이 신통치 않아서 새로운 캐릭터 개발에 열중하다 급기야 현재의 캐릭터가 되었습니다. 어떤 경우에는 한 캐릭터가 다른 캐릭터를 질투해서 납치사건을 벌이고 '이 녀석을 다시 보고 싶으면

양반김 한 박스를 가져와라'는 메시지를 아내에게 남기기도 했습니다. 그러면 아내는 이 문제의 인질범 캐릭터를 영구추방하고 아이 명단에서 배제하기도 했습니다. 그것은 순전 실험이며, 예술이며, 재미를 위한 장난이었습니다. 그러나 분명 아이 되기 속에는 반문명주의, 반문화주의라는 역행의 시간과 접속의 철학이 담겨 있었지요.

도래한 미래, 돌발적인 미래

미래를 생각하면 유토피아Utopia가 먼저 떠오릅니다. 유토피아의 유U의 의미는 없다(no)는 뜻이고 토피아topia의 의미는 어디에(where)라는 뜻입니다. 그래서 '어디에도 없는 (no where)'이라는 희망과 지향성으로서의 미래를 생각하게 되는 것입니다. 자칭타칭 혁명가 K씨는 유토피아적인 미래가 돌발적으로 등장할 것이라고 생각하는 친구입니다. 그의 생각 속에는 현재의 다양한 잠재적인 것과는 무관한 미래가 펼쳐집니다. 그는 갑작스러운 습격이나 돌발 사건처럼 미래가 도래할 것이고, 혁명가가 그것의 메시아 역할을 해야 한다는 생각을 피력하면서 자신이 비루한 일상을 살고 있는 이유는 다 자본주의 때문이라고 말했습니다. 그는 혁명이 한 큐에, 단박에 모든 것을 바꿀 것이라는 과격한 모험주의를 보여 주는 인물입니다. 저는 그 의견에 대놓고 반대하지는 않았지만, 그의 생각대로 하면 폭력혁명이나 무장투쟁 같은 것도 가능하지 않을까 하는 우려와 걱정이 들었습니다. 혁명적 유토피아는 여전히 우리 삶에서 너무 멀리 떨어져 있는 느낌입니다. 저는 '그런 혁명의 순간이 있을 수 있을까? 오히려 혁명은 도처에 내재하고, 잠재되어 있지 않을까?' 하는 생각을 그때 품었지요.

프랑스 심리치료사 펠릭스 가타리는 "혁명에 관한 한 나는 낙관적이다. 혁명가도 없고 혁명운동도 없지만 도처에서 혁명이 벌어질 것이기 때문이다. 그래서 혁명을 하자는 것이다"라는 묘한 아포리즘을 남겼습니다. 그의 말처럼, 도처에 서식하고 잠재되어 있고 내재한 혁명은 어떤 것일까요? 그것은 혁명적 유토피아주의와 손을 끊는 색다른 혁명이 분명합니다. 그것은 삶과 생활, 일상에서 진행되는 혁명이 분명합니다. 그러한 혁명은 더 이상 혁명이 아니라 현재에 잠재되어 있고 내재한 미래, 즉 아이들의 미래일 것이라는 생각이 드는 대목입니다. 우리가 미래에 대해서 '우리가 할 수 있는 것은 최선을 다하겠다'고 나선다는 것은 무엇일까요? 그것은 혁명이라는 돌발적이고 어디에도 없는 것을 추구하는 것이 아니라, 'no where'의 단어의 배열을 바꾼 'now here', 즉 지금 여기에 있는 아이들에게 주목하는 것이 아닌가 합니다.

미래는 아이들에게 달려 있습니다. 아이를 돌보고 사랑하고 보살피던 사람이 지구의 미래, 자연과 생명의 미래를 걱정하는 것은 당연합니다. 그것이 앞으로 우리 아이들이 살아갈 환경과 배치이기 때문입니다. 그런 점에서 지금-여기의 아이를 지극히 사랑하는 사람이 미래의 자연, 생명, 생태를 사랑하는 사람이라는 것은 이상한 일이 아닙니다. 바로 아이들이 이미 도래한 미래라는 주장은 여기서 나옵니다. 돌발적이고 사건적인 혁명을 생각하는 것이 아니라 이미 도래하고 잠재되어 있는 미래를 북돋고 보살피고 사랑하는 것이 바로 미래를 위한 것이라는 생각이 드는 대목입니다. 그런 점에서 오늘날의 혁명가는 남성-정상인-성인의 형상을 가진 노동자가 아니라 바로 옆에 우리를 돌보고 보살피는 주부라는 생각도 듭니다.

역행, 추첨제 민주주의의 진실

최근 생태민주주의에 관심이 뜨거워지고 있습니다. 왜냐하면 직접민주주의의 한 유형이면서도 생명위기 시대에 직면해서 대처할 수 있는 정치철학이기 때문입니다. 그중에서도 추첨제 민주주의에 관심이 높아지고 있습니다. 고대 그리스 아테네의 민주주의는 직접민주주의, 그중에서도 추첨제 민주주의를 따랐습니다. 왜냐하면 진리가 논증과 추론능력을 가진 엘리트만의 것이 아니라 모든 사람에게 전제되고 내재한 것이라는 생각이 기저에 깔려 있기 때문입니다. 이에 따라 누가 대표나 관료가 되느냐의 문제는 그렇게 중요하지 않고, 가위바위보나 제비뽑기로 대표나 관료를 뽑았던 것입니다. 결국 아테네의 직접민주주의에서는 감각과 지각능력을 가진 모든 존재—그가 아이 같은 존재라 할지라도—가 모든 진실을 알고 있다는 생각이 관철됩니다. 물론 아테네 민주주의에서 여성과 노예를 배제했다는 단점이 있기는 합니다. 또한 전쟁이나 폭동 등 유사시기 동안은 독재유형의 정치를 채택하기도 했습니다. 그러나 비상시기가 끝나자마자 독재자는 퇴출되었지요. 하지만 아테네 민주주의는 현재 생태민주주의를 고민하는 우리에게 시사하는 바가 무척 큽니다.

생태민주주의의 원형이 된 아테네의 직접 민주주의, 즉 추첨제 민주주의를 극도로 싫어한 철학자는 누구일까요? 그것은 현존 아카데미의 원형을 제공한 플라톤입니다. 플라톤이 주장한 철인정치가 사실은 이집트 파라오라는 절대왕권을 흠모한 결과라는 것은 잘 알려져 있습니다. 그는 지식이 모든 사람에게 전제되어 있다는 추첨제 민주주의의 근거를 철저히 부정하며, 감각적인 현실의 세계로부터 분리된 이상적인 질서, 즉 이데아의 질서가 있다고 말합니다. 그리고 이데아의 질서에 접근하려면 논증과 추론밖에는 방법이 없다고 단언했지요. 그런 점에서 플라톤은 고대 아테네에서 꽃핀 직접민주주의를 비난하고 평가절하하면서, 현존 아카데미의 반동성, 보수성, 권력지향성의 토대를 만든 장본인인 셈입니다. 그 플라톤이 가장 존경한 인물이 소크라테스고 소크라테스의 애제자가 바로 플라톤입니다. 그런 점에서 왜 아테네가 소크라테스에게 독배를 줄 수밖에 없었는지에 대한 정황 증거 역시도 드러납니다. 즉, 그가 소피스트의 대변인이거나 청년을 현혹했기 때문이 아니라 민주주의에 지극히 반역적이고 반동적인 질서를 말하고 있었기 때문입니다.

반면, 생태민주주의는 진리가 모든 사람에게 전제되어 있다는 생각을 품고 있습니다. 그러나 "아이들은 진리를 알고 있다"는 말을 하면 설득력 있게 받아들일 사람이 몇이나 될까요? 사실 계몽주의적 교육전통은 아이들은 모르며, 논증과 추론 심지어 상상력까지 가르쳐주어야 한다는 생각으로 이루어져 있습니다. 이러한 계몽주의를 떠받치는 것이 보편주의 어법이기도 합니다. 모든 사람에게 예외 없이 적용할 수 있는 보편주의 어법이나 논리, 추론이 있어서 이를 학습해야 한다는 것입니다. 세상에는 뭔가 변함없이 올바른 것이 있고, 그것을 배워가는 것이 교육이라는 관점이지요. 그러나 보편주의 어법은 무장소성, 무시간성, 무역사성을 특징으로 하는 지식권력의 한 단면에 불과합니다. 그렇기 때문에 보편어법을 사용하는 계몽주의는 결국 강권, 훈육, 통제, 감시, 규율 등의 행동방식을 수반할 수밖에 없습니다. 즉, 아니라고 말하면 억지로 때려서라도 그렇다고 말하게끔 만드는 권력이 숨어 있는 셈이지요. 결국 지식권력, 즉 앎의 의지가 권력의 의지라는 미셸 푸코의 통렬한 지적이 설득력이 있는 상황이 됩니다. 그것이 끔찍한 수용소와도 같은 의무교육의 진실인 셈입니다.

이탁오의 동심설

'아이가 되기 위해서 공부한다'는 것이 가능할까요? 중국의 양명학자이자 명나라 사상가인 이탁오李卓吾가 바로 그런 사람입니다. 그는 동심상실의 문명에서 동심회복의 문명으로 가야 한다고 역설했지요. 즉, 들뢰즈와 가타리가 발전시킨 아이 되기 사상은 이탁오에서 그 원형이 발견됩니다. 이탁오는 참된 마음이 아이의 마음이라고 말하면서, 아이의 마음으로 돌아가는 것이 공부의 목표라고 말합니다. 그는 자신의 이단적인 사상 때문에 감옥에서 비명횡사했는데, 그가 남긴 명언은 후대에 길이 남아서 후학에게 깊은 감명을 줍니다. 그는 동심설童心說을 창안하기 전까지 유학자로 산 과정을 다음과 같이 통렬히 반성합니다.

"나이 오십 이전의 나는 한 마리 개에 불과했다. 앞에 있는 개가 그림자를 보고 짖으면 같이 따라 짖었던 것이다. 만약 누군가 내가 짖은 까닭을 묻는다면 벙어리처럼 입을 다물고 쑥스럽게 웃을 수밖에."

몇 년 전 저는 이탁오의 글을 보고 무릎을 탁 치며 '바로 이거다' 하고 생각했습니다. 그때 '아이의 마음으로 돌아가기 위해, 아이의 마음이 되기 위해 공부하자!'는 생각이 들었습니다. 온갖 화려한 논증과 추론, 프로그램으로 세상 사람들이 접근할 수 없으며 소수의 엘리트만이 접근할 수 있는, 보편주의 어법의 논리에 빠져들지 말고, 삶과 일상의 내재성이 말하는 색다른 문제제기, 즉 아이와 같은 마음으로 돌아가자는 생각이 그때 들었습니다. 그러나 저의 글은 여전히 어렵기만 합니다. 개념실재론처럼 개념이 살아 있는 것처럼 등장하여 사람들의 생각을 멈추게 하기도 하고, 논증적인 글쓰기의 흔적이 너무 강해서 여전히 생각을 많이 해야만 겨우 이해할 수 있는 글입니다. 그러나 저의 신조는 '아이가 되기 위해서 공부한다'는 지점으로 향하고 있고, 글쓰기는 그러한 과정의 표현이라는 생각이 많이 듭니다.

시대의 이단아 이탁오를 받아들인 후학 중 우리가 잘 아는 사람도 있습니다. 바로 『홍길동전』을 쓴 허균입니다. 『홍길동전』은 이탁오 동심설의 조선 후기 판타지 버전이라고 할 수 있습니다. 『홍길동전』 중에는 아버지를 아버지라 부르지 못하는 아이가 등장하여 신통방통한 도술로 저항의 도주선을 그려 내고 결국 율도국이라는 유토피아로 향하는 여정이 쓰여 있습니다. 그것이 바로 아이의 마음을 들여다본 허균의 생각입니다. 그 소설에는 동심설이 갖고 있는 아이들의 다양한 마음의 요소가 숨어 있습니다. 저는 허균의 『홍길동전』을 보면서 용감하고 모험심이 강하고 횡단하고 도주하는 아이들의 마음을 엿보았습니다. 특히 딱딱하게 굳어 있는 현존 문명에 파열음을 내고 저항하고 도주하고 창조하는 색다른 미래를 상상해 보았습니다. 그것은 이미 도래한 아이들이 만들 미래가 분명합니다.

68혁명의 반문명주의

'상상력에 권력을', '금기를 금지하라', '노동하지 말라' 등 68혁명의 슬로건은 문명의 내부에 잠복한 욕망이 발언하기 시작한 국면을 느끼게 합니다. 욕망이 발생할 때 모든 기존 체제와 시스템은 문제시됩니다. 왜냐하면 욕망이 '네가 원하는 게 뭐냐?'는 근본적인 질문과 관계하기 때문입니다. 그리고 욕망의 주체성은 단연 아이, 동물, 광인, 소수자, 청년 등입니다. 시스템이 가장 안정되었다는 유럽 사회에서 직접민주주의, 욕망해방, 소수자의 혁명 등이 발발했습니다. 그것은 아이들의 반란이었습니다. 어른의 질서에 속한 좌우파라는 정치세력이나 노동과 여가의 따분한 반복에 대한 아이들의 전면적인 저항이었습니다. 그래서 68혁명 동안 반문명주의, 반문화주의, 생태주의, 히피 등의 집단이 형성된 것은 우

연이 아닙니다. 그리고 68혁명은 녹색당이라는 대안세력의
형성에도 큰 영향을 주었습니다.

기성세대가 반문명, 반문화 사상을 얼마나 위험한 것으로
여기는지는 분명합니다. 문명이 갖고 있는 보편주의 어법과
계몽주의, 훈육과 통제의 그물망 등을 거부하기 때문입니다.
그러나 68혁명의 반문명 사상은 아이들이 갖고 있는 역행
적인 측면을 잘 보여 주는 것이기도 합니다. 다시 말해 아이
되기를 더 급진화하다 보면 반문명주의로 향할 수밖에 없기
때문이지요. 어른의 질서에 대한 아이들의 보이지 않는 반란
은 끝난 것이 아닙니다. 현재진행형 혹은 미래진행형적인 과
정에서 아이들의 반란은 도처에서 발발하고 있기 때문입니
다. 사실 68혁명 이후부터 청년세대를 무력화하기 위한 문
명 전체의 시도와 기획이 작동하고 있는 중입니다. 최근에는
일자리, 소비, 생산 등에서 청년들이 완전히 배제되다시피
한 상황입니다. 그것은 아이와 근접해서 언제든 아이 되기를
할 수 있는 청년세대의 위험성을 68혁명 시기에 자본주의가
이미 겪었기 때문에, 청년세대를 의도적으로 배제하고 분리
하려고 하는 것입니다.

혁명인가, 역행인가

독일 철학자 에른스트 블로흐가 『희망의 원리』(1993, 솔출판

사)에서 말하는 미래는 돌발적으로 찾아오는 것이었고, 그래서 미래에 대한 꿈과 희망이 굉장히 중요했습니다. 그리고 그 꿈을 꾸는 사람은 메시아와 같았습니다. 그러나 미래는 그렇게 다가오는 것이 아니라 현재에 이미 도래한 현실이라는 생각이 듭니다. 또한 자연과 생명, 아이로 향하는 역행은 바로 이미 도래한 미래에 대한 접속과 같은 수준의 놀라운 사건입니다. 특히 자본주의적 진보는 어제보다 나은 오늘, 오늘보다 나은 내일을 생각함으로써, 미래를 미지의 사건이자 모든 것의 해결책으로 여깁니다. 그래서 내일이 되면 뭔가 바뀌고 해결책이 생기겠지, 하는 나이브한 생각이 지배합니다. 그러나 이렇게 생각하는 것과는 달리 지구의 한계, 생명의 한계, 인간의 한계는 분명합니다. 오늘 해결하지 못한 문제가 내일 마치 몸에 털이 자라듯 저절로 해결될 것이라는 생각은 문제점이 많습니다. 미래는 이미 도래해 있지요. 지금처럼 온실가스를 많이 배출하면 미래의 지구 모습이 어떻게 되리라는 것은 분명합니다. 지금처럼 자원을 펑펑 쓰면 미래에는 어떤 현실이 기다릴지는 분명합니다. 지금 준비하지 않고 지금 해야 할 일을 하지 않으면, 미래는 어둡고 암울합니다.

그런 점에서 역행의 방법론은 문명이 갖고 있는 유한한 시간의 지평을 밝히는 유력한 방법입니다. 역행은 바로 아이되기를 통해서 예측 불가능한 미래의 사건이 도래할 것을 기다리는 것이 아니라 이미 도래한 미래와 접속하는 것입니다. 어떤 사람은 그것은 퇴행이 아니냐며 진보를 옹호하기도 합니다. 퇴행은 이미 도래한 미래세대의 가치를 평가절하하고 억압하는 현존 문명의 모습에서 발견됩니다. 그러나 오히려 미래세대의 삶을 존중하고 그들을 배우려는 태도가 역행입니다. 진보의 선형적인 세계관만이 능사가 아닙니다. 진보는 유한에서 무한으로 시간이 미지의 것을 생산하는 방향으로 향할 것이라는 낙관입니다. 그리고 이러한 진보는 어디에도 없는 것이 다가올 것이라는 예감이나, 엄청난 변화를 초래할 메시아를 기다리는 것과도 같은 것입니다. 그러나 그러한 유한에서 무한으로 향하는 돌발적인 사건의 시간은 지구라는 유한한 시공간에서는 더 이상 존재하지 않습니다.

역행(involution)은 미래를 어떻게 생각할 것인지에 대한 패러다임을 전환시킵니다. 낯설고 새로우며 생각조차 할 수 없고 미지의 것이 기다리고 있다는 희망과 설렘만 가지고는 기후변화와 생물 종 대량멸종, 인류의 멸종 가능성이라는 어두운 그림자가 드리워진 현 시점에 대한 해결책일 수 없습니다. 그것은 희망사항일 뿐이지요. 우리는 가까이에 그리고 우리 안에 잠재한 아이라는 이미 도래한 미래에 주목해야 합니다. 우리는 그렇게 역행적 시간관을 가질 때, 놀랍고 색다른 현실진단의 단초를 마련할지도 모릅니다. 이러한 생각이 저의 아이 되기에 대한 철학의 전모입니다. 물론 아이 되기가 이루어지는 연인과 아내의 만남은 달콤하여 엄청난 웃음과 해학, 낙관주의를 만들어내지요. 도래한 미래로서의 아이들을 생각하는 시간입니다. 그리고 커피 한 잔의 달콤함이 미각을 감도는 오후입니다.

사이주체성은
왜 아동에게서 유래하는가

우리 중 어느 누군가가 했다

'우리 중 어느 누군가'라는 개념을 처음 접한 시기는 중학교 1학년 때입니다. 그때는 영어 세계에 처음 발을 디딘 시기이며, 이문세의 〈별이 빛나는 밤에〉에 빠진 시기이고 하이틴 로맨스를 많이 빌려 와 읽던 시기입니다. 아버지 사업에 문제가 생기면서 작은 집으로 이사했지만, 수많은 빚쟁이가 몰려 왔고 저는 그 사람들을 일일이 응대했지요. 아버지, 어머니가 안 계시다는 말을 밥 먹듯이 했습니다. 어느 날 이웃 주민이 찾아왔습니다. 두 손에는 감자 포대가 들려 있었지요. "맛있게 먹어라, 누가 줬는지 알 필요 없고"라는 말을 남기고 홀연히 사라졌죠. 저는 감자 포대를 보고 어떤 신비로운 느낌이 들었습니다. 그것은 우리의 어려운 사정을 아는 '우리 중 어느 누군가'였습니다. 그 사람이라고 특정할 수 없지만, 어딘가에 우리를 돕는 사람이 있다는 것은 행복한 상상을 하게 만듭니다. 그리고 저는 이후에도 그 사건을 떠올릴 때마다 상상력과 영감을 많이 얻습니다. 나일 수도 있고, 너일 수도 있는 우리 중 어느 누군가에 대한 이야기였습니다.

그다음으로 '우리 중 어느 누군가'라는 개념을 접한 것은, 시간이 한참 지난 2007년 〈초록정치연대〉라는 공동체에서입니다. 녹색당을 만들기 위한 예비모임 성격을 띠고 있었지요. 제가 참여한 지 얼마 안 되었을 때 공동체의 향후 활동을 논의하는 회의가 열렸습니다. 그 과정에서 그 일을 누가 할 것인지를 정하지도 않고 갑자기 회의가 끝났습니다. 저는 그 과정이 정말 미스터리하다고 여겼지요. 다시 말해 회의의 핵심 사안인 역할분담, 책임부과, 직분결정을 안 한 채로 회의가 끝난 것입니다. 그래서 공동체의 한 선배에게 다짜고짜 물었지요.

"그래서 누가 한다는 것입니까?"

그러자 선배는 이렇게 말했습니다

"우리 중 어느 누군가가 할 거야!"

그러나 저는 도무지 믿기지가 않아서, 누가 할 것인지를 유심히 관찰했지요. 예를 들어 화장실 휴지는 누가 채워 놓을지, 회의록 정리는 누가 할지, 오늘 논의한 실천에 누가 참여할지 등을 경찰의 시선으로 관찰했습니다. 그때 심정은 결국 공동체가 갖고 있는 자율성이 허구이거나 위선이라는 것을 만천하에 알리고 내가 옳았다는 것을 증명하고 싶었습니다. 그런데 저의 기대는 좌절됩니다. 그때그때 모든 시기마다 우리 중 어느 누군가가 나타나서 그 일을 해내는 것을 목격했으니까요. 바로 그 사람이라고 책임을 맡기거나 단정하지도 않았는데, 우리 중 어느 누군가가 나타나서 홀연히 사라지는 과정을 보았습니다. 정말 미스터리한 일이 아닐 수 없습니다.

생애최초기억의 저편에

"당신의 생애최초기억은 무엇인가?"

언젠가 질문을 받고 난처한 적이 있습니다. 어릴 적 장독대에서 된장을 꺼내서 소꿉장난을 하며 놀던 기억이 처음인가? 비 오는 날 미끄럼 놀이하던 때가 처음인가? 헷갈려서 주저주저하며 대답을 하지 못했죠. 생애최초기억이 무엇인지 질문을 받자 유년기의 기억 저편이 무엇일까 무척 궁금해졌습니다. 기억에 없는 그 공백은 과연 무엇일까요? 그냥 저의 실존은 세상에 던져지고 주어진 것은 아닐 겁니다. 생애최초기억 이전의 비밀을 탐색하던 중 저는 하나의 단서를 얻었습니다. 바로 아이를 키우고 있는 제 후배의 삶에서였습니다.

후배 J씨는 유능한 커리어우먼으로 내로라는 대기업에 다니다 임신 후 퇴사했습니다. 그 후 연락이 정말 뜸했습니다. 5년 동안 선후배는 물론 친구들에게까지 연락을 하지 않아서 어디에서 무얼 하며 살고 있는지 궁금했습니다. 그러던 차에 최근 친구들 모임에 오랜만에 J씨가 나왔습니다. 그녀는 5년 동안 치열하게 살았노라고, 아이를 키우면서 살림을 하면서 가장 밑바닥의 고독과 체력의 고갈 속에서도 아이를 키워냈노라고 당당하게 얘기했습니다. 자신의 시간과 노력과 모든 커리어를 다 바쳐가며 키워 낸 아이가 나중에 엄마의 이 시간을 기억해 줄까, 그녀는 자문하면서 피식 웃었지요. 저는 그때 생애최초기억 이전의 시간이 무엇인지 해답을 찾았습니다. 그것은 어머니=대지=여신=자연과 합일된 '반기억 생성'의 순간이라는 생각이 그때 들었습니다.

아동심리학자 대니얼 스턴은 생후 6개월까지의 아동 시기를 출현적 자아의 시기라고 규정합니다. 그 시기는 특이합니다. 아이와 어머니가 완벽하게 합일된 시기니까요. 출현적 자아의 시기 동안 아이는 자아와 대상, 주체와 객체의 구분을 전혀 하지 않는 특징을 보입니다. 그렇기 때문에 모든 것이 흐름이던 시기이기도 합니다. 젖의 흐름, 똥의 흐름, 시선의 흐름, 손의 흐름, 물의 흐름 등 모든 것이 흐름으로 지각

되면서 기억이나 의미의 고정점이 생기지 않는 특징을 보입니다. 그 시기 동안 어머니와 합일을 느낀 아이는 따로 자기 세계를 구축할 필요성을 느끼지 못합니다. 또한 어머니의 행동, 표정, 몸짓, 색채, 음향 등과 하나가 되어 세계를 인식하기 때문에, 어머니의 작은 표정의 변화에도 민감하게 반응하는 시기이기도 합니다. 그런 의미에서 출현적 자아의 시기를 거친 사람은 타자와의 완벽한 합일을 경험한 이들이며, 즉 전부 공동체를 구성할 잠재 능력을 보유한 사람이라고 할 수 있습니다. 상대방을 타자로 식별하지 않고 일체화할 수 있는 잠재력도 여기서 생깁니다.

불교의 윤회사상은 생애최초기억 이전의 세계가 생애마지막기억 이후의 세계와 일치한다는 생각이라고 할 수 있습니다. 결국 어머니의 세계로 돌아가는 것일 수 있기에 윤회와 억겁의 인연이 갖는 의미를 새롭게 생각해 볼 여지도 생깁니다. 윤회에 담긴 순환적 세계관으로부터 단절, 즉 해탈을 통해 부처가 된다는 의미는 인연과 순환의 고리를 끊는 것에서부터 자각과 깨달음이 있을 수 있다는 생각으로 전개됩니다. 그러나 이러한 불교사상 이전에 애니미즘과 같은 순환적 세계관이 2만 년 동안 인류의 뿌리 깊은 사상일 수 있었던 이유는 바로 '어머니=대지=자연=여신'과의 합일로 돌아가려는 인류의 바람이었지 않나 하는 생각도 드는 대목입니다.

누구나 공동체를 만들 능력이 있다

〈철학공방 별난〉 연구실은 2013년 문래동 예술촌으로 이사를 합니다. 문래동 예술촌에 들어가기만 하면 자연스레 예술가들과 만날 기회가 많아지리라 생각했는데, 연구실에 콕 박혀서 여러 가지 일을 하느라 교류를 거의 못했습니다. 〈철학공방 별난〉에서 매주 1~2회씩 세미나와 특강 등을 열지만, 문래동 예술가들과 관련이 있는 것이 아닌 터라 멀리서 일부러 찾아온 사람들이 대부분이고 사실 동네 사람들과도 교류가 없다시피 했습니다. 그러다가 문래캠퍼스라는 강좌와 밥상모임이 생겼고, 사람들과 한 달에 한 번 식사할 기회가 생겼습니다. 저는 예술가들과 사는 이야기, 좋았던 공연, 책 이야기 등을 자유롭게 나누었습니다. 몇 시간 동안의 짧은 대화지만, 지역에 사는 사람들과 만나 함께 얘기하는 것은 매우 뜻 깊고 의미가 새로웠습니다.

그 후 저희 부부는 고양이가 가출한 사건 때문에 공동체의 힘을 체험합니다. 집을 못 찾고 골목을 헤매고 있을 고양이를 생각하며 골목을 허둥지둥 돌아다니는데, 소식을 들은 문래동 예술가들이 찾아와서 고양이를 같이 찾기 시작했습니다. 주변 철공소와 가게 아저씨들도 가세했습니다. 많은 동네 사람이 고양이를 찾는 상황은 지금 생각해도 감동입니다. 그리고 고양이 대심이는 철공소 아저씨, 다방 일을 하는 분, 예술가들의 노력으로 기적적으로 발견됩니다. 당시 절박한 저희로서는 고양이를 찾겠다고 나선 문래캠퍼스 사람들의 따뜻한 위로 한마디와 바쁜 와중에도 직접 행동에 나선 모습에 가슴이 뭉클했습니다.

문래캠퍼스와 접속할 때마다 '우리는 연대할수록 서로 달라져야 한다'는 펠릭스 가타리의 아포리즘에 대해서 생각하곤 합니다. 서로 연대하는 공동체가 되었다고 해서 하나의 뜻과 마음으로 모아져야 한다고 생각하는 사람이 많지만, 사실은 그 반대입니다. 연대할수록 서로 같아지는 것이 아니라 더 달라져야 한다는 말, 즉 공동체가 품고 있는 차이와 다양성이 더 많은 경우의 수를 가져야 더 다양해지고 풍부해진다는 사상입니다. 이에 따라 우리는 다양성을 넓혀 가기 위해 모이고 연대해야 한다는 의미입니다. 그래야 또 다른 차이, 시너지효과로서 색다른 차이가 생겨날 여지가 있기 때문이지요. 특히 문래캠퍼스와 같이 미술, 건축, 목공, 미싱, 수예, 도예, 문학, 음악 등등 다양한 분야의 사람들이 모여든 자리에서는 주인공과 청중이 각각 있는 것이 아니겠지요. 한 명 한 명이 모두 판짜는 사람이며 다양성은 하나의 경우의 수로서의 특이점입니다. 그래서 사람들이 모이면 지방방송이 많고, 중언부언이 많고, 잡담과 수다 그리고 뒷담화가 많습니다. 이러한 문래캠퍼스는 공동체가 미리 주어진 전제라기보다는 끊임없이 우리가 만들어 가야 할 것이기 때문에 늘 과정이자 진행형일 뿐입니다. 그런 점에서 공동체의 조성은 모두가 판짜는 사람이 되었을 때 비로소 가능합니다. 그리고 문래캠퍼스라는 작은 공동체가 우리에게 상상력과 영감을 주는 것은 분명합니다.

간혹 공동체를 만들 능력이 자신에게만 있다고 여기는 전문가를 만납니다. 뛰어난 능력을 가진 한 사람이, 공동체가 만들어지는 과정에서 희생적이고 열정적으로 움직이는 것도 좋지만, 그런 사람일수록 함께 더불어 공동체를 만들어야 한다는 점을 자주 간과하는 것을 발견합니다. 그리고 한 사람만이 판을 짜는 것이 아니라 모든 사람이 판을 짜는 사람이라는 것에 대한 믿음과 낙관이 필요하다는 생각도 듭니다. 왜냐하면 우리는 모두 어머니=대지=자연과 합일되었던 과거의 기억을 잠재의식으로 갖고 있기 때문입니다. 그런 점에서 공동체는 화려한 언변으로 나서는 전문가들만이 아니라 우리 모두의 작고 어설프고 아마추어와 같은 실천으로부터 시작해야 합니다. 이런 비효율에 참을성을 갖지 못한 사람들이 꽤 됩니다. 저조차도 서툴고 어색한 자리에 나서서 자주 개입하고 참견하고 고치고 싶은 욕망이 많기 때문입니다. 하지만 공동체는 천천히 발효되는 효모와 누룩 같아서, 일단 더디게 성숙하지만 사람을 취하게 하고 춤추게 하고 노래하게 합니다.

공동체성과 시민성 사이에서

생각해 보면 청년 시절에는 일의 효율성과 속도를 매우 중요시했습니다. 특히 모든 것이 빠르게 돌아가는 직장생활에서 살아남으려면 효율적인 일처리가 핵심이었지요. 그 빠른 속도와 과도한 책임감에 짓눌리다 못해 직장을 그만두고 대학원에 진학했습니다. 그러던 중 대학원 재학 중에 간주관성, 사이주체성(inter-subjectivity)이라는 개념을 배웠습니다. 하지만 그때도 '우리 중 어느 누군가'를 개념적으로만 이해한 시절이었습니다. 당시 사이주체성 혹은 간주관성이라는 개념을 언급한 많은 철학자를 발견했습니다. 가다머, 하버마스, 데리다, 푸코, 들뢰즈, 가타리 등등, 그중에서 들뢰즈와 가타리의 주체성 논의는 매우 혁신적이고 자율적인 공동체 사상을 품고 있다는 것을 나중에야 확인했습니다. 주체성(subjectivity)은 근대의 '책임주체(subject)'와 같이 책임, 당위, 의무, 믿음에 따라 움직이는 사람들이 아닙니다. 오히려 '주체성'은 사랑, 욕망, 정동, 돌봄, 흐름, 되기에 따라 움직이지요. 그렇기 때문에 주체성은 '우리 중 어느 누군가'처럼 사랑과 욕망에 감응하여 홀연히 나타난 사람들이라고 할 수 있습니다.

물론 '우리 중 어느 누군가'는 책임주체 형태로 바로 그 사람이라고 특정할 수 없다는 점에서 관계망과 배치가 강렬해지고 뜨거워질 때 생산해 낸 색다른 사람들이 분명합니다.

다시 쉽게 말하자면, 주체성은 '뜻과 지혜와 아이디어와 실천력을 가진 우리 중 어느 누군가'로 요약할 수 있습니다. 공동체에서 일을 진행하다 보면, 1부터 3까지는 내가 한 일이고, 4부터 7까지는 네가 한 일이라고 칼로 자르듯 명확히 구분하기 힘든 일들이 대부분입니다. 내가 3을 해 줬기 때문에 4나 5의 일처리가 더 매끈할 수 있었던 경험, 혹은 아예 그 구분 자체가 어렵게 뒤죽박죽으로 공과를 나누기 불가능한 일도 많지요. 이처럼 나와 너 사이에서 일이 흘러가듯이 진행될 때, 나도 아니고 너도 아닌 우리 중 어느 누군가가 있는 듯한 느낌이 들곤 합니다. 즉, 나와 너 사이에서 어느 누군가는 나일 수도 너일 수도 있지만, '나다', '너다'를 특정하지 않고 자율성에 기반하여 등장하는 사람들의 이야기가 왠지 낯설게 느껴지시나요? 그럼 가까이에 있는 공동체에 한번 접속해 보면 금방 알 수 있습니다.

시민이라는 '책임주체'와 공동체라는 '주체성'은 대립하는 개념이라기보다는 상호보완적인 개념입니다. 특히 시민이라는 권리주의 담론과 공동체라는 자율주의 담론의 차이는 세간에 많이 회자되는 '양 갈래로 나뉜 지점'입니다. 그러나 공동체의 자율성이 확대되려면 권리와 책임을 명시하는 제도화된 영역도 반드시 필요합니다. 그래야 공동체의 자율성이 개척한 색다른 자유와 평등, 우애와 같은 가치를 법과 제도와 행정에서 발휘할 수 있기 때문이지요. 그런 점에서 공동체의 관계망과 시민의 제도는 긴밀한 관련이 있습니다.

펠릭스 가타리는 일단 특이한 관계망이 만들어지면 따로 입법화 과정을 거치지 않는다 하더라도 이미 제도화된 것으로 간주하는 제도요법을 창안합니다. 그의 제도요법은 제도를 만들고 입법화하는 시민의 영역보다 제도 자체를 설립할 수 있는 공동체적인 관계망의 영역을 일차적으로 중시하는 사상이 분명합니다. 그러나 제도와 시스템은 복잡해지는데 개인은 원자화되고 있다는 작금의 엄혹한 현실에 주목해야 합니다. 사회책임과 공공책임, 공동체책임이 모두 개인책임으로 환원될 때 제도와 관계망 둘 다 완벽히 무력화되기 때문입니다.

그런 점에서 공동체적 관계망의 중요성을 아무리 강조해도 지나치지 않습니다. 특히 배치와 관계망에 따라 생각하고 행동하고 실천하는 것이 매우 중요하지요. 사실 우리의 마음은 대부분 배치에 따라 생겨납니다. 그런 점에서 왜곡되고 굴절된 마음의 배후에는 일그러진 배치가 숨어 있습니다. 어떤 점에서 오늘날의 활동가는 배치와 재배치의 예술가, 판짜는 사람, 구도를 그리는 사람이 되어야 할 것입니다. 왜냐하면 사람이 느끼고 감응하고 사랑하고 욕망하는 모든 이유의 저변에는 판이나 구도, 배치가 숨어 있기 때문입니다. 즉, 달콤한 배치 속에서 달콤한 사랑이 싹트는 것이겠지요. 더 나아가 모든 사람이 공동체를 구성할 능력을 가진 사람, 모두가 판짜는 사람이어야 합니다. 즉, 공동체는 소수의 기획으로 판이 짜일 수 있는 것이 아니라 각자의 판들이 교직하고 교차할 때 만들어지는 보다 상위의 판이기 때문입니다. 이러한 공동체의 특징은 다시 말해 복잡계, 메타모델, 메타네트워크라는 말로도 설명됩니다. 그런 점에서 모든 사람이 공동체를 만들 능력이 있다는 점을 긍정할 때 낙관, 유머, 해학이 드디어 지상에서 효력을 발휘할 것입니다.

삶의 잠재성과 깊이

저는 공동체의 배치와 관계망에 꾸준히 관심을 가졌습니다. 공동체의 배치가 갖는 무언의 강도, 온도, 속도, 밀도 속에서 색다른 사람이 생겨나는 것을 종종 발견합니다. 저 역시도 그중 하나겠지요. 공동체의 배치와 관계망에서 유통되는 수많은 발언과 행동의 에너지와 흐름이 어떤 특이한 사람을 만들어 내는 것만 같습니다. 저의 한 후배는 공동체와 접속하고 나서 맨발로 도시를 걷겠다는 색다른 기획을 하고 몇 달 동안을 그렇게 지냈습니다. 어떤 후배는 극도로 엄격한 채식을 하겠다고 나서서 몇 년을 그렇게 지냈습니다. 공동체 관계망 안에서 불쑥 팔이 되는 사람, 불쑥 다리가 되는 사람, 불쑥 가슴이 되는 사람을 발견할 때마다 기쁨을 느낍니다. 이러한 돌발적인 사건의 토대에는 분명 관계망의 강렬도와 밀도가 전제되어 있지요. 그렇기 때문에 돌발적인 사건을 만들기 위한 판을 짜는 것은 매우 중요합니다. 돌발흔적 같은 사건이 중요한 이유는 공동체의 역동성, 활력, 생명에너지를 가늠할 수 있게 만드는 것이기 때문입니다. 색다른 주체성의 감수성과 느낌, 발언은 무척 주목이 됩니다. 그래서 그 일을 해낼 수 있는 사람이 만들어지는 과정 자체가 저의 최대 관심사이기도 합니다. 펠릭스 가타리는 그것을 주체성 생산이라고 규정하지요. 거창한 철학적 개념까지 거론하지 않더라도 여전히 '주체성 생산'은 비밀스럽고 아직 밝혀지지 않은 영역임이 분명합니다.

가까이에 있는 공동체 사람을 만나다 보면, 돌발흔적처럼 갑자기 그 일을 해낼 능력과 의지를 갖게 되는 과정과 마주칩니다. 물론 그들은 공동체에서의 정동과 사랑, 돌봄의 따뜻함, 부드러움, 말로 표현할 수 없는 달콤함, 강렬한 대화 등에 감응하는 사람이기도 합니다. 그러나 어떻게 뜻과 지혜와 아이디어와 실천력을 갖게 되는지는 베일에 싸여 있습니다. 그래서 그 사람들에게 "대체 무슨 일이 있었죠?" 하고 종종 묻게 됩니다. 아무래도 저의 판단은 특이한 사건인 주체성 생산이 이루어지기까지는 관계가 성숙되고 강렬해지는 지난한 과정이 있었던 것 같습니다. 그리고 그 발효되고 성숙된 판 위에서 사람들이 나서고 설치고 뛰어 놀고 춤추는 것만 같습니다. 공동체의 비밀은 아직 규명되지 않는 바가 많습니다.

저희 부부가 〈철학공방 별난〉이라는 공동체를 만드는 과정에서 느낀 점은, 서로를 뻔하게 보는 순간 공동체는 순식간에 사라진다는 점입니다. 즉, '~은 ~이다' 하고 단정 내리고 의미화하는 것을 뻔하게 본다고 표현합니다. 서로의 깊이와 잠재성을 바라보는 것이 아니라 뻔하게 단정 내리는 것은 결국 공동체에 대한 희망을 깨뜨리는 것과 같습니다. 저는 아내와 함께 살면서 '아내는 늘 그런 식이야' 혹은 '아내는 이런 사람이다'라고 규정한 적이 거의 없습니다. 대신 깊이와 잠재성 속에서 색다른 면모를 발견하고, 이것을 유머와 해학, 패러디로 만들거나 웃음을 터뜨릴 소재로 만들곤 했지요. 아내는 이제 제가 어떤 방식으로 자신을 웃게 만들지 늘 기대가 된다고 말합니다.

공동체는 삶과 생활세계가 갖는 깊고 심오한 잠재성의 비밀과 접속하는 것을 의미합니다. 아마도 공동체가 수천 곳에서 만들어지는 이유는, 대니얼 스턴의 말처럼 모두 유아기 때의 잠재의식을 갖고 있기 때문인지도 모릅니다. 이러한 공동체는 의외의 주체성 생산을 이룰 수 있는 가능성으로 가득 차 있습니다. 그런 점에서 우리는 여전히 공동체에 더 희망과 낙관을 갖는지도 모르겠습니다.

5부

생태적 지혜,
연결망이 주는 선물

사랑할수록
지혜로워질까

정보주의에 빠진 사람들

오랜만에 대학 동기들을 만났습니다. 시끌벅적한 분위기 속에서 안부를 묻고 이런저런 소식을 나누고 나면 그다음에는 사회문제, 정치문제 등으로 화제가 넘어갑니다. 그러면 누군가 목소리를 높여 이야기하기 시작합니다. 대개 자신이 무엇인가 알고 있다고 생각하는 친구입니다. 간혹 "그게 정말이야?" 하고 누군가 진위를 확인하려 할 때, 이런 친구도 간혹 있지요. "브리태니커 백과사전 12권 2장에 나왔던 내용이야." 그러면 좌중은 낄낄낄 웃고 넘어가지요. 이렇듯 우스개로 넘어가기는 하지만, 대개는 자신이 잘 안다고 생각하는 내용에 권위를 싣기 위해서 별별 수단을 다 동원합니다. 동기와 대학 4년 동안 세미나를 하면서 늘 느낀 부분이지만, 앎의 의지는 권력 의지이기도 합니다. 사람들은 논리나 근거가 화려하고 그럴듯한 이야기에 귀를 기울이기 마련이고, 그런 화려한 언변을 가진 사람이 그 자리의 중심에 서는 게 관례입니다. 그래서 논쟁은 대부분 그 지식이 틀렸네, 맞았네 하는 부분에서 이루어지지만, 지식을 많이 아는 사람이 우세하다는 것은 변함이 없지요.

장광설을 늘어놓는 일명 '걸어 다니는 백과사전' J군을 만난 것은 제가 강의하던 고전세미나에 그가 참여하면서부터입니다. 그는 수업 중에 교수 얘기가 과연 근거가 있는지 의문이 생기면 뭐든지 검색찬스를 썼습니다. 솔직히 강단에 선 저는 움츠러들기도 하고, 확인하기도 하고, 심지어 그에게 물어보기도 했습니다. 그런데 검색해서 아는 지식이 과연 J군의 것일까? 그게 문제였습니다. 저는 J군에게 자기 삶에 기반한 얘기를 해 보라고, 자신의 이야기를 해 보라고 요구한 적이 있습니다. 그런데 의외로 굉장히 초라하고 군색한 이야기가 나왔습니다. 화려한 이론과 개념은 어디 가고, 그는 원룸에서 살고, 편의점 도시락을 먹으며, 인터넷으로 외로움을 달래고 있다고 말했습니다. 요리와 살림, 연애, 우정 등과 거리가 먼 J군은 인터넷으로 지식과 정보를 대량으로 취득했지만, 삶의 지혜는 초라하고 왜소한 것이었습니다. 그는 심지어 "오늘 점심에 뭘 먹지?" 하는 질문에도 대답을 못했습니다. 그저 끼니를 때우는 것에 불과했기 때문입니다. 그를 보면서 젊은이들의 고달픈 일상과 삶의 애환, 지혜보다 지식이 더 많을 수밖에 없는 현실을 느꼈습니다.

'앎=삶=함'의 구도

대학 때 마당극에 출연해서 연기라는 것을 네 번쯤 해 본 적이 있습니다. 대부분 악역인데, 그것은 핸섬한 주인공과는 거리가 멀고 인상을 쓰면 악인같이 느껴지는 저의 얼굴과 맷집 좋아 보이는 덩치 때문입니다. 처음에는 아주 우연한 캐스팅이었습니다. 연출하는 선배가 아무리 찾아봐도 구사대 역할을 할 인물이 없다고 하소연을 하다가 지나가는 저를 불러 세워, 말하자면 길거리 캐스팅을 한 것이지요. 저는 마당극에서 혼신을 다해 과잉 액션을 하는 바람에 모든 사람에게 지탄을 받았습니다. 특히 노동자 파업을 깨기 위한 구사대로 분해서 몽둥이를 들고 좌중을 때리는 장면에서는 어떤 아주머니가 "아이구 이 나쁜 놈아, 아이구 이 나쁜 놈아!" 하면서 저를 쥐어박기도 했습니다. 제 몽둥이질은 연기지만, 아주머니의 주먹에는 감정이 실려 있어서 어찌나 손때가 매운지 정신이 혼미할 정도였지요. 마침내 연출자까지 나서서 "이 사람은 정말 구사대가 아니고, 연극배우일 뿐이다"고 설득을 하고서야 풀려났지요. 저의 새로운 능력을 발견한 날이었달까요. 그 이후로도 저의 악역 연기는 계속되었습니다. 브레히트의 〈갈릴레오 갈릴레이〉라는 연극에서 종교재판관 역할을 하는가 하면, 일본 순사, 백골단 등을 줄줄이 맡아 열연하면서 그때마다 좌중의 공분을 사곤 했습니다.

그리고 진짜 대학로에서 연극 연출을 하는 선배를 찾아가, 저도 앞으로 정식 배우가 되어 연기를 하고 싶다고 말한 적이 있습니다. 그러자 그 선배는 조용히 웃고는 라면을 끓여 주었습니다. 라면을 같이 나누어 먹고 나서, 그 선배는 저에게 매일 라면만 먹을 수 있느냐고 물었습니다. 저는 연극을 사랑한다면 그럴 수도 있다고 말했지요. 그러나 남은 라면 국물에 소주를 마시면서 선배는 "너는 배고픔을 아직 몰라. 부모님이 잘사는 것도 아니고, 모든 연극에 악역이 매번 나오는 것도 아니고……" 하면서 저를 끝내 받아들이지 않았습니다. 저는 좌절했지만, 또 한편으로는 빛나는 무대 배후에 있는 삶의 애환과 고달픔, 배고픔에 대해서 다시 생각하게 되었습니다. 겉으로는 재미있고 화려한 세계지만, 예술가가 된다는 것을 삶으로 받아들일 때 아주 색다른 문제에 봉착할 것이라는 점도 느꼈습니다. 그것은 연극을 삶으로 받아들이기 위해서는 지혜가 필요하다는 생각도 들었습니다. 그저 겉으로 보이는 정보나 지식이 아니라 그걸 해서 먹고 살아야 하기 때문에 봉착하는 여러 문제와 해결 지점, 과정

등에 대한 지혜일 것입니다. 그래서 저는 한때 연극무대에서는 꿈을 꾸었지만 연극인의 삶을 살았다고 다른 사람에게 말할 수 없다는 것을 그때 깨달았습니다. 삶으로서의 연극은 정말 완전히 차원이 다른 문제였으니까요.

삶의 현장에 있는 사람들에게는 아주 색다른 이야기가 나옵니다. 늘 책이나 영상으로만 보던 공동체도 사실 그 삶 속으로 들어가면 또 다른 이야기가 많습니다. 한번은 주거공동체에 찾아가서 협동하고 공유하면서 사는 의미 있는 모습을 경험한 적이 있습니다. 공식적인 방문일정은 공동체의 지향성과 규칙, 이념에 대한 것이었고, 굉장히 수준 높은 이야기가 오갔습니다. 저는 그 모습을 보면서 이상향이나 유토피아가 그리 멀리 있지 않다는 것을 느끼기도 했지요. 그러나 공식적인 행사가 끝나자, 한 공동체 구성원이 슬쩍 저에게 얘기했습니다.

"공동체에서 풀지 못한 갈등이 정말 많아요. 다 사람 사는 일이고 문제의 연속이지요."

저는 그때서야 그 공동체가 책에 나와 있는 개념이 아니라 삶의 현장이라는 느낌이 들었습니다. 이상적인 공간이나 이상적인 공동체는 어디에도 없습니다. 삶의 현장에서 살아가면서, 다른 사람과 부대끼면서 삶의 지혜를 쌓아 가는 과정이 있을 뿐입니다. 그제야 저는 칠레 생물학자인 마투라나와 바렐라가 말한 '삶=앎=함'의 구도를 알게 되었습니다. 삶을 벗

어난 이론과 개념, 사상이 얼마나 무망한 것인지를 그때서야
알았습니다.

생태적 지혜, 연결망의 지혜

최근 안타까운 소식을 접했습니다. 기후변화 때문에 노인이
갖고 있는 생태적 지혜가 무력해지고 더 이상 지혜로서 기
능하지 못할 수도 있다는 신문기사입니다. 노인 특히 할머니
들은 종자, 발효, 저장, 요리, 식생 등에 대한 지혜를 텃밭과
하천, 삼림과 같은 공유지에서 취득하고 공유합니다. 그런
데 이제는 기후변화 때문에 미묘하고 아리송하던 지혜의 영
역이 구전되고 전달되고 전승되어도 더 이상 유효하지 못할
위기에 처한 것입니다. 이제 기후변화는 인류에게 적응의 지
혜를 요구하는 상황입니다. 색다른 삶의 방식과 차원이 완전
히 다른 실험과 실천을 요구하는 것이지요. 특히 농업 분야
에서는 도전과 실험, 모험이 지속되리라는 점이 분명해지고
있는 상황입니다.

생태적 지혜는 연결망에서의 지혜라고 불리는데, 지식과
같이 체계와 구조, 전문가를 만들지 못하는 삶과 생명, 자연
에서 취득한 지혜입니다. 기존 지식은 구조화하고, 분류하
고, 잘게 쪼개고, 분리하여 성립할 수 있었습니다. 특히 전문
가는 이러한 방법으로 만든 하나의 모델을 제시하고 진리인

양 여기기 일쑤였지요. 반면 생태적 지혜는 접촉하고, 연결되고, 감응하고, 변용되는 과정에서 취득하는 개념화할 수 없는 것들이 대부분입니다. 이를테면 요리할 때 사용하는 '적당히'라는 단어처럼 말이지요. 그래서 느낌, 감수성, 감각이 무척 중요하지요. 그런데 이제까지 근대의 탈주술화 과정은 생태적 지혜와 함께 작동한 미신, 신화, 주술, 애니미즘, 생태영성 등을 탈색하고 추방하는 과정이었습니다. 이에 따라 지극히 지배적이고 보편적인 지식이 특이하고 체계화할 수 없는 지혜에 대해서 헤게모니를 행사하거나 퇴출시켜 왔던 과정이라고 할 수 있습니다. 그리고 근대문명은 자연과 생명의 신비로운 비밀을 해부해서 드러내고 뻔한 것으로 단정하면서 기계적인 것으로 규정해 버렸고, 급기야 문명을 유지하는 도구와 수단으로 여기는 방향으로 나아갔습니다. 그런데 기후변화라는 문명의 아킬레스건이 할머니들에게 최종적으로 남아 있는 생태적 지혜마저도 무력화하기에 이른 것입니다. 그것은 진정한 의미에서 삶의 위기요, 농업의 위기요, 문명의 위기입니다.

저희 어머니는 생태적 지혜를 탐색하고 체득하신 분입니다. 장터에서 좌판을 깔고 채소를 파는 할머니들의 요리법을 자세히 귀담아 듣기도 하고, 텃밭에서 농부들이 지나가면서 한마디 하면 그것을 사소하게 여기지 않고 실험해 보았으며, 특히 연로하신 분들이 하는 몸과 건강에 대한 얘기를 그저 사소한 것으로만 여기지 않은 분입니다. 그리고 그러한 생태적 지혜의 실험장에 제가 놓여 있었지요. 색다른 반찬이 나오면 제가 제일 먼저 먹은 다음 반응을 살피는 어머니의 시선을 느끼곤 했으니까요. 저는 늘 연극적인 모습으로 "맛있다"를 연발했습니다. 물론 생태적 지혜가 늘 성공한 것만은 아닙니다. 이를테면 침, 수지침, 뜸, 부항, 호흡, 식사요법 등등이 효과가 없을 때도 많았으니까요. 하지만 적어도 그런 생태적 지혜를 실험하는 어머니에게서 삶을 신중하고 조심스럽고 부드럽게 대해야 한다는 점만은 분명히 알게 되었습니다. 그리고 투박하고 부주의한 삶의 방식이 질병의 원인이 된다는 점도 알게 되었습니다.

몸과 마음의 평행선 달리기

사랑을 하면 사람이 맹목적으로 바뀐다는 얘기를 자주 듣습니다. 아직 관계가 그리 깊지 않은데도 내 감정에 못 이겨 섣부른 고백을 하고, 사랑하는 사람이 보고 싶으면 무작정 찾아가서 만나게 되지요. 그 과정에서 사랑이 깨지기도 하고, 더 무르익기도 합니다. 그것은 사랑이 신체와 감각과 감정에 따르기 때문일지도 모르겠습니다. 사랑은 내 안에 있는 자연과 생명에 대한 접속이기 때문이니까요. "사랑할수록 지혜로워진다"는 얘기는 분명 쉽게 꺼내기 어려운 주제인 것만은 분명합니다.

철학자 스피노자는 사랑과 변용이 우리에게 지혜를 선사할 것이라는 얘기를 처음으로 한 사람입니다. 그의 구도는 비교적 간단합니다. 들뢰즈와 가타리에게 사랑과 신체변용은 되기(becoming)라고도 불립니다. 마부의 지혜를 가지려면 말을 사랑해야 하고, 운전자의 지혜를 가지려면 자동차를 사랑해야 한다는 말이 그것이지요. 그것을 좀 어렵게 쓴다면, 신체가 말-되기, 자동차-되기, 자전거-되기 등으로 변용될 때, 공통관념이라는 마음에서는 승마법, 운전법, 경륜법이라는 지혜가 평행선을 그리며 생긴다는 것이지요. 그런 점에서 몸과 무관한 지식이나 정보는 진정 안다는 것과 무관할 수 있습니다. 즉, 우리가 사랑으로 몸이 변용될수록, 몸으로 더 많이 느끼고 감각할수록 많은 지혜와 개념을 선물로 받는 것입니다. 즉, 삶의 현장에서 체득하고 감각한 앎만이 진정한 앎이라고 얘기할 수 있습니다.

한번은 제가 철학을 공부하게 된 배경이 무엇일까 곰곰이 생각해 본 적이 있습니다. 그 배경에는 스피노자도 한몫합니다. 제가 철학을 공부하게 된 계기는 고등학교 때 윤리선생님이 스피노자에 대해 특강을 해 주던 그날로 거슬러 올라갑니다. 당시 철학이 무엇인지 짐작만 하던 상황이었는데, 윤리선생님은 안경알 세공일을 하면서 철학을 했던 스피노자의 담백하고 검소하며 열정적인 인생에 대해서 말해 주었

습니다. 그때만 해도 저는 철학을 잘 몰랐지만, 철학자 스피
노자를 무척 사랑하게 되었습니다. "매혹당했다"는 말이 아
마 이럴 때 사용하라고 만들어진 듯싶습니다. 그해 방학 내
내 저는 『에티카』의 난해한 개념에 갇혀 쩔쩔맸습니다. 하지
만 그 후로 저는 『에티카』를 끼고 다니면서 친구들에게 그
책에 나오는 아포리즘을 설명하거나 스피노자의 삶에 대해
서 얘기하고 다녔습니다. 그의 철학을 잘 알지도 못하면서
말이지요. 하지만 이것만큼은 확실합니다. 그 자체가 철학
자-되기였으며, 순전히 한 철학자를 사랑했기 때문에 생긴
일입니다. 제 자신이 스피노자를 사랑했기 때문에, 철학자-
되기를 한 점은 제 전공 선택과도 관련됩니다. 철학자-되기
를 하는 모습을 멀리서 지켜보던 고3 담임선생님의 권유로
철학과에 진학하여 철학에 입문했으니까요.

  사랑할수록 지혜로워진다는 사례와 관련해서 이런 경험
도 있습니다. 저는 어릴 적 놀다가 다치면 어머니께서 치료
해 주는 것이 참 좋았습니다. 그래서 어머니를 병원과 동일
시 했지요. 어머니께서 구급약 상자를 열면 당시 옥도정기라
불린 요오드팅크, 붕대, 연고, 일회용밴드 등을 꺼내서 저를
치료해 줄 때마다 아픔을 꾹 참고 몸을 맡기면서, 그 신기한
물건들을 유심히 관찰했지요. 그런데 어느 날 어머니가 없
는데, 놀다가 발톱이 반쯤 빠지는 사고가 발생합니다. 갑자
기 응급상황을 당한 친구도 놀라고 저도 놀랐지만, 저는 엄

청난 침착성을 발휘하며 어머니를 떠올렸습니다. 그래서 순식간에 어머니-되기를 합니다. 신중하고 일사불란하게 요오드팅크를 바르고, 남아서 덜렁거리는 발톱을 핀셋으로 "으으으" 하면서 뽑아 냈고, 상처에 연고를 바르고 붕대를 감습니다. 그 순간 저는 환자이면서 치료자, 즉 어머니이기도 했습니다. 저의 침착한 치료를 바라본 친구들은 모두 경탄했습니다. 그것은 아마도 제가 그동안 치료를 해 주던 어머니를 사랑했기 때문에 그 지혜마저도 알게 된 것이 아닌가 하고 그때의 사건을 회상하면 그런 느낌이 듭니다.

사랑은 영원히 지속된다!

저는 사랑과 신체변용의 순간을 무척 좋아합니다. 그때는 내 안에 있던 자연과 생명이 움직이는 때이고, 그래서 우주와 자연, 생명과 합일되는 순간이기 때문입니다. 그것을 스피노자는 영원성이라고 설명하지요. 스피노자는 인간이 유한하지만, 우주와 자연, 생명은 합일되는 순간순간은 영원할 것이라는 구도를 그립니다. 그래서 밥을 먹을 때 더 먹고 싶은 생각이 들면 무척 기쁘고, 아내를 바라볼 때 부드러운 사랑의 느낌이 생겨나면 무척 기쁩니다. 그 기쁨의 순간이 영원했으면 하는 생각도 듭니다. 그리고 영원성은 모든 순간순간이 다른 어떤 것과도 비교할 수 없는 자연과 생명의 합일을 보여 줄 때 도래하는 사건입니다. 그런 점에서 내 안의 자연과 생명의 능력, 즉 욕망과 사랑의 능력이 긍정되고 발휘되는 상황에는 영원한 기쁨의 상태로 향한다고 할 수 있습니다. 그런 영원성의 순간을 느낄 때는 간혹 사건으로 찾아오기도 하고, 삶의 과정에서 천천히 찾아오기도 합니다. 어떤 순간 아내와 똑같은 생각을 하고 있을 때, 젓가락이 같은 반찬으로 향할 때, 같은 노래 같은 구절을 동시에 부르거나 들을 때, 아내와 손을 잡고 길을 걸으며 수다를 떨 때 등이 그런 영원성의 시간이지 않을까 하는 생각도 듭니다. 더불어 내가 생명과 함께하는 시간, 즉 고양이를 쓰다듬으면서 골골골 소리를 듣다 보니 저도 괜히 기분이 좋아질 때나, 고양이가 밥을 먹고 나서 같이 놀자고 몸을 부빌 때 등등도 역시 영원성의 시간에 들어간 느낌입니다. 더불어 꽃과 나비, 들과 산과 바다에 가서 바람과 태양과 물길과 풀벌레 소리와 하나 될 때의 느낌도 영원성의 시간이라는 생각도 듭니다.

우주, 자연, 생명과 하나 되는 사랑과 변용은 지혜의 원천이 분명합니다. 그리고 그것은 정보와 지식으로 구조화되고 분류되어 있지 않더라도 우리 몸의 느낌, 감수성, 감각 등에서 살아 움직이는 지혜입니다. 그리고 그 지혜를 체득하고 느끼고 감각하는 순간이 바로 영원성을 향한 관문을 통과한 순간이라고 할 수 있습니다. 그러나 영원성이 보편성과는 다르다는 생각이 듭니다. 예외 없이 모든 사람에게 적용될 것이라는 보편어법의 지식구조물과 영원성의 시간에서 얻어지는 지혜는 완전히 상이한 것입니다. 즉, 분류, 분석, 분리, 범주화, 개념화 등으로 이루어진 보편성과 감각, 감성, 느낌, 변용, 욕망, 무의식, 사랑으로 이루어진 영원성은 완전히 다른 차원이기 때문입니다. 우리는 몸으로 감각으로 감수성으로 많은 것을 알아내는 능력이 있습니다. 우리는 피상적인 정보와 지식이 아니라 삶의 깊이와 잠재성 속에 숨어 있는 우리 안의 자연과 생명을 발견하는 것으로부터 지혜의 원천을 삼게 됩니다. 갑자기 스피노자의 『에티카』를 살펴보고 싶은 밤입니다. 그리고 스피노자를 너무나 사랑한 고등학생 시절이 떠오르는 시간입니다.

'한 사람'을
어떻게 만들 것인가

구성주의가 말하는 '한 사람'에 대하여

앞서 '생명은 유일무이한 존재일까'를 논하는 자리에서 언급했지만 일본의 영화감독이자 배우인 기타노 다케시가 일본 주간지 〈슈칸포스트〉와 인터뷰하면서 이런 얘기를 합니다.

"후쿠시마 지진은 2만 명이 죽은 하나의 사건이 아니라, 한 명이 죽은 2만 개의 사건이 벌어진 것이다."

얼핏 이해되지 않는 부분이 있지만, 그의 발언은 산술적 합으로서의 하나의 사건이 아닌, 하나하나가 유일무이한 존재로 이루어진 수많은 사건을 말합니다. 우리가 무심결에 들은 재난방송의 사상자 수는 그 사건의 엄청난 의미와 피해

규모를 드러내는 근거로 사용되지만, 그 한 명 한 명에게는 한 생生의 파괴이며 그 한 사람의 사연만으로도 우리는 책 한 권 혹은 영화 한 편 분량 이상의 이야기를 만들 수 있습니다. 그의 말 한마디는 놀랍게도 구성주의(constructivism)가 무엇인지를 알려줍니다.

구성주의는 진리가 주어져 있다고 생각하는 것이 아니라 앎=함=삶의 구도에 따라 구성된 것이라고 보는 관점입니다. 최초의 구성주의는 칸트의 인식론적 구성주의입니다. 그는 물자체는 알 수 없지만 현상은 알 수 있고, 인식의 도식(schema)이라는 그물망에 걸려든 것만을 알 수 있다고 보았지요. 이후 피아제, 비고츠키 등의 교육학에서의 구성주의, 마투라나와 바렐라의 생명의 자기생산 개념, 펠릭스 가타리의 기계의 자기생산 개념, 라투르의 과학철학에서의 사회구성주의 등으로 나타났지요. 특히 프랑스 철학자 들뢰즈는 "한 사람의 죽음은 하나의 세계의 소멸과도 같다"고 말했다지요. 들뢰즈의 생각은 객관적으로 주어진 하나의 뻔한 세계상이 아닌 무수한 존재들 각각이 세계에 필적할 지위를 갖는다는 생각입니다. 이는 생명권에 대한 깊고 심오한 생각을 품고 있습니다. 생명 하나하나는 유일무이한 존재이며, 이들이 구성한 생활세계와 삶의 이야기는 사실상 하나의 세계를 구성하는 것과 같다는 생각입니다.

여기서 우리는 이런 질문 하나를 던져볼 수 있습니다.

"천 명이 모이면 몇 개의 공동체가 생기나?"

사람들은 대부분 간단하게 "하나의 공동체가 생긴다"고 답할 것입니다. 그러나 구성주의에 입각해 보면, 천 명이 모이면 천 개 혹은 천 개 이상의 공동체가 생긴다고 대답할 수 있습니다. 각각의 구성원이 생각하는 공동체의 상과 이미지, 스토리는 다 다를 수 있기 때문이지요. 게다가 여러 사람이 마주치면서 생긴 공동체 내부의 작은 관계들 하나하나도 모두 각각의 구성력을 갖기 때문에 천 명이 모인 공동체는 천 개 이상의 여럿, 다양, 복수인 셈입니다. 또한 천 명이 서로 연결되고 교직되는 것을 생각해 보면 무한한 경우의 수로 이루어진 구성적 실천의 지평도 열립니다.

유일무이한 생명으로서의 한 사람

기후변화와 생명 위기의 심각한 상황에 직면한 현존 문명의 작동원리는 사실상 공리주의에 입각해 있습니다. 공리주의는 '최대 다수 최대행복'이라는 일반원칙을 갖고 있는 한편 소수자의 희생과 배제는 어쩔 수 없는 것이라는 생각에 머물러 있습니다. 이러한 공리주의의 아킬레스건이 극단화하면 바로 파시즘으로 이행합니다. 파시즘은 소수자, 생명, 제3세계 민중에 대한 배제와 분리, 차별, 혐오발화 등을 정당화합니다. 기후변화와 근본주의, 분쟁으로 말미암아 난민이

유럽으로 유입하면서 유럽 각국에서는 분리주의, 폐쇄경제, 고립주의라는 색다른 모습의 파시즘이 등장하고 있습니다. 결국 난민을 배제하겠다는 얘기지요. 앞으로의 생명 위기 상황에서 문명은 어떤 해결책을 찾아야 할까요? 소수자를 희생시키는 것이 해결방안이라고 할 수 있을까요?

그런데 문제는 소수자를 배제하더라도 문제는 해결되지 않는다는 사실입니다. 소수자가 민중 하나하나와 접속하여 그들에 대해서 돌봄과 환대, 사랑의 순간을 만들 때 문명 자체의 지속가능성과 탄력성을 결정하는 특이점(singularity) 하나하나가 생기기 때문입니다. 즉, 소수자 되기와 같은 사랑의 행동은 문명이 선택할 하나의 경우의 수를 늘린다는 점에서 사실상 문명의 전환과 이행을 위한 초석이라고 할 수 있습니다. 여기서 소수자는 양적 소수나 피해자가 아닌 공동체와 사회를 풍부하고 다양하게 만들 효모와 감초, 촉매제로서의 '한 사람'입니다. 그런 점에서 소수자를 배제하고 분리하는 파시즘경제—트럼프 행정부나 유럽에 발호하는 분리주의—가 갖는 극악한 논리가 아닌 소수자라는 각각의 특이점을 통해 다양성과 차이를 구성하는 획기적인 생각이 필요한 상황입니다.

이미 여러분이 눈치 채셨겠지만, 소수자, 제3세계 민중, 생명을 세상의 유일무이한 존재로 보고 그들을 사랑으로 보듬고 감싸 안을 수 있는 사상이 구성주의에 숨어 있습니다.

한 사람이라고 해서 원자화된 개인이 아닙니다. 다른 누군가와 관계를 맺어 더 깊은 이야기를 만들어 내고, 다양한 가능성을 만들어 내는 존재이지요. 그 한 사람 한 사람은 오히려 우리가 결코 포기할 수 없는 하나의 유일무이한 생명입니다. 그런 점에서 민주주의의 판조차도 다시 짜야 할 상황입니다. 민주주의가 권력을 구성하는 절차와 대리표상의 역할로 빠지는 것이 아니라 구성원 하나하나의 특이점이 갖는 차이와 다양성으로 더욱 풍부해지고 충만해지는 민주주의가 필요합니다. 우리는 연대할수록 달라져야 합니다. 그것을 생태민주주의라고 했던가요?

객관적인 진리인가, 한 사람의 지혜인가

한 사람이 뭔가를 안다는 것은 무엇일까요? 그것을 느끼고 지각하고 감성적 실천과 신체 변용에 따라 구성하는 것일까요? 아니면 객관적 진리가 세계에 미리 주어진다는 것일까요? 교육학에서 구성주의는 일방적인 계몽을 추구하는 교육이 아닌 각각 나름의 답을 찾아나가는 교육으로 나타나는데, 한국에서는 '자기주도학습'이라는 유행어를 남겼습니다. 즉, 하나의 질문에 하나의 대답이 있는 것이 아니라 각각 한 사람마다의 대답이 모두 다를 수 있다는 점에 주목하는 것이 구성주의 교육관입니다. 마투라나와 바렐라는 '앎=삶=함'이라는 간단한 구도로 안다는 것이 무엇인지 말합니다. 즉, 안다는 것은 살아가면서 체득하는 것이고, 행동으로 습득한 것이라는 점이 드러납니다. 우리가 생각하듯이 스마트폰에서 피상적으로 접한 정보로 알았다고 말하기는 어렵겠지요.

우리는 가까이에 있는 것을 접촉하며 지혜를 얻습니다. 그것은 멀리 떨어져 있는 대상을 관조하고 관찰하는 객관적 진리와는 차이가 있는 지식유형입니다. 예를 들어 여성이 공유지인 삼림, 하천, 바다에서 습득한 발효, 종자, 요리, 식생, 보관, 살림 등의 지혜를 생각해 볼 수 있습니다. 그러한 지혜는 연결망의 지혜, 접촉의 지혜이며, 범위한정기술로 자신의 삶의 영토와 구획 속에서 취득한 지혜입니다. 반면 여성의 지혜와 달리 남성만의 객관적 진리모델이 모태가 된 것이 바로 플라톤의 이데아세상입니다. 이데아론은 분리와 격리, 블랙박스화, 범주화의 논리에 따라 분리하고 쪼개고 구획 짓습니다. 결국 우리가 쓰는 전자제품, 기계류는 대부분 전문가만이 작동방식을 알고 우리는 전혀 모르는 블랙박스화한 질서로 이루어져 있습니다. 우리는 전자제품의 on/off 버튼만을 눌러 작동시킬 뿐 고장이 났을 때 뚜껑을 열어 기기판을 들여다보아도 아무런 조치를 취할 수 없을 때가 대부분입니다. 그리고 플라톤의 분리방법론, 즉 이데아론은 바로 현존 아카데미의 질서와 현존 문명의 원형이 됩니다.

여성의 앎, 즉 지혜의 노선은 느끼고 감각하는 것일 수 있습니다. 그리고 만지고, 연결하고, 접촉하고. 배치를 바꾸고, 실험하고 이리저리 해 보는 것일 수 있습니다. 본질을 알기 위한 WHY, '왜?'라는 질문을 던지는 것이 아닌 HOW, '어떻게?'라는 질문을 던지는 것입니다. '왜'라는 본질을 알고자 했던 것이 형이상학의 전통이라면, 삶의 내재성과 생활세계, 실존 등에 주목하여 '어떻게'라는 방법을 찾는 것이 지혜의 노선이겠지요. 객관적 진리론의 입장에서는 본질을 적시하는 '~은 ~이다'라는 대답을 찾는 과정이라면, 지혜의 입장에서는 '오늘 점심 때 뭐 해 먹지?'라는 삶의 곁에서의 '어떻게'라는 문제의식으로 나아가는 것이라고 할 수 있습니다. 결국 지혜의 노선은 대답을 세련되게 하는 전문가에 귀 기울이는 것이 아니라 자신들 각각의 차이 나고 다양한 삶이 던지는 색다른 문제제기의 영역을 개방하는 것을 의미합니다. 우리는 알면 알수록 물음표가 많아집니다. 더불어 감각하고 접촉하고 사랑할수록 우리는 지혜로워집니다.

한 사람이 구성되기까지 정동의 역할

"여러분의 생애최초기억은 무엇인가요?"

이런 질문 받아 본 적 있으신지요? 다양한 기억이 있을 수 있습니다. 어릴 적 엄마를 잃어버려 울던 기억, 소꿉놀이를 하던 기억, 친구와 싸우던 장면 등이 그것입니다. 그런데 생애최초기억 이전, 즉 우리가 기억하지 못하는 더 먼 과거의 시간에는 무엇이 있을까요? 윤회의 심연이나 영성적인 대지, 원자아原自我의 기억이 있을까요? 다만 기억이 나지 않을 뿐이지, 일상적으로 아이에게 베풀던 어머니의 돌봄, 살림, 보살핌, 모심, 섬김이 있을 것입니다. 아이의 시간의 윤곽선 위로, 반복의 부분충동 위로, 흐름(flux)의 사유 위로 그려지는 것이 바로 어머니의 돌봄이며 정동입니다. 정동노동이라고 부르는 것은 놀라운 것입니다. 쓰러진 자를 일으켜 세우고, 무질서에 질서를 부여하고, 더러운 것을 깨끗하게 정돈하고, 오래된 것을 새롭게 만들지요. 정동노동은 실로 생명 살림이며, 서로살림입니다. 그리고 공동체의 재생과 순환에 필수적인 행동양식입니다.

그런데 정동노동을 유지하게 만드는 힘은 무엇일까요? 과연 사랑할수록 사랑의 능력이 증폭하는 것일까요? 아니면 감정소모가 엄청나게 수반되는 감정노동일까요? 사실 둘 다의 요소가 함께 있을 것입니다. 정동노동과 감정노동을 구분하는 시금석은 무엇일까요? 타자생산, 재생산을 위한 것이 감정노동이라면, 자기생산과 살림을 위한 것이 정동노동이라고 정리할 수 있습니다. 우리가 우리 자신을 보다 우아하게 유지할 수 있도록 하는 모든 행동, 이를테면 현관문에 들어와서 신발을 가지런히 놓는 것조차도 정동입니다. 공동체는 정동의 부드러운 흐름에 의해서 성숙하고 유지되고 풍부해질 수 있습니다. 정동에는 우아함과 미학, 윤리가 깃들어 있습니다.

우리가 하루 동안 먹는 음식물은 다 어디로 갈까요? 어떤 사람은 똥이 된다고 말하고, 어떤 사람은 몸무게가 된다고 말하고, 제가 아는 어느 목사님은 영혼의 무게로 간다고 말합니다. 그런데 우리가 먹는 음식물은 대부분 우리의 살과 피, 간, 피부, 장 등의 세포를 재생하는 데 사용됩니다. 피부는 한 달이면 다 교체되고 간은 두 달이면 다 바뀌는 식입니다. 공동체에서의 활동도 마찬가지라는 생각이 듭니다. 공동체에서 일정 기간 정성을 들여 진행한 사업이 만족스러운 성과와 결과를 남기지 않았다 하더라도 그 실천을 했던 바로 그 '한 사람'을 만들기 위한 경우가 대부분입니다. 이를테면 공동체에서 아이디어 회의를 할 때, 여러 아이디어가 나오지만 실행으로 옮겨진 것은 그중 몇 개에 불과합니다. 그러나 그 회의가 중요한 이유는 실행에 옮겨진 사업 때문이 아니라, 오히려 채택되지 못한 아이디어가 흥미롭게 논의되다가 버려진 것처럼 보이는 그 시간에 있습니다. 그 시간 동안 바로 그런 생각과 아이디어를 만든 바로 그 사람, 한 사람을 만들었다는 점 때문입니다. 그런 점에서 공동체, 생명, 한 사람을 만드는 작동원리는 바로 자기생산(autopoiesis)입니다.

정동(affect)은 사물의 본질에 있지 않고, 사물의 곁에 서식합니다. 본질과 곁의 관계를 잘 보여 주는 것이 소유권이지요. 어떤 지주가 등기부상으로 땅을 가졌다면, 그 땅을 돌보고 관리하고 부드럽게 살리는 소작농이 동시에 있을 수 있습니다. 땅의 소유권이라는 본질은 지주에게 있지만, 정동은 땅의 곁에 있는 소작농에게 있는 셈이지요. 정동, 사랑, 욕망과 같은 영역은 사물, 상황, 인물, 장소 등의 본질이 아니기 때문에 배제되고 주변화되고 가장자리에 있는 영역입니다. 그러나 정동의 영역이 세상을 살리고 재창조하고 돌본다는 점은 분명합니다. 그런 점에서 우리는 본질이 아닌 곁, 가장자리, 주변을 살펴 그것을 닦고 돌보고 살려낸 보이지 않는 주체성을 알게 됩니다.

지금-여기-가까이에 바로 한 사람이 필요하다

공동체 구성원이 서로의 잠재성을 확인하기 위해서는 발견주의적 태도가 필수적입니다. 어쩌면 초월적인 제3의 눈을 갖는 것도 발견주의를 위한 방법론일 수 있습니다. "너는 늘 그렇잖아!" 하고 뻔히 보는 것이 아니라, "너에게 이런 면도 있네!" 하고 잠재성을 발견하는 태도가 그것입니다. 세상을 뻔하게 보는 것으로 자본주의는 유지됩니다. 왜냐하면 등가교환에 동원되는 고정관념의 토대가 형성될 수 있기 때문입니다. 반면 상대방의 잠재성과 깊이를 응시하는 것은 상대방의 삶의 내재성과 생활세계, 일상의 가능성을 재발견하는 것입니다.

프랑스 철학자 질 들뢰즈가 『칸트의 비판철학』(2006, 민음사)에서 칸트의 선험적 경험론과 대비되는 '초월적 경험론'을 말한 것도 이러한 맥락일 것입니다.

구성주의와 발견주의는 가타리와 들뢰즈의 만남처럼 앙상블을 이룬다고 합니다. 세계 재창조를 위한 특이점으로서 한 사람을 만들어 내는 것, 즉 구성주의와 서로의 깊이와 잠재성을 가진 한 사람을 발견하는 것, 즉 발견주의는 언제나 생태민주주의의 대칭적인 두 개의 머리입니다. 머리 두 개 달린 뱀은 공동체와 시민, 확률론과 함수론, 결사체와 사업체, 구성주의의 '주체성 생산의 실천과제'와 발견주의의 '잠재성으로서의 마음을 응시하는 마음을 갖는 것' 등의 앙상블로 이루어진 대칭형 질서를 구성해 냅니다. 여기서 주목할 점은 인류적 공동체가 미리 주어지지 않는 현재의 상황에서 구성주의는 판을 짜는 것, 구성적 실천으로 관계망을 조성하는 것, 더불어 그 일을 해 낼 주체성을 생산해 내는 것 등의 실천과제를 의미한다는 점입니다.

지율스님은 100일 단식 이후 "한 사람의 마음의 변화를 위한 것이었다"는 말을 홀연히 남겼다고 합니다. 한 사람을 변화시키고, 한 사람을 만들어 내고, 한 사람을 발견하는 일은 참 어렵고도 힘들지만 이는 구성주의가 말하는 것이기도 합니다. 한 사람은 멀리 있지 않습니다. 지금-여기-가까이에서 우리의 강렬도가 높아질 때 홀연히 등장할 것이기 때문입니다. 삶의 내재성에, 생활세계에, 범위한정이 된 영토 위에 한 사람이 있습니다. 우리는 그것을 준비하고, 만들고, 판 짜는 사람이 되어야 할 것입니다. '바로 그 한 사람', 다시 말해 '우리 중 어느 누군가'를 위해.

계간 〈모심과 살림〉 2017년 여름호

실험실은 사회와 뚝 떨어져서
존재할 수 있는가?

폐쇄된 동물실험실에서

모 대학의 실험동물윤리위원으로 활동하면서, 동물실험실을 방문할 일이 많아졌습니다. 처음 방문할 때 들어가 보니 동물실험실은 깨끗하고 위생적이며 청결했습니다. 그러나 외부와 격리된 그곳은 학교, 군대, 감옥, 시설과 같은 느낌을 주는 폐쇄 환경이었지요. 실험실을 감독하려고 에어샤워를 하고 안으로 들어갔습니다. 그곳에서는 마우스와 래트, 토끼 등 동물들이 저를 구경하고 있었습니다. 부지런히 수선스럽게 움직이는 그들의 등이며 허리에 암 덩어리가 있거나 상처가 난 것을 묵묵히 쳐다봤습니다. 숨이 막히고 머리가 어질어질했지만, 겉으로는 태연하게 관리감독을 했습니다. 고통 받는 동물들이 안타까울 따름이었지요.

제가 실험실 환경에 처음으로 눈뜬 것은 황우석 사태 때입니다. 그전까지 주류 신문의 보도는 황우석의 줄기세포기술은 언제나 옳다고 말하고 있었기에 저는 그저 그렇겠거니 하고 그 말을 믿었지요. 하지만 모든 것이 폭로되었을 때, 줄기세포에 대한 현란한 모든 보고서와 논문, 신문기사가 머릿속으로 빠르게 지나갔습니다. 저는 이 황당한 사건을 믿을 수 없었고, 과연 이런 거짓말을 만든 실험실이 어떤 곳인지 궁금했습니다. 그리고 10년이 훨씬 지난 지금에서야 동물실험실이 사회와 공동체와 접촉경계면이 없는 폐쇄 환경임을 알게 되었지요. 사회와 완벽하게 분리된 이런 환경에서 과학기술을 맹신하고 유사파시즘적인 욕망이 서식할 수 있음을 깨달은 것입니다.

사실 동물실험의 전제조건은 매우 간단합니다. '인간과 동물이 유사한 반응을 보인다'는 간단한 원리로 되어 있지요. 질병 치료를 위한 의약품이나 음식, 화장품 등 화학물질의 사용이 인간에게 적용되기 전에 그와 비슷한 동물에게 미리 실험해서 그 부작용 여부를 보겠다는 의도입니다. 그러나 인간과 동물의 독성 편차는 5~25퍼센트 정도로 꽤 큰 차이를 보이며, 인간과 동물이 공유하는 질병은 1.16퍼센트에 불과합니다. 유전학적으로 인간과 가장 가까운 사촌지간이라는 유인원만 하더라도 인간과의 DNA가 97~99퍼센트 일치한다고 합니다. 이 정도면 인간과 거의 흡사하다고 말할 수치입니다만 문제는 인류가 DNA의 97퍼센트를 아직 규명하지 못했다는 사실입니다. 또한 중요한 점은 보통 생명공학에서는 1퍼센트의 차이에도 유의미한 결과를 낳을 수 없다는 점입니다. 그런데 편차가 1~3퍼센트라면 기본 전제부터 취약하다는 것을 알 수 있습니다.

황우석 사태 이후 동물실험실에서 실험동물윤리위원회를 설치한 이유도 바로 실험실을 고립무원의 지대로 놔두는 것이 아니라 사회적 맥락이 실험실에 개입하여 숙의하고 심의해야 한다는 필요성 때문입니다. 저는 황우석 사태 때 〈참여연대〉가 주장한 '합의회의'도 기억합니다. 사회와 공동체와 분리되고 윤리적인 합의의 맥락에서 벗어난 채로 과학기술을 그대로 두어서는 안 되며, 시민의 손에 과학기술이 재전유되어야 한다는 발상이 그것입니다. 이것을 심의민주주의, 숙의민주주의라고도 부르지요. 과학기술을 무조건 객관적인 진리라고 바라보던 시각은 이제 낡은 논리입니다. 폐쇄 환경을 사회와 분리한 채 그대로 놔두면, 우리가 이미 경험한 것처럼 그 안에서 온갖 맹목적인 과학기술에 대한 맹신과 파시즘이 똬리를 틀지 않으리라는 법이 없습니다. 그렇기 때문에 생명과 자연을 무시한 채 이루어지는 실험과 과학기술의 발전이 절대선일 수만은 없습니다.

실험실 환경의 기원

실험실의 기원은 작은 실험에서 시작합니다. 파스퇴르의 '구부러진 플라스크'라는 작은 실험도구가 시작점이지요. 아마 생물시간이나 자연시간에 한 번쯤은 들어 봤을 겁니다. 외부와 밀폐된 플라스크에 담긴 음식물에는 미생물이 생기지 않는다는 얘기가 그것이지요. 그 후로 여러 방식으로 과학 실험을 행하고, 실험실을 설립하기 시작했습니다. 문제는 실험실이 문명의 일부가 되면서, 어느 시점 이후부터인가 사회 자체도 거대한 실험실과 같이 간주되는 경향이 생겼다는 것입니다. 학교, 군대, 감옥, 시설, 정신병원 등은 실험실처럼 폐쇄된 무균질의 환경을 조성했고, 사회과학이나 인류학, 생물학, 의학 등이 인간에게 적용되는 실험의 장으로 활용되었습니다. 그리고 그 최종적인 모습은 교외의 휴양지에서 나치의 친위부대에 의해 사인된 서류 한 통이 유발한 위생적인 절멸 캠프인 아우슈비츠의 가스실이지 않나 하는 생각도 듭니다.

실험실은 내부와 외부를 철저히 구분하며, 블랙박스와 같은 폐쇄된 내부 환경을 만들어 냅니다. 실험실은 진리가 서식할 수 있는 절대선의 공간연출로도 어필을 합니다. 즉, 반드시 외부와 격리되고 분리된 내부에서 하는 실험이 이상적인 평균값을 갖고 있을 것이라는 설정이 이때 나타납니다. 다시 말해 일단 외부의 영향을 제거하고 조건을 같게 하면, 똑같은 수치의 결과 값을 갖게 되리라는 설정입니다. 그런 점에서 문명은 분리, 격리, 폐쇄, 범위한정기술 등에 주목합니다. 즉, 다른 것과 연결되고 연관되는 모든 관계망의 요소를 끊고 이상적인 평균값을 제시할 분리된 공간이 필요하게 된 셈이지요.

실험실의 진정한 기원은, 파스퇴르의 구부러진 플라스크에서 까마득하게 거슬러 올라간 고대로부터 유래합니다. 바로 플라톤의 이데아론이 그 출발점이지요. 이데아는 이상적이고 완결적이며 원형적인 세계입니다. 그리고 현실의 감각적인 질서로부터 분리된 세계이기도 하지요. 이데아세상은 수많은 차이 나는 것들 중에서 원형이고 완결된 원본이 어딘가에 있을 것이라는 점을 플라톤이 추론한 결과 도출한 개념입니다. 세상에 완벽하고 이상적인 삼각형이 있을 수 있느냐는 질문이 들어온다면 어떤 느낌이 드십니까?

저는 대학생 시절 플라톤에 관한 수업에서 F학점을 세 번 연달아 맞은 적이 있습니다. 저는 감각의 세계, 접촉의 세계, 흐름의 세계를 중시하면서 이와 분리된 이데아를 엄청나게 비판한 반항적인 학생이었습니다. 그래서 담당 교수는 자신에게 반항하는 것으로 간주하고 보기 좋게 F학점을 주었지요. 그 일이 세 번 연달아 있은 이후 대학 졸업장을 아주 어렵게 받았습니다. 그때를 다시 생각해 보면, 저는 세상의 모나고 삐뚤빼뚤한 삼각형이 아니라 완결적이고 이상적인 삼각형이 따로 있다는 것을 전혀 용납할 수도 긍정할 수도 없었습니다. 그래서 저는 학생 때 헤라클레이토스의 흐름의 원리를 제시하면서, 플라톤의 아카데미와 이데아론에 대해서 전쟁을 선포했습니다. 감각의 세계는 진실일 수 없다는 플라톤의 생각은 신체, 동물, 소수자, 민중 등을 무시하고 배제한 엘리트주의였습니다. F학점을 연속해서 맞게 된 것은 아쉽지만, 그때 그런 원칙을 유지했기 때문에 현재의 삐딱한 사상을 전개하고 있는 제가 있지 않나 하는 생각이 듭니다.

그리고 플라톤은 추론과 논증 능력을 가진 엘리트를 양성하는 아카데미아를 설립합니다. 그것은 현존 아카데미의 모태가 되지요. 아카데미는 남성적인 진리, 즉 분리, 격리, 폐쇄 등에 기반한 진리의 거주집니다. 반면 여성적인 진리는 접속, 접촉, 감각, 연결에 기반합니다. 아카데미는 '~은 ~이다'라는 정의(definition)를 내릴 수 있는 전문가를 양성하는 교육기관입니다. 이렇게 전문가가 단정 내리고 의미화함으로써 자본주의가 요구하는 고정관념을 생산할 수 있었던 것입니다. 즉, 모델화=의미화=표상화=상품화=자본화라는 점을 깨닫게 됩니다. 현재의 인지자본주의는 '~은 ~이다'라고 의미화할 수 있는 것은 모두 상품으로 만들어 자본화할 수 있는 질서입니다. 이에 따라 플라톤의 아카데미의 질서는 현존 문명의 주춧돌이면서, 동시에 문명의 병폐와 부패의 기원이기도 합니다.

본질은 모르고 작동만 하는 기계들

저는 어릴 적 텔레비전이 안 나오면, 그것을 내 손으로 뜯어서 고치는 상상을 많이 했습니다. 그러나 당연히 고장 난 텔레비전은 전파상 기술자 아저씨에게 맡겨야 겨우 고쳤습니다. 그때마다 저는 전파상 아저씨가 전자제품을 고치는 것을 옆에서 지켜보았습니다. 전파상에 진열되어 있는 신기한 기계와 부품이 저의 상상력을 자극했던 것이지요. 이따금 아저씨 심부름도 하면서, 납땜 하는 법, 라디오 쉽게 만드는 법, 간단히 고칠 수 있는 방법 등을 배웠습니다. 그래도 저의 어릴 적은 디지털 시대가 아닌 아날로그 시대라서 고치는 데 물리적인 방법이 많이 동원되는 편이었습니다. 그리고 대부분 이해할 수 있는 수준의 사용법과 수리법 등이었습니다. 그래서 저는 시계가 고장 났을 때, 직접 뜯고 조립해서 얼추 움직일 정도의 상태를 만들기도 했습니다. 물론 정확히 고친 건 아니고, 그냥 이리저리 소리를 내며 제멋대로이긴 했지만 말이지요.

고대 철학에서는 '이 세계가 있기까지의 원인은 무엇인가'라는 질문이 대부분이었습니다. 이를테면 탈레스는 물을, 아낙시메네스는 공기를, 헤라클레이토스는 불을, 엠페도클레스는 물·불·흙·공기를, 데모크리토스는 원자를 세계의 원인으로 보았지요. 근대 철학에서는 세계의 원인을 묻던 실체 논의가 갑자기 사라집니다. 즉, '세계가 움직이는 원인이 무엇인가' 하는 질문을 더 이상 던지지 않게 되었지요. 대신 본질이 아닌 작동을 묻는 것으로 이행하게 됩니다. 즉, 시계가 어떻게 움직이는지 본질은 알 수 없지만, 작동은 잘하고 있다는 것이 바로 그것입니다. 그러나 본질에 대한 질문은 전문가와 엘리트의 손에 맡겨집니다. 이에 따라 전문가 이외에는 이유와 원인, 본질을 잘 모른 채 소외되어 있으면서도 작동, 구동, 작업에 사람들이 동원되는 상황이 빈번히 벌어집니다. 이러한 현실은 바로 실험실의 등장과도 긴밀한 관련이 있습니다. 마치 안을 들여다볼 수 없는 블랙박스와 같은 가전제품이 작동되는 상황이 오늘날의 상황이지요. 이제 가전제품 하나만 고장 나도 작동 이유를 알고 있는 전문가에게 요청해야 합니다. 직접 자기가 고친다는 것은 상상하기 어렵지요.

본질에 대한 질문은 보통 전문가와 엘리트의 손에 맡겨집니다. 그런 점에서 과학은 무소불위의 권력을 갖게 되고, 작동으로만 존재하는 신체, 욕망, 생명, 사랑, 정동 등을 지배할 수 있는 진리임을 보증하려고 했지요. 근대 사회에서 과학은 신학을 대신할 지위를 갖습니다. 그러나 우리가 잘 생각해 보면, 생명에 대해서 '~은 ~이다'라고 이유와 본질을 규정할 수 있는 전문가는 어디에도 없습니다. 생명이 보여주는 작동은 아름답고 위대하며 경외로운 것입니다. 그럼에도 과학의 미명하에 생명을 마음대로 조작할 수 있고 설계할 수 있다는 오만함이 황우석 사태를 불렀지요.

사회의 실험실화, 실험실의 사회화

사회조사사업, 통계사업, 인구조사, 앙케트, 인류학 등을 보더라도 사회는 이제 실험실과 유사한 것으로 다루어집니다. 평균적인 삶, 평준화한 행복, 균질화한 욕망이 이 사회를 다 설명해 준다는 미몽에 사로잡혀서 말이지요. 이것은 과학과 기술을 사회에 적용하는 것에만 한정되지 않습니다. 사회 자체의 모습을 실험실 환경과 유사한 환경으로 만듭니다. 즉, 위생적이고 탈색된 공간으로, 간섭과 개입이 없는 무균질의 공간으로, 이상적 평균값이 도출될 수 있는 공간으로 만드는 것입니다. 사회가 실험실 유형으로 바뀌면, 결국 1인 가구 유형의 삶이나 우주선 유형의 삶, 즉 세상과 분리된 공간연출을 이룹니다. 이제 내밀한 사생활공간인 가정에서조차도 작은 실험실같이 감시하고 관찰하고 실험합니다. 사회적 장치나 제도는 온갖 과학기술을 적용할 수 있는 깨끗한 공간, 동질적인 공간, 평균적인 공간으로 재탄생합니다. 이에 따라 군대, 감옥, 학교, 정신병원, 시설 등은 더 첨예하게 실험실 환경이 갖는 특징을 복제하고 이식하기 시작합니다. 이제 학교는 실험실이자, 정신병원이자, 수용소이자, 감옥으로 기능하기 시작합니다. 자유를 찾아 탈학교, 탈시설 등을 하더라도 우리 사회 도처에 실험실 환경이 배치되어 있기 때문에 여기에서 벗어나기란 참 힘듭니다. 프랑스 철학자 미셸 푸코의 통제사회, 감시사회 등에 대한 진단은 이러한 지점을 매우 예리하게 지적합니다. 푸코의 『감시와 처벌』(1994, ㈜나남)은 일상의 생활세계까지 장악한 통치권력, 규율권력 사회의 실험실화를 날카롭게 조명하고 있습니다.

이런 의미에서 실험실에 사회가 개입하는 것은 '사회의 실험화'에 대한 반대 경향, 즉 '실험실의 사회화'라는 방향을 강화할 것입니다. 이에 따라 근세 초의 길드가 과학기술을 제어한 것처럼 시민사회는 윤리적인 제어를 할 수 있게 됩니다. 이에 따라 이유를 모른 채 작동했기 때문에 전문가와 엘리트, 관료 등에게 호소한 현재의 문명이 아니라 사람이 통제하고 제어할 수 있는 적정한 수준의 기술이 가능할 것입니다. 심의민주주의는 단지 몇 명의 전문가가 심의하는 실험이라는 의미가 아니라 시민사회가 개입하여 연구기획 단계에서부터 제어하고 통제하는 바로 향해야 할 것입니다. 이러한 실험실의 사회화 국면은 과학기술의 맹신과 기술진보에 대한 환상에서 벗어나고, 사회의 실험실화에서 벗어날 수 있는 단초를 마련해야 할 것입니다.

탄소고정술의 아킬레스건

기후변화의 상황이 이제 코앞까지 다가왔습니다. 기후변화는 이제까지 단 한 번도 겪지 못한 스콜성 호우와 가뭄, 열대야, 식생의 변화, 생물 종 대량멸종 등을 초래하고 있는 중입니다. '기후변화에 대한 해결방안이 없을까?'를 고심하다가 언젠가 탄소고정술에 대한 기사를 읽고 마치 가느다란 희망의 끈처럼 여길 때도 있었지요. 기술이 지구를 구할 수 있을 것이라는 기술낙관론에 빠져들던 시기입니다. 당시는 잘 알지 못하지만 막연하게 기술이 지구를 구할 수 있을 것만 같은 느낌이 들어서 그랬던 것입니다. 그러다가 2014년 미국 정부가 탄소고정술에 대한 프로젝트 지원을 중단한다는 발표를 합니다. 알려진 바로는 탄소고정술로는 기후변화를 극복할 수 없다는 점을 분명히 한 사건이라는 것입니다. 저는 실망과 좌절, 그리고 다른 방향을 모색할 수밖에 없었지요. 그때 근본적인 문명의 전환, 사회시스템과 삶의 변화가 있지 않으면 안 된다는 사실을 깨달았습니다.

이런 질문을 던져 볼 수 있습니다.

"실험실에서의 탄소분자와 생태계에서의 탄소분자가 같을까요?"

어떤 사람은 같다고 할 수 있습니다. 그러나 성분이나 본질로는 같다고 볼 수 있지만, 탄소분자가 작동하고 순환하는 바는 완전히 다르다고 할 수 있습니다. 즉, 생태계에서의 탄소순환은 실험실에서의 탄소입자의 추출과 같을 수 없습니다. 생태계에서의 탄소분자는 어떤 방식으로든 다른 원소 혹은 탄소들끼리의 결합을 통해 다양한 형태로 존재합니다. 실험실에서의 탄소분자와는 완전히 다른 방식으로 작동하는 것이지요. 그런 점에서 탄소분자만 보더라도 실험실환경이 만능열쇠일 수는 없다는 사실이 드러납니다. 물론 파스퇴르는 백신을 만들어서 인류의 목숨을 많이 구했습니다. 그러나 그 관점을 모든 것에 그대로 적용할 수는 없지요. 그것을 모든 것에 적용하려는 것은 과학기술에 대한 헛된 맹신과 망상입니다.

생태계라는 전일적인 연결망

다시 동물실험실에서 있던 일로 돌아가 보려고 합니다. 동물실험은 개체가 항상 일정한 수치로, 즉 이상적인 평균값으로 생체 반응을 한다는 설정을 존립 기반으로 삼고 있습니다. 사실 개체중심주의와 연결망중심주의는 환경담론에서 끊임없이 논쟁이 되어 온 주제이기도 합니다. 생태계에서 분리된 개체라 할지라도 신체 내부에 항상성을 유지하려는 속성을 갖기 때문에, 그 생체반응은 대부분 이상적 평균값을 보인다는 것은 그럴듯해 보입니다. 그러나 실험실 환경을 생각해 보면 그럴듯하지 않다는 것도 드러납니다. 실험실이라는 자연생태계 어디에도 없는 분리된 환경이, 이 복잡하고 다양한 사회를 살아가고 있는 우리에게 제대로 된 답을 준다고 할 수 있을까요?

더욱이 인간과 동물은 종간 차이를 갖고 있는 개체로서

독성편차나 유전자편차 등이 나타나기 때문에 더 심각한 문제입니다. 그렇기 때문에 AIDS 치료제 개발, 담배 위해성, 석면 위해성, 암 치료제 개발, 소아마비 백신 개발 등에서 동물실험은 유의미한 결과를 낳지 못했습니다. 또한 수많은 동물실험이 그저 관행적으로 이루어지고 있습니다. 즉, 인간실험 이전에 시행하는 실험과정의 일부로 자리 잡고 있기 때문에 유효성과 무관하게 무분별하게 시행되고 있는 셈이지요. 심지어 1960년대 전 세계를 뒤흔들던 탈리도마이드 비극과 같은 사건이 벌어지기도 합니다. 임신중 입덧치료제로 개발된 탈리도마이드는 동물실험으로 안전성을 입증했지만, 정작 인간에게는 팔이나 다리가 없는 기형아를 출산하게 만들었고, 그 피해 규모는 전 세계 46개국에서 1만 명이 넘는 것으로 알려져 있습니다.

실험동물의 평가방법은 3R입니다. 개체수를 줄이고 (reduction), 대체법을 찾으며(replacement), 고통을 줄이는 (refinement) 방법입니다. 결국 되도록이면 동물실험을 하지 말자는 얘기지요. 저는 불필요한 동물실험이 없도록 최선의 선택을 강조하며 평가 작업을 하고 있습니다. 그러나 마음 한곳에서는 생명이 도구화되는 것에 안타까움을 느끼고 죄책감, 허무감에 시달리고 있지요. 왜냐하면 그날 실험실에서 마치 "야 인간이다!" 하는 눈빛으로 저를 구경하던 마우스와 래트를 보자, 아이들에게서 보이는 수선스러움, 장난기, 호기심이 느껴졌기 때문입니다.

그리고 동물실험의 배후에 숨어 있는 이데아의 논리, 문명의 논리, 아카데미의 논리가 초래한 작금의 상황—기후변화, 생물 종 대량멸종, 생태계 위기—에 문제의식을 많이 느낄 수밖에 없습니다. 우리가 살고 있는 삶의 공간은 실험실의 공간일 수 없습니다. 생활과 생태, 생명의 공간입니다. 그래서 이런 강퍅한 실험실환경을 만든 문명을 대안적으로 전환할 방법에 대해서 궁리하는 것인지도 모르겠습니다. 사회와 공동체는 실험실을 제어하고 관리하고 감독하고 규제해야 합니다. 그렇게 해서 과학기술에 대한 맹신과 망상, 파시즘이 싹트지 않도록 늘 조심하고 신중하게 견제하고 통제해야 합니다. 왜냐하면 우리의 기준점은 바로 생명권이기 때문입니다.

여성은 거실이라는 공유지와
어떤 관계가 있는가

공유지를 지키려는 여성들

집을 사람의 몸이라 생각하면, 각 방은 내장기관의 어디에 해당할까요? 현관을 폐라고 하면, 화장실은 항문이고, 공부방은 두뇌라고 볼 수도 있겠지요. 그렇다면 집의 심장부는 어디일까요? 뭐니 뭐니 해도 그것은 거실(Living Room)일 것입니다. 거실에서 집안의 대소사와 희로애락喜怒愛樂의 정서 순환이 대부분 이루어지니까요. 거실이라는 공간은 스토리와 놀이와 재미, 환대의 기쁨, 축제 등이 끊임없이 이루어지고, 강렬해지기도 뜨거워지기도 하며 서로의 숨이 들락날락하며 공유되는 곳입니다. 그래서 거실은 가족의 공유지이기도 합니다. 가족 모두의 공간이기 때문에 너의 공간, 나의 공간 나눌 필요가 없으며 영토의식이나 범위한정기술에 입각한 행동양식이 자리 잡지 않습니다. 그래서 가족의 공동생활이미지는 대부분 거실로 연상됩니다.

아이들이나 어머니, 형제자매 중 누군가가 나서서 판을 벌이면, 그 판이 지속되는 시간 동안은 그가 바로 주인공이 되는 공간이 바로 거실입니다. 그러나 그 판이 배치될 수 있도록 예스yes와 노no를 결정하는 사람은 바로 어머니, 즉 여성입니다. 거실은 어머니의 허락이 떨어지지 않은 채 판이 짜이면 그것으로 야단과 호통의 소리를 들으며 곧장 정리모드로 들어가야 하니까요. 하지만 대부분의 거실은 어머니의 허락 아래에서 벌어지는 늘 축제와 파티의 공간이지요. 욕망, 재미, 놀이, 먹거리로 가득하며 풍요의 대지와 약속의 땅과 같습니다. 여성의 부드러운 촉감과 교감, 상호작용이 미치는 공간이면서 오감을 자극하는 공간이 거실이지요.

이제까지 인류의 역사를 볼 때, 여성은 공유지와 아주 특별한 관계를 맺어 왔습니다. 특히 15세기 영국의 존 왕이 〈마그나카르타 선언〉을 통해, 전쟁 중 과부가 된 여성에게 삼림이라는 공유지를 사용할 수 있는 권리를 보장한 점은 주목할 만합니다. 당시 영국에서 삼림을 사용할 수 있는 권리는 생존권 보장과 마찬가지입니다. 예로부터 여성은 삼림에 대한 여러 지혜를 형성했는데, 예컨대 약초, 발효, 저장, 식생,

보관, 버섯, 벌레퇴치, 요리 등에 대한 생태적 지혜가 그것입니다. 그것은 대부분 삼림이나 하천 등 공유지에서 만들고 사용해 온 지혜입니다.

공유共有라고 하면 누군가는 공산주의라는 단어를 떠올릴지도 모르겠습니다. 분명 공유共有라는 한자를 쓰기는 하지만, 공산주의의 공유는, 공동체소유를 뜻하는 공유보다는 국가소유를 의미하는 공유公有에 가깝습니다. 공산주의로 대변되는 공유에 대한 생각은 국가소유가 공유의 전부일 것이라는 착각을 불러옵니다. 공유라는 단어에 부드럽지 않고 강제적이며 차가운 남성의 이미지가 덧씌워진 이유는 바로 그 때문입니다. 그러나 공동체소유라는 의미의 공유에는 완전히 다른 인류 역사의 전개가 있다는 점에 주목해야 합니다. 공유(common)는 여성의 부드러운 돌봄과 사랑과 욕망의 흐름 속에서 '네 것도 내 것도 아닌 공통의 것'을 생성하고 창조하는 과정이니까요. 공통의 것은 무엇인가? 바로 공유자산, 생태적 지혜, 집단지성, 공통의 아이디어이겠지요. 최근 주목받고 있는 공유경제의 붐도 사실은 여성이 갖는 돌봄의 부드러움에 기반하고 있습니다. 왜냐하면 여성의 돌봄과 정동의 흐름은 마찬가지로 공유지를 만들 수 있는 근본적인 원동력인 셈이기 때문입니다.

여성의 지혜와 공유지의 신비

지금 자신의 집 거실을 한번 둘러볼까요? 여성의 돌봄과 살림이 이루어지는 공유지로서의 영토라는 점이 재발견되나요? 거실에서 아이들이 뛰어놀고 있고 시끄럽고 음악과 색채, 냄새가 가득해서 정신이 어지러워진다면, 여성의 공유지에서 사랑과 욕망의 강렬도와 밀도, 온도가 높아지고 있다는 증거입니다. 여성의 시선에서 바라볼 때, 거실의 색다른 면이 발견될 것입니다. 여성의 부드러운 손길이 닿아 반질반질해진 가구며 소품 등을 발견할 뿐만 아니라 여성의 시선 내에서 모든 동작과 행위가 촉각적으로 배열되는 공간이라는 점이 드러납니다. 거실은 프랑스 철학자인 들뢰즈와 가타리의 개념인 배치(agencement)로 바라볼 필요가 있습니다. 여성은 대부분 거실의 배치에 대해 신중하게 결정하는 미시정치가입니다.

특히 동물이나 아이들이 마음 놓고 재미있는 놀이를 할 수 있는 것도 여성의 공유지가 갖는 성격을 보여 줍니다. 장난꾸러기에 수다스러운 아이, 동물, 소수자의 향연이 벌어지는 것은 거실이라는 공유지가 보여 주는 일상인 셈이지요. 또한 거실은 다른 방처럼 프라이버시privacy가 존중되는 공간과 달리, 개인이 사생활의 영토에서 벗어나 어우러져서 색다른 축제와 파티의 판이 펼쳐졌다 사라지는 그러한 잠재성의 영토입니다. 잠재성은 나타났다 사라지는 특이한 사건으로 드러나지만 사건에 앞서 전제되어 있는 내재적인 영토입니다. 그래서 잠재성은 자꾸 퍼내도 마르지 않는 우물의 깊은 곳에 있는 아래 지층과도 같습니다. 마치 우리 신체 속에서 잠재성의 비밀을 발견할 수 있는 것처럼, 여성의 공유지에는 비밀스럽고 신비로운 잠재성으로 가득합니다.

그러나 이러한 신비를 증오와 배제로 느끼는 파시스트도 존재합니다. 최근 여성 비하나 혐오발화와 증오는 심각한 미시파시즘의 행태를 드러냅니다. 그것은 공통성(common)에 대한 공격과 궤를 같이합니다. 그것을 두고 '마녀사냥'이라고 부르는 데는 역사적 맥락이 있습니다. 여성에 대한 억압의 역사는 공유지로부터 여성을 분리시키려는 역사와 함께합니다. 피터 라인보우는 『마그나카르타 선언』(2012, 갈무리)에서 공유지 이용에 대해 다음과 같이 언급합니다.

> 땅이 없는 노동자 가족들은 종획[운동]에 반대했다. 그들은 땔감을 모았고 추수 이후에 이삭을 주웠으며 아이들은 나무 열매를 줍고 딸기류를 따고 까마귀들을 쫓아냈으며 너도밤나무 열매 수확 철에는 돼지들을 돌보았고 양을 지켰으며 양털을 모았다.(중략) 커머너들은 박하로부터 멘톨을 추출하였고 디기탈리스에서 디기탈리스 제제를 추출하였으며 버드나무 껍질에서 아스피린을 추출하였다.(pp. 136~137)

16~17세기 영국 사회에서 방직산업이 막 산업적 형태를 띠고 있을 때 양모 생산을 위해 그것의 원재료가 되는 양을 대규모로 목축해야 할 필요성이 절실해졌습니다. 그 결과 야산, 벌판, 삼림 등 공유지를 약탈하고 착취하는데, 이것이 바로 인클로저enclosure운동입니다. 그 과정에서 여성을 공유지에서 떼어 놓고 분리하기 위한 음험한 음모와 학살(genocide)의 행동이 나타났지요. 그중 하나가 바로 여러분도 잘 알고 있는 '마녀사냥'입니다.

예를 들어 의학 전문가와 생태적 지혜를 갖고 있는 산파를 대비할 수 있습니다. 산파는 경험과 관계 속에서 지혜를 획득하고 축적했으며 약초요법을 깊이 통찰하고 있습니다. 이러한 여성의 생태적 지혜를 마녀의 괴상한 의례나 행동으로 몰아붙이고, 여성의 공유지가 갖는 비밀과 신비의 생명력을 마녀의 마술이 신의 신비로움을 범하는 것이라고 오도하는 것은 대단히 쉬운 일이었을 것입니다. 피터 라인보우가 인용한 아드리엔 리치의 시를 보면 다음과 같습니다.

어둡게 뒤얽힌 숲이 표시가 없는 밝은 곳과 만나는 곳

나는 당신에게 그곳이 어딘지 말하지 않으련다

유령이 출몰하는 교차로, 부엽토의 낙원

나는 누가 그곳을 사고, 팔고, 사라지게 하고자 하는지 이미 안다

(p. 127)

삼림이라는 공유지를 파괴하는 17세기 유럽의 상황은 여성을 전면적으로 공격하기 시작한 시기이기도 합니다. 낙원과 같은 여성의 영토는 점차 지배와 소유에 훼손되고, 여성의 신비스럽고 비밀스러운 공간은 지배의 강권으로 가시적이고 시각화하는데, 이는 격자 모양으로 구획되고 계산되고 노출되는 것을 의미합니다. 신비스러운 대지의 여신은 초기 자본주의 시기의 사업가가 설치한 울타리에 갈기갈기 찢겨져야 하는 고통의 영토가 됩니다.

공유지를 어떻게 되찾을 것인가

공유지가 갖는 신비로움의 비밀을 파헤치다 보면, 그것의 기원이 여성성으로 표현되는 '사랑과 욕망의 부드러운 흐름'이라는 것을 깨달을 수 있습니다. 역사적으로 존재한 여성의 공유지에 대한 공격은 오늘날 가정 안에서도 이루어집니다. 그것은 과거에는 가부장제의 얼굴을 하고 나타났지만 지금은 우리의 마음을 예속시키는 더 강력한 것으로 출현합니다. 여성의 사랑과 욕망의 흐름과 가족공동체의 수다스러움을 단번에 개인의 고립된 환상을 분비하는 이미지-영상의 흐름과 미디어의 수다스러움으로 전도시켜 버리는 것, 그것이 바로 텔레비전입니다. 텔레비전은 지극히 남성적인 매체입니다. 일방적이고 시각중심적이며 중앙집중적이지요. 여성의 촉각적이고 국지적으로 분산된 이미지는 여기서 바로 공격당합니다. 남성적인 텔레비전이 거실의 중앙을 떡하니 차지하고 나서부터 여성의 공유지로서 가진 거실의 신비로움과 생명력을 마비시키고 혼자서 쉴 새 없이 떠들어 댑니다.

텔레비전이라는 매체는, 직접 쓰다듬고 어루만지는 촉각적인 여성의 손길이 아니라 시각적이고 일방적인 이미지와 영상으로 이루어진 메시지를 전달한다는 점에서 남성적 매체입니다. 특히 카우치포테이토Couch Potato족처럼 거실에 누워 이리저리 채널을 돌리는 남성의 나태하고 방종한 이미지는 여성의 공유지를 점령한 남성의 사드Sade적인 정복욕을 대변하고 있을지도 모릅니다. 물론 이런 공간 장면은 대부분의 가정에서 숱하게 볼 수 있는 장면입니다. 그렇게 되면 여성의 영토는 거실로 이르지 못하고 주방에서 맴돌게 되거나 남성적 질서에 편입됩니다. 가족은 미디어의 일방적이고 압도적인 이미지-영상에 침묵을 지키면서 공통의 생각이나 공유지의 지혜가 아닌 각자 고독한 개인으로 분해된 채 매체에 접근합니다. 제리멘더의 『텔레비전을 버려라!』 (2002, 우물이있는집)에서의 통찰처럼, 텔레비전은 원자화한 개인만을 상대하는 매체가 분명합니다. 그것을 가족이 함께 보더라도 마찬가지입니다. 그래서 가족 속에 있어도 가족구성원은 텔레비전을 보는 순간 매우 고독하고 외로운 존재로 전락하겠지요. 각자의 생각과 삶을 공유하는 거실을 미디어가 장악한 상황이라면, 지극히 고립되고 외로운 사람으로 전락하게 마련일 것입니다. 최근 1인 가구가 증대하는 경향도 이러한 맥락의 연장선에서 생각해 볼 여지가 있습니다.

거실이 가족공동체의 수다스러움이 아니라 이미지-영상의 수다스러움으로 전도된 상황에서 가족은 함께 있어도 굉장히 외롭고 저마다 환상의 분비물에 따라 각자의 방으로 뿔뿔이 흩어지는 것을 운명으로 여기게 됩니다. 여기서 가족은 공동체적 질서를 해체당하며 각자의 방으로 돌아가서 침묵을 지키는 원자화한 개인(individuals)으로 향합니다. 가족이 서로 욕망을 교감하기보다는 미디어의 최면상태 속에서 꿈꾸는 인간이 되고 환상의 분비물을 소비하면서 결핍을 채우려는 인간이 되는 것은 거실이 완전히 황무지화되었기 때문입니다.

더불어 삶의 공간으로서의 거실

가족공동체가 열린 공동체가 되려면 소수자에 대한 돌봄과 이방인에 대한 환대가 함께 이루어질 때 가능하다는 점은 분명합니다. 그리고 돌봄과 환대는 보통 거실에서 이루어집니다. 사실 가족공동체가 외부로부터 문을 닫고 이기적인 집단으로 나타나는 이유는, 그 내부에 있는 소수자를 돌봄과 정동, 사랑으로 대하는지, 그 외부에 있는 이방인을 우정과 환대로 대하는지에 따라 결정됩니다. 돌봄과 환대라는 두

가지 태도가 교차하면서 직접 나타나는 공간이 바로 거실인 점에 주목해야 할 것입니다. 가정을 열린 공동체로 만들려는 노력은 거실을 돌봄과 환대의 공간으로 어떻게 연출할 것인가에 달려 있다고 해도 무방합니다. 그래서 거실에서 손님을 맞이하고 그 손님과 아이, 동물, 소수자 들이 어우러지도록 면밀히 배치하는 것은 여성의 몫입니다. 반대로 가족이 열린 공동체가 아니라 고립무원의 영토로 전락하고 성공과 승리를 향해 줄달음질치는 예속집단으로 나타나는 것의 결과물은, 바로 앞으로 달려가다 문득 정신을 차려 보면 혼자인 현실로 나타납니다.

또한 많은 나라에서 여전히 이루어지는 관혼상제冠婚喪祭의 공간이 바로 거실이라는 점에도 주목해야 합니다. 예전에는 시신을 안치하는 곳이 거실이었고, 산 사람과 죽은 사람을 병풍으로 구분하여 상을 치렀습니다. 2012년에 들었던 〈한겨레 두레 공제조합〉 박승옥 대표의 강연에서도 집에서 상을 치르는 전통의 중요성을 언급한 적이 있습니다. 즉, 성당이나 교회, 절에서 상을 치르거나 그것조차도 어렵다면 거실에서 치르는 것이 가족공동체가 삶의 연장선으로서 죽음을 온전히 받아들인다는 의미라는 것입니다. 박 대표는 '공동체와 죽음'이라는 화두를 던지면서, 공동체가 죽음의 의미를 온전히 책임질 때 사람은 비로소 죽음을 공포나 두려움이 아니라 공동체 속에서의 삶의 일부로 볼 것이라고 말했습니다. 여기서 주목할 점은 현재 우리의 장례문화는 상업화되어 있어서, 남은 가족을 위로하고 떠나는 사람을 편안히 모시는 것이 아니라 각종 리베이트와 폭리와 불합리가 판친다는 상황입니다. 가족공동체가 더불어 사는 공간인 거실이 본래의 기능을 한다면, 가족공동체가 자신의 끝, 즉 유한성을 홀연히 깨닫고 죽음의 의미를 온전히 책임질 것입니다.

거실의 기능과 유래, 현실을 말하다 보니 거실이 이제 많은 잠재성을 품고 있는 신비의 공간이라는 생각이 들기도 합니다. 거실의 재발견은 삶의 재발견입니다. 여성이 거실의 사용이나 용도, 기능 등에 개입하는 것은 여성이 공유지의 사용권을 유지하기 위한 커머너commoner의 기본적인 행동입니다. 그렇기 때문에 거실에서 어머니의 잔소리와 간섭을 피해 각자의 방으로 돌아가 컴퓨터에 매달리는 청소년의 모습으로 나타나는 것이 아니라 어머니의 따뜻하고 부드러운 공간에서 가족공동체의 색다른 공간 연출과 풍부한 소통의 가능성과 잠재성을 발견하는 것이 필요한 시점입니다. 버섯, 약초, 벌레, 꽃, 나무, 덩이줄기식물, 새, 원숭이, 모기와 거미 등이 가득한 숲이라는 공유지에서 생태적 지혜를 발휘했던 17세기의 마녀라고 불린 여성의 세계는 멀리 있지 않습니다. 바로 거실이 그러한 공간일 겁니다. 그래서 신비롭고 비밀스러움이 가득한 거실에서 축제와 어울림의 향연이 가능하지 않을까요?